Axel Philippi • Die Flamme der Erkenntnis

Axel Philippi

DIE FLAMME
DER ERKENNTNIS

Aquamarin Verlag

Deutsche Originalausgabe
1. Auflage 2000
© Aquamarin Verlag
Voglherd 1 • D-85567 Grafing

Umschlaggestaltung: Annette Wagner
Druck: Ebner Ulm
ISBN 3-89427-141-8

INHALT

TEIL 1

VORWORT

- EINE BOTSCHAFT AUS DEM LICHTREICH -

„Liebe Leser, ich bin Sabatha, ein Wesen des Lichtreiches, lange Jahre Begleiter dieses Autors „Axel", der dieses Buch in unserem Auftrag geschrieben hat. Unsere Beziehung ist sehr liebevoll, aber auch humorvoll und partnerschaftlich. Vieles, was er als eigene Erfahrung niedergeschrieben hat, habe ich miterlebt und mit ihm erarbeitet. Es war nicht immer leicht für ihn, den Weg der Veränderung zu gehen. Viele seiner liebgewordenen Gewohnheiten mußte er ablegen, denn je mehr er von den kosmischen Gesetzen erkannte, umso mehr stieg der Druck der Veränderung in ihm selbst. Wenn auch manchmal zähneknirschend, so hat er sich doch bemüht, seinen geistigen Weg immer weiterzugehen. Heute ist der Tag, an dem ich ihm sagen kann, daß er zwar noch nicht am Ende dieses Weges ist, doch inzwischen einen großen Teil zurückgelegt hat, was auch für mich beglückend ist.

Doch nun zu diesem Buch: Ihr, die ihr nach Wahrheit und nach Erkenntnis sucht, die euch Führung, Sicherheit vermittelt in dieser unsicheren Zeit voller Selbstzweifel, voller Naturkatastrophen, Kriegsgeschehen grausamster Art, aber auch kultureller Umbrüche, werdet ruhig, geht in euch, laßt euch berühren von der Lektüre dieses Buches. Es wurde im Auftrag des Lichtreiches geschrieben, nicht aus der vordergründigen Liebe, wie diese Welt sie versteht, sondern aus der göttlichen Liebe, die bestrebt ist, den Menschen dieser Zeit Hilfestellung zu geben, auf daß sie zurückfinden in die Einheit mit sich selbst sowie zurück ins Licht. Es ist uns wichtig, auf eure teils bewußten teils unbewußten Fragen Antwort zu geben. Wenn ihr euch mit der ganzen Aufmerksamkeit eures Herzens mit diesem Buch auseinandersetzen könnt, werdet ihr Kapitel für Kapitel vieles von den kosmischen Gesetzen besser verstehen. Das ist wichtig, denn nur wenn ich diese verstehe, kann ich sie schrittweise erfüllen. Ihr werdet erkennen, welche große Liebe dieser Evolutionszyklus, in dem ihr steht, beinhaltet, und daß alles, was euch in eurem Leben begegnet, von dieser Liebe getragen ist. Doch diese Liebe beinhaltet auch Konsequenz. Diese wird oft fälschlicherweise von euch mit Strafe verwechselt. Dies ist nicht so. Durch Konsequenz werdet ihr gehalten, euer Verhalten sowie eure Ansichten zu überprüfen, und somit lernt ihr, alte Strukturen, derer ihr nicht mehr bedürft, abzulegen, sie loszulassen und neue Wege zu gehen, zurück ins Licht.

Also ist es Liebe, was euch begegnet. In diesem Buch werdet ihr vieles zu diesem Thema finden. Darum lest es mit eurem Herzen, auf daß ihr der Wahrheit und der Liebe begegnet, die euch weiterhelfen ins Licht. Amen."

EINLEITUNG

Ein Buch zu schreiben, ist wie eine Reise in ein unbekanntes Land. Man fühlt sich angezogen von dem Neuen, schreckt aber gleichzeitig vor dem Unbekannten zurück. Zumindest mir erging es so, als ich in der Vorweihnachtszeit des Jahres 1994 mit den ersten Zeilen begann.

Jedes Buch hat seine Vorgeschichte, so auch das meine. Anfang der achtziger Jahre erlebte ich erstmalig etwas, was ich heute im Rückblick als den Beginn eines neuen Lebens ansehe. In meinem Beruf fand ich den gewünschten Erfolg; ich war verheiratet, Vater zweier Kinder, besaß ein komfortables Haus und genoß entsprechendes Ansehen in den Kreisen, in denen ich verkehrte. Ich hatte alles, was ich mir wünschte, und war doch tief innerlich unzufrieden. Die Frage nach der Sinnhaftigkeit des von mir geführten Lebens wurde immer drängender. Als Kind meiner Zeit versuchte ich, diese entstandene Leere mit verstärktem Konsum der Dinge zu füllen, die ich liebte - gutes Essen, teure Autos und viele Zigaretten. Mein Zigarettenverbrauch erreichte ungeahnte Höhen, und die Reaktion meines Körpers ließ nicht lange auf sich warten. Ich schenkte dem allerdings wenig Beachtung, flüchtete mich in sarkastische Bemerkungen wie die, daß mein bellender Raucherhusten uns immerhin einen Hund erspare.

Dann geschah etwas, was ich zu Anfang dieses Buches als Beginn eines neuen Lebens bezeichnete. Eines Nachts schlief ich tief und traumlos, als ich plötzlich eine kraftvolle männliche Stimme hörte, die in einem sehr bestimmten Tonfall sagte: „Ab morgen wirst Du nicht mehr rauchen!" Ich erwachte schlagartig und versuchte, im

Dunkel des Zimmers den unverschämten Eindringling ausfindig zu machen. Aber auch im hellen Schein der Nachttischlampe konnte ich außer meiner Frau, die friedlich im Nebenbett schlief, niemanden entdecken. Die folgenden, schlaflosen Stunden verbrachte ich mit der Frage: Was war das? Meine Frau zu wecken kam mir nicht in den Sinn. Wie sollte ich ihr erklären, was mir selbst ein Rätsel war? Ich fand damals keine Antwort.

Das Ergebnis dieser nächtlichen Erfahrung war allerdings mehr als verblüffend. Über zwanzig Jahre, seit meinem siebzehnten Lebensjahr, hatte ich intensiv geraucht, am Schluß zwei bis drei Päckchen am Tag. Einige Versuche, damit aufzuhören, waren kläglich gescheitert. Von dieser Nacht an faßte ich fünf Jahre lang keine Zigarette mehr an und hatte keinerlei Entzugserscheinungen. Bald traten umwälzende Veränderungen in meinem Leben auf, die mich diese erste Erfahrung der inneren Stimme fast vergessen ließen.

Plötzlich geschahen Dinge, kamen Informationen der unterschiedlichsten Art auf den merkwürdigsten Wegen auf mich zu, die mich alle in die gleiche Richtung stießen, ohne daß mir die dahinter stehende Absicht, die gemeinsame Botschaft, zu diesem Zeitpunkt bewußt geworden wäre. Es fielen mir z.B. Artikel in der Presse auf über indische Kinder, die sich detailliert an ihr letztes Leben erinnerten. Ich hörte, entgegen meiner Gewohnheit, spät abends Radio und war mitten in der Life-Reportage einer Reinkarnationstherapie. Man schenkte mir überraschend Bücher, die sich mit nahtodlichen Zuständen befaßten. Ein Mitarbeiter meiner Firma machte mich mit transzendentalen Meditationstechniken bekannt. Je mehr mein Interesse stieg, um so mehr schien man mich von unbekannter Seite aus mit entsprechendem „Material" zu versorgen. An Zufall konnte und wollte ich nicht glauben.

1983 und 1984 wurden zu Krisenzeiten in meinem Privatleben: Mein steigendes Interesse für esoterische Themen stießen bei meiner Frau auf wachsenden Widerstand, weckten Ängste, führten zu

meiner Hinwendung an eine Partnerin, die meine sich neu entwik-
kelnde Lebenssicht teilte und als Psychologin einen interessanten
beruflichen Hintergrund bot. Meine Frau und ich trennten uns
schließlich einvernehmlich, die Kinder blieben bei mir, das Leben
lief wieder in geordneten Bahnen. Zusammen mit meiner neuen
Partnerin übte ich regelmäßig Yoga aus und kam in Kontakt mit
anderen Suchenden.

Im Frühjahr '84, an einem Sonntagmorgen, meditierten wir gemeinsam. Das Sitzen im Lotos-Sitz fiel mir auf Grund eines Menis-
kusschadens seit längerem schwer, und ich war deshalb bei einer
Heilpraktikerin in Behandlung. Diese Frau war mir empfohlen worden mit der Begründung, sie sei Heilerin und Seherin. Damals konnte
ich mir darunter zwar nur wenig vorstellen, aber meine Neugierde
war geweckt. An dem bewußten Sonntag hatte ich bereits einige
Heilsitzungen hinter mir, und es ging meinem Knie wesentlich besser. In der Person der Heilerin lernte ich einen Menschen kennen,
wie er mir bisher noch nicht begegnet war. Von mütterlich warmer
Ausstrahlung, hatte diese kleine Frau eine Kraft in den Händen, die
mich verblüffte. Außerdem verrieten ihre von einem verschmitzten
und vielsagenden Lächeln begleiteten Ausführungen ein Wissen über
meine Persönlichkeit, das mir unerklärlich, fast unheimlich war.

Meine Partnerin und ich saßen an diesem Sonntag in tiefer Meditation. Wir übten eine Mantra-Technik aus, an die sich bewußt-
seinserweiternde Übungen anschlossen. Plötzlich hörte ich zu meiner großen Überraschung wieder diese Stimme, die mir damals vor
Jahren das Rauchen ausgetrieben hatte. Diesmal war sie subtiler,
weniger kraftvoll, und sie gab mir fünf Informationen, die sich auf
mein Privatleben und meine Zukunft bezogen. Die fünfte Botschaft
besagte, daß diese Heilerin meine zukünftige Partnerin sei.

Jetzt war es mit meiner meditativen Versenkung vorbei. Mit einem „Das kann doch nicht wahr sein!" kam ich zurück und sah in
die erschreckten Augen meiner Partnerin, die mir berichtete, daß sie

die fünfte Botschaft ebenfalls erhalten hatte. Wir waren beide sprachlos. Wieso sollte ich eine Partnerschaft lösen, in der wir gerade begannen, uns sehr wohl zu fühlen? Wer und mit welchem Recht verlangte solches von ihr und mir? Es folgten sehr turbulente Stunden und Tage. Auf der einen Seite versuchte ich, meine Lebensgefährtin zu beruhigen, auf der anderen Seite bemühte ich mich, hinter das Geheimnis der Botschaft und der Stimme zu kommen. Der Schlüssel des Rätsels lag ganz offensichtlich bei der mysteriösen Heilerin. Also machte ich mich auf den Weg in die Stadt, in der sie als Heilpraktikerin praktizierte.

Sie hatte mich erwartet, und es begann ein Gespräch, in dessen Verlauf ich manchmal dachte, das alles könne nur ein phantastischer Traum sein, aus dem ich wohl gleich erwachen würde. Zu meinem wachsenden Erstaunen mußte ich hören, daß sie mich seit fast einem Jahr erwartete, mein Kommen mit meinem Bild in prophetischen Träumen angekündigt erhalten hatte und davon, genauso überrascht wie ich, gar nicht erbaut war. Sie hatte sich innerlich dagegen gewehrt, war daraufhin schwer krank geworden und erst als sie, zermürbt von der Krankheit, den Widerstand aufgab, wurde sie ganz schnell wieder gesund. Nun wartete sie auf den, der da kommen sollte. Und da war ich.

Wenn mir jemand früher so eine Geschichte erzählt hätte, hätte ich ihn für verrückt erklärt. Ich beschloß, auf mein inneres Gefühl statt auf meinen Verstand zu hören und dieser Stimme zu folgen. Das war im Frühling 1984, und es folgten die wohl aufregendsten, schmerzvollsten, aber auch ertragreichsten Jahre in unserer beider Leben.

Nicht nur privat, auch geschäftlich waren diese Anfangsjahre Krisenjahre. Zusammen mit einem Partner führte ich zu dieser Zeit eine gutgehende Marketing- und Werbeagentur. Das innerbetriebliche Klima verschlechterte sich allerdings in dem Maße, wie ich begann, andere Wertmaßstäbe zu setzen, einen anderen Sinn im

Leben zu sehen als Umsatzsteigerung und Gewinnmaximierung. Im Sommer 1985 verloren wir unverschuldet unsere drei größten Kunden innerhalb weniger Wochen. Die sich abzeichnenden Verluste ließen einen Konkurs zum Jahresende befürchten. Vor diesem Hintergrund trennte ich mich von meinem Partner, der „meine esoterischen Träume" mit immer größerer Skepsis beobachtet hatte, und ich versuchte, die Firma mit zwei Mitarbeitern weiterzuführen.

Im Advent war die Lage alles andere als rosig. Ich war zwar nun privat und beruflich frei, meine Zukunft neu zu gestalten, aber finanziell am Ende. Und wieder erlebte ich diese geheimnisvolle, mysteriöse Führung.

Eines Abends, als ich noch allein über meinen Problemen brütend im Büro saß, klingelte es. Ein Bote - wie vom Himmel geschickt - lud uns im Auftrag eines großen Unternehmens zur Präsentation ein. Unsere größten Konkurrenten waren ebenfalls dazu aufgefordert. Es winkte ein fast siebenstelliger Werbeetat. So etwas war mir in meiner langjährigen Berufspraxis noch nicht widerfahren. War es doch bisher immer eines der schwierigsten Geschäfte gewesen und immer von uns ausgegangen, zu einer so aussichtsreichen Angebotssituation zu gelangen. Wir erhielten den Auftrag, und der Ertrag des ersten Jahres deckte alle aufgelaufenen Verluste. Es war wie ein Wunder. Ich sollte weiter Gelegenheit zum Wundern bekommen. Es begann unser Weg in eine Gemeinschaft von Gleichgesinnten auf der spirituellen Suche. Schritt für Schritt öffneten sich uns die Türen, und viele „wundersame" Fügungen waren dabei im Spiel.

1. KAPITEL

DIE ENTSTEHUNGSGESCHICHTE
EINES LICHTZENTRUMS

Bereits 1983 hatte ich in einem bekannten Münchner Reinkarnationsinstitut eine Therapie für August 1984 gebucht. Ich wollte mehr wissen über mich und meine Vergangenheit, wollte das Gesetz von Ursache und Wirkung beispielhaft an mir selbst erfahren. Vier Wochen lang erlebte ich zwei Stunden täglich eine Reise in meine seelischen Innenwelten. Ich erfuhr, wie Entscheidungen und Handlungen längst vergangener Leben Auswirkungen auf meine heutige Existenz haben. Wichtige Personen aus dem Heute begegneten mir in früheren Lebensrollen, und ich bekam eine Ahnung von dem ewigen Spiel des Lebens und seinen Gesetzmäßigkeiten. Diese Ausnahmesituation der vollen Konzentration auf mein Unbewußtes führte, anfänglich von mir kaum bemerkt, zu einer weiteren Öffnung meines Wesens. Gegen Ende der Therapie empfing ich zunehmend seelische Bilder, Eindrücke und Informationen auch außerhalb der therapeutischen Trance. Erst im Laufe der Zeit lernte ich, diesen inneren Wissensschatz überlegt und mit der notwendigen verantwortlichen Gelassenheit für mich nutzbar zu machen. In der Rückschau betrachte ich diese Therapie als den eigentlichen Öffnungs- und Startimpuls für meine spätere Medialität.

Nach meiner Rückkehr aus München eröffnete mir Ursula, meine mir auf so ungewöhnliche Art zugeführte neue Weggefährtin, daß sie an mir die gleichen Heilkräfte bemerkte, über die sie schon seit längerem verfügte. Voller Zweifel begann ich mit ersten Versuchen im engeren Freundeskreis. Ich legte meine Hände auf schmerzende Köpfe, rumorende Bäuche oder geschwollene Gelenke, und meistens wurde mir von Linderung, wenn nicht sogar von Heilung berichtet. Meine Skepsis blieb, ich dachte an Autosuggestionen und Placebo-Effekte, die im Spiel wären, zumal ich selbst anfänglich nichts von den Energien spürte, die da angeblich durch mich fließen sollten. Es dauerte Monate, bis ich sensibel genug war, die durch meine Hände strömenden Heilkräfte selbst zu fühlen, bis ich die Aura und die unterschiedlichen Energiezentren meiner Patienten wahrnehmen konnte.

In dieser Zeit las ich Berge von einschlägiger Literatur über das Feinstoffliche im Menschen, seine Energiekörper, die Aura und das Chakra-System und mußte bald entdecken, daß in vielen Büchern völlig unterschiedliche Aussagen gemacht wurden. Keine davon stimmte ganz mit meinen eigenen Erfahrungen überein. Entweder berichteten die Autoren nur vom Hörensagen oder sie oder ich mußten uns in unserer Wahrnehmung irren. Das war der Punkt, an dem ich beschloß, alle Bücher zu diesen Themen erst einmal aus der Hand zu legen, meinen eigenen Beobachtungen und Erkenntnissen zu trauen und diese weiter auszubauen. Mit dem Pendel zu arbeiten, wurde mir bald sehr vertraut. Als Instrument verstanden, diente er mir zur Abfrage unbewußter Informationen. Ich überprüfte damit nicht nur die Drehrichtung von Chakras oder die Engergiequalität von Objekten, sondern pendelte beispielsweise auch die zur Situation des Patienten passende Begleitmusik für Chakra- oder Heiltherapien aus. Dieses fortgesetzte Beschäftigen mit meinem und der Patienten Unterbewußtsein sensibilisierte mich ständig mehr, öffnete die Tore zu meiner eigenen Seele und deren geistigem Zentrum immer weiter.

Die Folge davon war, daß ich mir immer stärker der Existenz feinstofflicher Welten und deren Bewohner bewußt wurde und ins innere Gespräch mit ihnen kam. Ich machte zum erstenmal die Erfahrung eines Dialogs mit unverkörperten Wesen und begegnete guten alten Bekannten. Wesentlicher und für mich von größerer Bedeutung war aber die zunehmende Zugriffsmöglichkeit zu den

Daten und Informationen anderer Schichten meiner Gesamt-persönlichkeit. Ich erlebte, daß meine Intuition eine sehr reale und konkrete Wahrnehmungsform für mich wurde. Unter Intuition verstehe ich das rational nicht begründbare Wissen, Wahrnehmen und Empfinden von Sachverhalten, Ursachen, Gefühlen und Zuständen in meinem und im Leben Dritter.

Aus den Anfängen meiner bald darauf beginnenden Therapeutenzeit will ich dazu ein erläuterndes Beispiel geben: Eines Tages kam auf Empfehlung eine völlig aufgelöste Frau zu mir. Sie, Mitte 30, intelligent und attraktiv, erlebte in Partnerschaften immer wieder das gleiche. Gerade wenn sie begann, sich in einer Beziehung sicher und wohl zu fühlen, wurde sie verlassen. Zur Zeit lebte sie, eine Deutsche, mit einem Engländer an der griechischen Küste, und beide verdienten sich ihren Lebensunterhalt mit einem kleinen Souvenirladen für Touristen. Andrew, ihr Freund, war nach London in Urlaub gefahren, hatte von dort angerufen, um ihr lapidar mitzuteilen, daß er nicht zurückkommen würde. Nervlich am Ende, saß sie vor mir, wollte nur meine Kraft tanken, um dann weiter nach London zu fliegen und den Flüchtigen um jeden Preis wieder einzufangen.

Ich gab ihr eine Chakra-Behandlung und ließ zu ihrer emotionalen Unterstützung gleichzeitig eine psychotherapeutische Kassette laufen, die ihr suggerierte, daß wir alle, tief in unserem Wesen, einen „guten Freund" haben, der immer für uns da ist und uns nie verläßt. Gefaßt und gestärkt von der von ihr sehr deutlich wahrgenommenen heilsamen Lichtenergie, die ich in sie einströmen ließ, führten wir anschließend ein Gespräch, um das durch die Suggestionen Erlebte zu besprechen und zu deuten.

Zu meiner Überraschung schilderte sie diesen suggerierten Freund als eine weibliche Gestalt im weißen Unterkleid, mit schwarzem Umhang und einem Vogelkopf mit großem Schnabel. „Das war Satan!" ordnete sie diese Person nachdenklich ein, und ich war zuerst einmal ratlos. Nichts in den sehr positiven Suggestionen erklärte meinem analytischen Verstand diese Interpretation bzw. Projektion, die ja aus ihrem Unterbewußtsein kam. Bevor ich dazu kam, dieses Rätsel mit Hilfe weiterer psychologischer Befragungen und Techniken zu lösen, erlebte ich plötzlich, erstmalig in dieser Deutlichkeit, das Wirken meiner Intuition.

In Bruchteilen von Sekunden lief in meinem Inneren ein sehr plastischer, farbiger Film ab, der mir die entscheidenden Ausschnitte aus dem für das Problem verantwortlichen Vorleben der Patientin enthüllte. Ich sah sozusagen in ihr 'Archiv'. Beeindruckt von der zwingenden Schlüssigkeit der von mir geschauten Bilder überlegte ich, wie ich ihr das Gesehene und seine Bedeutung für ihre heutige Lebenssituation verständlich machen könnte. Darüber hinaus wollte ich mich nicht unglaubwürdig machen, falls sie der Reinkarnationsidee ablehnend gegenüberstand. Ich beschloß, die betreffende Situation aus einem ihrer Vorleben zuerst einmal in eine Schlüsselfrage zu kleiden und vorsichtig ihre Reaktion abzuwarten.

„Was verbinden sie mit der Pest?" Kaum hatte ich meine Frage ausgesprochen, brach meine bis zu diesem Zeitpunkt ruhige und gefaßte Patientin mit einem heftigen Weinkrampf zusammen. Diese außergewöhnliche Reaktion auf eine letztlich doch neutrale Frage gab mir die Gewißheit, daß ich richtig gesehen hatte, da es in der Patientin eine entsprechende Resonanz gab. Bevor ich schildere, was mir meine Intuition gezeigt hatte, will ich noch einmal zum besseren Verständnis die Ausgangssituation skizzieren: Die Patientin hatte ein wiederkehrendes Problem des Verlassenwerdens, das immer dann auftrat, wenn sie sich in einer Beziehung sicher und geschützt wähnte. Nach der Therapie identifizierte sie den sehr positiv beschriebenen „guten Freund", der ebenfalls im direkten wie übertragenen Sinne ein Beziehungspartner ist und sich in der Trance sehr liebevoll und intensiv um sie kümmerte, als vogelköpfigen Satan.

In meiner Vision hatte ich die Patientin als Pestkranke im Mittelalter gesehen. Sie lag einsam und verlassen in einem Raum auf dem Boden. Mein Eindruck war, daß alle anderen Hausbewohner bereits an der Pest gestorben waren. Der einzige Mensch, der sich um die langsam Sterbende kümmerte, war eine Nonne, daher das weiße Unterkleid und der schwarze Umhang. Diese trug zum Schutz gegen die Pest eine damals übliche schnabelartige Pestmaske, in deren Spitze Kräuter gelagert wurden, da man glaubte, die Pest würde durch Erreger in der Luft verbreitet. Die Nonne infizierte sich selbst, starb noch vor der Pestkranken und heutigen Patientin, die bald darauf, verloren und in dieser extrem abhängigen Situation von ihrer „besten Freundin" verlassen, elend zu Grunde ging.

Die Ursache für ein tiefsitzendes Trauma war gelegt, das nun - das war ganz deutlich - in diesem Leben zur Lösung und damit Erlösung anstand. Die Patientin mußte wieder lernen, Sicherheit und Geborgenheit im eigenen Selbst zu finden und sich von ihrer zwanghaften Abhängigkeit vom jeweiligen Partner zu befreien. Während der Trance-Therapie waren Impulse aus ihrem Unterbewußtsein ins Tagesbewußtsein gestiegen. Diese Impulse wurden auf der Basis ihres heute gelernten und gespeicherten Wissens bildhaft verknüpft. In ihrem heutigen Ich hatte die Patientin, wie sie mir bestätigte, keinerlei Wissen über mittelalterliche Geschichte und schon gar nicht über die Pestzeit, sowie die Mittel, mit denen man sich vor der Pest zu schützen hoffte. Deshalb identifizierte sie die Pestmaske mit einem Vogelkopf, und ein Mensch mit so einem Kopf konnte, nach ihrem heutigen Verständnis, eben nur Satan sein.

Meinen Ausführungen und Deutungen ihrer Therapie-Erfahrung folgte sie mit leuchtenden Augen und wachsender Erregung. Jedem Bild meiner inneren Schau stimmte sie mit lebhafter Mimik und Gestik zu. „Das war Andy!" brach es aus ihr heraus, und sie meinte damit, daß sich die damalige Nonne in dem heutigen Andrew wiederverkörpert habe und sie wieder zusammengeführt wurden, um durch die scheinbare Neuauflage des alten Verlassenwerden-Traumas diesmal eine Lösung herbeiführen zu können. Sie weinte vor Freude, als sie dies erkannte, und ich war beeindruckt, da ich diese Personen-identität in „meinem Film" ebenso erlebt hatte. Wir machten noch einige Sitzungen zur Vertiefung und weiteren Verarbeitung. Danach flog sie zurück nach Griechenland. Sie hatte das Trauma erkannt und bewußt bearbeitet, ihr Problem weitgehend gelöst und konnte Andrew dankbar seiner Wege gehen lassen. Einige Monate später ließ sie mir ausrichten, daß es ihr sehr gut ginge und sie nun in einer neuen Partnerschaft mit sehr viel mehr Selbstbewußtsein lebe.

Unsere eigene Intuition und der enger werdende Kontakt mit unseren jenseitigen Partnern enthüllte Ursula und mir ein geistiges Panorama von unglaublicher Schönheit und Klarheit. Der Begriff „Zufall" wird von uns Menschen oft dann benutzt, wenn wir keine andere Erklärung mehr finden und keine Gesetzmäßigkeit erkennen können. Auf geistiger Ebene gibt es keinen Zufall und demzufolge auch nicht auf unserer Ebene der Existenz, die ja nur ein Spiegelbild der geistigen Welt ist. So war alles das, was Ursula und ich erlebten, Teil eines uralten Planes, kein Zufall. Schritt für Schritt wuchsen wir in ein neues Bewußtsein hinein, das eigentlich ein altes war, und nur von uns wiederentdeckt wurde. Die Schläfer erwachten aus ihrem Schlaf.

Wir erkannten uns und viele Menschen aus unserem Umfeld als alte und neue Mitspieler in einem kosmischen Spiel, das auf der Bühne dieses Planeten stellvertretend für die ganze Schöpfung gespielt wird. Ein Spiel, das so oft dramatische Züge zeigt und doch nur der Bewußtwerdung der hier inkarnierten Seelen dienen soll. Wir erfuhren, daß die Menschheit auf einen weiteren Phasensprung in ihrer Entwicklung hinsteuert und diese Geburt eines neuen, globalen Bewußtseins nicht ohne die Hilfe von geistigen Helfern und verkörperten Wesen aus dem Lichtreich vonstatten gehen kann. Es wurde uns - dort, wo die eigene Schau noch nicht ausreichte, - das zu wissen Notwendige von unseren geistigen Freunden mitgeteilt.

So begannen wir auf ihr Geheiß, nach meiner Rückkehr aus München, bald mit der Bildung eines spirituellen Kreises. Teils waren uns die Personen, die diese Gemeinschaft bilden sollten, bekannt, teils wurden sie uns auf die unterschiedlichste Art und Weise in den kommenden Monaten und Jahren zugeführt. Von Anfang an war klar, daß es am Ende 144 Personen sein würden, 72 Frauen und 72 Männer. Sie kamen aus allen Gesellschaftsschichten, unterschiedlichen Religionen und vielen Ländern, hauptsächlich aber aus Deutschland und Südamerika, da beide Regionen bei den kommenden Ereignissen eine herausragende Rolle spielen werden. Die meisten Kandidaten dieses Kreises waren esoterisch unbedarft, aber sehr interessiert. Es war notwendig, sie in verschiedenen spirituellen Disziplinen zu informieren und zu schulen. Dazu bedurfte es geeigneter Räumlichkeiten, die die Gemeinschaft in Form eines alten Hotelkomplexes auf französischem Boden fand, einen Kilometer entfernt von der deutschen Grenze.

Das große Haus hatte über dreißig Jahre leer gestanden. 1988 begannen die umfangreichen Renovierungsarbeiten, weitestgehend von Gruppenmitgliedern ausgeführt. Anderthalb Jahre später konnten wir mit der spirituellen Arbeit in unserem Zentrum beginnen. Es war für alle ein großes Fest, wir hatten uns endlich unsere Basis für die kommenden Aufgaben geschaffen. Wir faßten unsere spirituelle Überzeugung und unseren geistigen Auftrag in eine allgemeinverständliche Satzung, gründeten einen gemeinnützigen Verein und gaben ihm den Namen „Freunde des Wassermannzeitalters". Der Name leitet sich von dem astrologischen Zeichen „Wassermann" ab und bezeichnet die Zeit, in der der sogenannte Frühlingspunkt das Sternbild des Wassermanns durchläuft, was nach esoterischem Verständnis eine wichtige Phase in der menschlichen Entwicklung sein wird. Wir befinden uns in der Übergangsphase zu diesem Zeitalter.

1987 heirateten Ursula und ich. Bald darauf verkaufte ich meine Firma und arbeitete von da an als esoterisch-psychologischer Thera-

peut in der Praxis meiner Frau. Neben dem therapeutischen Gespräch und Trance-Techniken, wie der Reinkarnationstherapie, benutzte ich hauptsächlich meine medialen und heilerischen Möglichkeiten, um Menschen zu helfen.

In unserer Gemeinschaft verstanden Ursula und ich uns als „Spi-
ritus Rector", der für die geistigen Inhalte und Ziele verantwortlich
war. Die Umsetzung und das Management der notwendigen Abläufe lag weitgehend in den Händen der Mitglieder. Im Auftrag des
Lichtreichs, dem göttlichen Willen folgend, begannen wir, die Gemeinschaft in Anlehnung an die Johannes-Offenbarung hierarchisch
zu strukturieren. Das Wort „Hierarchie" löst in vielen Zeitgenossen
Beklemmung aus, bedeutet es doch für sie den scheinbaren Verlust
ihrer Freiheit und die Unterordnung unter einen willkürlichen, fremden Willen. Tatsächlich ist die irdische Welt, und leider machen da
spirituelle Gemeinschaften oft keine Ausnahme, voll menschlichen
Mißbrauchs hoher Prinzipien, an erster Stelle das des Rechts auf
einen eigenen freien Willen. Insofern ist eine solche erste Reaktion
nur zu verständlich.

Wir hielten uns bei der Definition und Umsetzung des Begriffs
„Hierarchie" an unsere geistigen Vorbilder, die in dem Jesus-Wort
gipfeln, daß der der Größte sein soll, der bereit ist, dem Geringsten
zu dienen. Dabei folgten wir dem kosmischen Evolutionsgesetz, das
Entwicklung nur in Verbindung mit „bereit sein zum Dienen" kennt.

Unsere Gemeinschaft wurde im Inneren von 7 Gruppenleitern -
4 Frauen und 3 Männern - geführt, nach außen wurde sie von dem
durch die Mitglieder gewählten Vereinsvorstand vertreten. Die 144
wurden nach Rückkopplung mit der geistigen Ebene von Ursula
und mir ausgewählt und nach entsprechender Prüfungs- und Selbst-
erprobungszeit im Rahmen einer Initiation zur aktiven Lichtträger-
schaft berufen. Die Berufung erfolgt im Hinblick auf den vom Einzelnen erkannten göttlichen Willen und basiert auf dem persönlichen freien Willen, den der Schöpfer seinen Kindern nie vorenthal-

ten hat. Unsere letzte Willensfreiheit finden wir aber in Gott und in unserer freiwilligen Vereinigung mit seinem Willen, der dann zu unserem wird. Dies will uns das Gleichnis vom verlorenen Sohn sagen.

Ähnlich wie ein Heranwachsender in der Pubertät, durchliefen wir beide, die Gemeinschaft als Ganzes und jeder einzelne, in den folgenden Jahren heftige Prozesse. Wir machten Fehler, irrten uns, verloren aber nie das Ziel aus den Augen. Manchen warf der Zweifel aus der Bahn, neue Gesichter füllten die schmerzenden Lücken. Nicht jeder, der uns verließ, tat das mit Anstand und in Frieden. Wir alle lernten loszulassen. 1988 begannen wir mit der Berufung und Ausbildung eines inneren Kreises von 24 Personen, der bezüglich der Geschlechter paritätisch besetzt wurde. Diese Männer und Frauen erhielten eine besondere Initiation.

An dieser Stelle soll einmal erklärt werden, was ich unter *Initiation* verstehe, wie sie abläuft und zu welchem Ziel sie führt. Die 144 erhielten eine Heiler-Initiation und als Ausdruck ihrer Mitgliedschaft in unserer Gemeinschaft ein besonderes individuelles Medaillon.

Eine Initiation ist die Einführung in ein verborgenes Wissen, bedeutet also unter anderem Ausbildung. Das hieß in unserem Fall, der Kandidat wurde in den Gesetzmäßigkeiten der feinstofflichen Körper geschult, lernte deren Zusammenspiel und Auswirkung auf den physischen Körper kennen und erfuhr, wie und warum man mit Hilfe des inneren Lichts Wirkungen auf allen Ebenen des menschlichen Seins hervorrufen kann. Durch wissenschaftliche Untersuchungen, u.a. am Technologie-Zentrum in Kaiserslautern und an amerikanischen medizinischen Instituten, wurde in den letzten Jahren bewiesen, daß Menschen, die die Gabe des Heilens haben, willentlich Veränderungen im elektromagnetischen Feld ihrer Umgebung vornehmen und verstärkt Photonen bzw. Licht abstrahlen können.

Auf einen einfachen Nenner gebracht, heißt das, daß Heiler(innen) Energien und ein für das normale Auge unsichtbares Licht abstrahlen, das auf den Körper eines Kranken ordnend und heilend einwirkt.

Im zweiten, entscheidenden Teil der Initiation wurde im Rahmen einer rituellen, energetischen Impulssetzung durch einen dazu Befähigten eine Verbindung zwischen den feinstofflichen Körpern des Initianten geschaffen, die diesen zum Kanal macht für das Licht des Geistes, der letztlich göttlicher Natur ist. Ab diesem Moment war der Initiant Heiler. Sein erster „Patient", der an der Initiation zur Demonstration und Bestätigung der neu erworbenen Fähigkeiten teilnahm, spürte sofort den Fluß der Energie, die, von den Händen des Heilers ausgehend, durch seinen Körper strömte.

Die gemachten Erfahrungen konnten dabei, je nach Situation und körperlicher Verfassung des Patienten, sehr unterschiedlich sein. Sie reichten von Wärme- und Hitzegefühlen über ein Fließen und Vibrieren, wie bei elektrischem Strom, bis hin zur inneren Wahrnehmung von Farben und Licht. Das Licht, aus der göttlichen Quelle kommend, schaffte im System des Patienten wieder Ordnung und Harmonie. Entsprechend fühlten sich die Patienten nach einer solchen Therapie ruhiger, friedvoller und gestärkt. Schmerzen waren oft verschwunden, zumindest aber gelindert, und der Prozeß der Heilung war wieder in Gang gesetzt. In letzter Konsequenz heilte sich also der Patient selbst, indem er die vom Heiler kommende Lichtenergie zur Regeneration seiner eigenen erkrankten Organe nutzte. Der Grad der Offenheit und die Bereitschaft zur Veränderung der für die Krankheit verantwortlichen seelischen Problemstellungen bestimmten die Zeitdauer des Heilungsprozesses.

Der Initiations-Impuls hatte auch bei einigen Gruppenmitgliedern mediale Fähigkeiten geweckt, so daß der Informationsfluß zwischen den geistigen Ebenen und der Gemeinschaft immer stärker wurde.

Kann nun jeder Heiler werden, wie es so manche kommerziell orientierte, pseudo-esoterische Gruppierungen versprechen, vor denen ich hiermit ausdrücklich warne? Grundsätzlich ja. Jeder Mensch ist ein Kind Gottes und hat somit Anrecht auf sein göttliches Erbe. Aber wer würde einem Kind vor der Zeit die Verantwortung und Verfügungsgewalt über ein großes Vermögen übertragen? Wer läßt einen Sechsjährigen sein Auto reparieren? Es gehört also Wissen, Verantwortung und Reife zu dieser Berufung. Es muß sichergestellt sein, daß es dem Kandidaten nicht wie in Goethes „Zauberlehrling" geht, dem die gerufenen Geister außer Kontrolle gerieten und entsprechenden Schaden anrichteten.

Es stellt sich weiter die Frage, ob jeder Heiler durch einen Dritten initiiert wurde. Wenn ja, was ist mit jenen, die diese Gabe plötzlich und unvorbereitet an sich entdeckten? In diesen Fällen erfolgte die Initiation nicht durch einen Menschen, sondern durch geistige Wesen und nicht auf dieser Ebene der Existenz, weshalb dieser Akt meistens nicht ins Tagesbewußtsein dringt und somit auch nicht erinnerbar ist.

Der Kreis der 24 hatte im Rahmen der Gesamtgemeinschaft eine spirituelle Leitungs- und Lehrfunktion, da mit dem Wachsen der Gruppe ein Verteilen Ursulas und meiner Arbeit auf mehrere Schultern nötig wurde. Diese weitergehende Initiation beinhaltete unter anderem, geeigneten Dritten den Impuls zum Heilen zu geben. Als sich der Kreis der 144 zu schließen begann, erweiterten wir die Gemeinschaft um einen äußeren Kreis von Therapeuten. Sie hatten die Aufgabe, die Ziele und Botschaften der inneren Gruppe stafettenartig nach außen zu tragen. Dazu erhielten sie ebenfalls die Heiler-Initiation. Der Kreis der Therapeuten war zahlenmäßig nicht festgeschrieben und daher im In- und Ausland stetig am Wachsen.

Regelmäßige Treffen im Hauptzentrum und den Regionalzentren sowie private wie offizielle Reisen von Ursula, mir, den 24 und anderen 144 zu unseren Mitgliedern auch außerhalb Deutschlands sicherten den Informationsfluß und dienten dem Zusammenhalt der Gemeinschaft.

Was hatte es nun mit den Medaillons der 144 auf sich, die ihnen bei ihrer Initiation überreicht wurden? Ihr Sinn war es, den Träger als Mitglied der Kerngemeinschaft kenntlich zu machen und ihm eine Hilfe zu sein bei der Bewältigung seiner spirituellen Aufgabe, die bei der eigenen Bewußtwerdung beginnt. Das kreisförmige goldene Medaillon symbolisierte die Trinität im Menschen, von der noch später im Buch die Rede sein wird. Die Trinität von Geist, Seele und Körper wurde auf dem Medaillon durch eine stilisierte geistige Sonne, einen eingelassenen Edelstein als seelischen Mond und eine Bildgravur, die die Lebensaufgabe symbolisierte, dargestellt.

Alle Objekte sind Ausdruck und Träger von Energie, die Medaillons waren es in besonderem Maße, da sie von Ursula und mir in einer speziellen Form, ähnlich einer Energietherapie, aufgeladen wurden. Vergleichbar einem Hilfsmotor, verstärkten sie den inneren Antrieb, ohne die Steuerung zu beeinflussen. Damit blieb die persönliche Entscheidungsfreiheit gewahrt.

Das Zentrum unserer Gemeinschaft diente den Zielen der Gruppe bzw. des Vereins. Erstes Ziel war die Arbeit an uns selbst im Rahmen von Meditationen, medialen Botschaften, wechselseitigen Therapien, Vorträgen und Seminaren.

Das zweite Ziel war es, das selbst Erarbeitete und das von geistiger Ebene Empfangene an eine interessierte Öffentlichkeit weiterzugeben. Eine Etage des Zentrums war deshalb für Heilsitzungen reserviert, die wir Hilfesuchenden kostenlos anboten. Die Botschaften aus dem Lichtreich hatten wir schriftlich und auf Kassetten festgehalten. Eine allgemein interessierende Auswahl der Inhalte hatten wir in Form von Broschüren gedruckt und stellten sie Suchenden gegen eine geringe Gebühr zur Verfügung.

Drittes Ziel war die Organisation und Ausübung konkreter Nächstenliebe Die Gemeinschaft unterstützte ideell und materiell soziale Einrichtungen in der Dritten Welt, wie z.B. Drogentherapiezentren in Kolumbien und ein Zentrum für verstoßene Kinder und Alte in Peru.

Mit dem vorliegenden Buch möchte ich über die Entstehungsgeschichte eines spirituellen Lichtzentrums, dessen Ziele und Auftrag und die in dieser Zeit gemachten Erfahrungen und gewonnenen Erkenntnisse berichten. Und es soll auch später die Rede davon sein, warum ich 1996 die Gemeinschaft verließ und eigene Wege ging.

2. KAPITEL

DER FALL AUS DER EINHEIT IN DIE DUALIÄT

Was ist das für eine Welt, in der wir leben? Kriegerische Auseinandersetzungen, soziale Unruhen, Naturkatastrophen, Hunger, Seuchen und die lebensbedrohliche Umweltverschmutzung nehmen ständig zu. Die Welt ist aus dem Gleichgewicht geraten. Regierungen und internationale Institutionen wie UNO und NATO sind machtlos. Korruption und Verbrechen greifen immer mehr um sich. Die Medien bringen uns täglich neue Schreckensmeldungen aus allen Teilen der Welt ins Haus. Angst macht sich breit, Verzweiflung schlägt um in dumpfe Resignation. Wem kann, wem soll man vertrauen, auf wen kann man noch bauen?

Die Religionen und Konfessionen sind ratlos, haben keine Antworten auf die drängenden Fragen der Zeit. Der christliche wie der islamische Fundamentalismus sind Ausdruck dieser Hilflosigkeit und der untaugliche Versuch, alten Wein in neue Schläuche zu füllen. Immer mehr Menschen empfinden diese Zeit als apokalyptisch, unheilvoll und dunkel. Gibt es keine Rettung mehr, sind dieser Planet und seine Menschheit zum Untergang verdammt?

Wir alle wissen um die zunehmende Umweltverschmutzung, das Ozonloch und seine Folgen, das Waldsterben, die immer geringer werdenden Energie- und Lebensmittelressourcen bei gleichzeitig explosionsartiger Vermehrung der Menschheit. Diese traurige Liste ließe sich beliebig verlängern. Was tun wir, um das Drohende abzuwenden?

Kosmetische Eingriffe, um das soziale Gewissen zu beruhigen, und pompöse Weltgipfel als Medienspektakel sind wohl kaum ein geeignetes Rezept, die Weltlage zu verbessern. Nur ein totales Umdenken, eine umfassende Veränderung der Werte und Ziele menschlichen Lebens, eine Neuorientierung vom Ich zum Du, ein liebevoller Umgang mit den anderen Kindern von Mutter Erde könnten den Kollaps verhindern, die Katastrophe abwenden. Ist dieser Wandel im Bewußtsein der Menschen in absehbarer Zeit zu erwarten? Nie und nimmer, und deshalb sind wir der festen Überzeugung, daß wir den Beginn der in der Johannes-Offenbarung geschilderten Apokalypse bereits jetzt erleben. Das bestätigen unsere Botschaften von drüben sowie die von vielen anderen Medien in der Welt. Nun ist dieses Wort „Apokalypse" in den letzten Jahren zu einem Reizwort geworden. Weckt es doch in jedem von uns die quälende Befürchtung, daß wir nun ernten werden, was wir seit langer Zeit gesät haben, daß die Menschheit als Ganzes jetzt, wie vielfach angekündigt, die Konsequenzen aus ihrem Tun und Lassen erfahren wird.

Die Kritiker dieses Denkens geben allerdings zu bedenken, daß bereits die Jünger Jesu und die Menschen des Mittelalters zu unterschiedlichen Zeiten die Apokalypse erwartet hätten, diese jedoch nie eingetreten sei. Tatsächlich neigte der europäische Mensch in der Vergangenheit immer dazu, regionale Ereignisse in seiner Hemisphäre durch sein begrenztes Weltbild in ihrer Bedeutung und Auswirkung zu überschätzen.

Der Dreißigjährige Krieg zum Beispiel hatte für Mitteleuropa katastrophale Folgen. Der größte Teil der Deutschen starb in diesem Krieg und an dem, was er mit sich brachte - Pest, Hungersnot und Chaos. Verständlicherweise machte sich eine Weltuntergangsstimmung breit. Global betrachtet, existierten aber gleichzeitig in Afrika, Asien, Nord- und Südamerika blühende Kulturen. Vier Fünftel der Erde waren von diesem fürchterlichen Krieg vollkommen unberührt. Betrachten wir die Menschheit als einen Kranken, so litt er damals vergleichsweise an einer sehr schmerzhaften Verletzung, lebenswichtige Organe und Systeme waren aber nicht betroffen, und er schwebte somit nicht in Lebensgefahr. Der heutige Zustand hat aber eine andere Dimension, zeigt ganz andere Symptome und Krankheitsherde übergreifender und lebensbedrohlicher Art, der Patient Erde droht ins Koma zu fallen.

Die Luftverschmutzung, im wesentlichen von den Industriestaaten der nördlichen Erdhalbkugel zu verantworten, schafft das Ozonproblem, mit tragischen Konsequenzen für die Lebewesen der Südhalbkugel, insbesondere Australiens. Der Bedarf des Nordens führt zur Ausbeutung des Südens, mit entsprechenden Folgen für die Umwelt, wie man an der Abholzung der Regenwälder nicht nur Südamerikas deutlich sehen kann. Diese Regenwälder sind aber für das Luft- und Ökosystem des Planeten Erde von großer Bedeutung, ihre Vernichtung fällt auf uns zurück. Die Zeitqualität fordert vom Menschen, die Erde als vernetztes Gebilde, als Einheit zu sehen, die wir nicht ungestraft in einem Bereich massiv schädigen dürfen, ohne daß es Konsequenzen für das Ganze und damit für uns selbst hat. Sehen, erkennen wir das? Die Mehrheit der Menschen wohl nicht, und die, die es sehen, führen einen aussichtslosen Kampf oder haben resigniert. Und so nimmt der Lauf der Dinge, wie seit vielen Jahrhunderten prophetisch angekündigt, seinen Gang. Wir alle, mit unserem mangelhaften Bewußtsein und unserem Egoismus, sind verantwortlich für das, was wir nun erleben werden. Weder Gott, noch Satan, noch die Regierung ist schuld, wenn wir die Suppe auslöffeln müssen, die wir uns selbst gekocht haben. Wie konnte es soweit kommen, was haben wir letztlich falsch gemacht?

Die Antwort lautet: Unser Mißbrauch des größten göttlichen Geschenks, des freien menschlichen Willens, hat uns in diese Lage gebracht. Da viele Leser diese Antwort als unbefriedigend empfinden werden, muß ich zum besseren Verständnis etwas ausholen und im wahrsten Sinne des Wortes an den Anfang der (Menschheits-) Geschichte zurückgehen.

Die Weisen dieser Erde waren sich immer darin einig, daß die ursprüngliche oder erste Schöpfung Gottes rein geistiger Natur war. Im Anbeginn beschloß die Gottheit, Wesen aus sich - und damit aus der Einheit - herauszustellen, um sich darin selbst zu erkennen. Die Einheit erkannte sich in der Vielheit. Diesen Wesen war der freie Wille gegeben. Das bedeutet, sie konnten zu ihrem Schöpfer „ja" oder „nein" sagen, im Verbund mit ihm bleiben oder sich von ihm abwenden. Die Liebe zu ihrem Gott sollte das Motiv ihres Entschlusses sein, nicht Zwanghaftigkeit oder ein „nicht anders können". Wie nun die Bibel lehrt, entschloß sich ein Teil dieser geschaffenen geistigen Wesen, unter der Führung des ersten Lichtträgers Luzifer, sich von der sie nährenden und wärmenden Quelle abzuwenden. Was geschieht nun, wenn sich Wasserdampf von seiner Wärmequelle entfernt? Er wird kälter und dichter, wird zu Wasser. Gleiches geschah mit den abgefallenen Geistern. Sie wurden „dichter", verloren den Großteil ihrer geistigen Fähigkeiten, aber nicht alle.

Dieser Abfall von Gott schuf nun die - von oben gesehen - immer dichter werdenden Ebenen der Existenz, die wir Kausal-, Mental- und Astralsphäre nennen. Dieser erste Fall endete in einem Bereich der Astralebene, den die Bibel „Paradies", manche esoterische Schulen das astrale „Sommerland" nennen. Das Paradies wird beschrieben als idealisierte Erde, auf der ihre Bewohner - symbolisiert durch Adam und Eva - im Einklang mit der übrigen Schöpfung leben und wo alle ihre Bedürfnisse gedeckt sind. Gefallen waren diese Geister aus Ungehorsam gegenüber dem für sie ursprünglich erkennbaren Wunsch Gottes, mit Ihm in Einheit zu bleiben. Folgerichtig mußte ihre Prüfung im Paradies - sie sollten ja zurückkehren - eine Prüfung des Gehorsams sein. Diese Prüfung wird symbolisiert durch das Gebot, nicht vom Baum der Erkenntnis zu essen. Auch diese Prüfung wurde nicht bestanden, und es erfolgte ein weiterer Fall. Aus lebendigem Wasser wurde starres Eis, aus Geistigem Materie.

Wasser ist in seiner Struktur noch nicht getrennt, zeigt sich noch als Ganzes. Analog ist das Bewußtsein der Bewohner der geistigen Sphären noch sehr von dem Gefühl und der Erfahrung „Alles ist Eins" geprägt. Untersuchen wir Eis, so stellen wir schnell seine kristalline Struktur fest. Die Einheit ist aufgesplittert in starre Einzelformen. Dies entspricht im Seelischen der individualisierten menschlichen Egostruktur, dem Ich. Darin erfährt sich der physische Mensch als getrennt von allem, was ist. Die Dualität hat in der uns bekannten Materie ihren extremsten Ausdruck erreicht.

Dualität, das Prinzip der Zweiheit, ist untrennbar mit einem Schöpfungsvorgang verbunden. Der Bildhauer und seine Statue, der Autor und sein Buch. Immer wenn ein schöpferisches Wesen etwas schafft, entsteht als Werk ein Dual, ein Zweites, das seinen Schöpfer in einem bestimmten Teil spiegelt, Ausdruck von ihm ist. Aus geistiger Sicht nennen wir die ursächliche und enge Verbindung zwischen dem Schöpfer und seinem Werk eine Einheit, deren höchster Ausdruck die Einheit des Gottes mit seiner gesamten Schöpfung ist. Trennt sich der Mensch von Gott, das Werk von seinem Schöpfer, versuchen wir diese Einheit aufzuheben, entsteht in Folge daraus Chaos. Scheinbar ist uns dies in Bezug auf unseren Gott gelungen. Aber eben nur scheinbar. Wenn ein Kind trotz aller liebevoller Ermahnungen des Vaters immer wieder versucht, seinen Willen durchzusetzen, dann wird der Zeitpunkt kommen, wo der Vater dies zuläßt, damit das Kind durch leidvolle Erfahrung lernt, was es durch Folgsamkeit nicht bereit war zu lernen. Aber wird ein liebevoller Vater das Kind endgültig zu Schaden kommen lassen? Diese Frage beantwortet sich von selbst.

Das Gleichnis von der Vertreibung aus dem Paradies ist eine Umschreibung der Entwicklungsschritte, die der Geist gemäß kosmischer Gesetze auf diesem Weg der Evolution macht. Die Kurzbeschreibung dieses Weges lautet: Unbewußt aus der Einheit kommend, lernen und reifen wir in der Dualiät der Materie, um das Gelernte als Ernte in die Einheit zurückzubringen. In der Sprache der Geometrie wird die Einheit symbolisch als Kreis dargestellt. Wenn ein Mensch in sich ruht, eins mit sich ist, sagen wir, er ist „rund".

In der Dualität trennen wir uns, unterscheiden zwischen Ich und der Welt. Aber auch in unserem eigenen Ich sagen wir „ja" zu einem Teil unseres Wesens, unserer Eigenschaften, und „nein" zu einem anderen. Ich bin gut, aber nicht böse. Ich bin stark, aber nicht schwach. Ich bin ehrlich, aber nicht unehrlich. Und doch sind wir immer beides, verdrängen das Ungeliebte, alles das, zu dem wir Nein sagen, ins Unterbewußtsein, in den Bereich unserer Seele, den die Psychologie den „Schatten" nennt. So wenig ein Mensch seinem leiblichen Schatten davonlaufen kann, so wenig gelingt ihm das mit seinem seelischen. Da wir uns von dem ungeliebten Teil unseres Wesens abwenden, trennen wir den symbolischen Kreis unserer individuellen Einheit in eine bejahte obere und eine verneinte untere Hälfte, schieben den unteren Halbkreis weg von uns, so daß die Hälften nur noch ganz am Rand Kontakt haben, und es entsteht bildlich die Grundform einer Welle, Symbol der Materie in der dualen Welt.

Das Leben in der Dualität ist ein Erkenntnisweg, der uns zurückführen soll in die Einheit. Wie geschieht dies? Indem wir schrittweise das Ungeliebte, das von uns Abgetrennte wieder bewußtmachen und integrieren, wieder ganz werden. Wir schieben wieder die getrennten Kreishälften zusammen, machen aus Zwei wieder Eins, symbolisiert durch das bekannte YIN/YANG-Zeichen der chinesischen Philosophie.

Raum und Zeit sind Phänomene der dualen Welt, die uns auf diesem Weg begegnen. Da wir das Bewußtsein verloren haben, das Sein in seiner Gänze und zeitlos zu erfassen, entsteht das, was wir als Raum erfahren - physikalischer wie seelischer Raum.

Wenn ich Besuchern mein Haus zeigen will, so ist das zwar schon länger und auch im Moment des Besuchs in seiner Ganzheit vorhanden, aber um es Zimmer für Zimmer zu besichtigen und damit

umfassend zu erfahren, benötigen wir Zeit. In einer Reinkarnationstherapie erfährt der Patient nacheinander Leben für Leben. Er braucht
viele Therapiestunden, um das zu erleben, was bereits von Beginn
an und zur Gänze da war. Um also in der dualen Welt das Ganze,
die Einheit, erfahren zu können, benötigen wir Zeit. Zeit zur Erforschung der Räume, die uns unser Bewußtsein als scheinbare Realität vorgaukelt. Zeit und Raum sind also Hilfskonstruktionen unseres Bewußtseins, die uns helfen sollen, diese Existenzebene zu meistern, haben aber aus Sicht des Geistes keine objektive Realität und
sind deshalb illusionär. Deshalb warnen die hinduistische und die
buddhistische Philosophie vor der „Maya", der Täuschung, bezüglich der Erscheinungsformen dieser Ebene.

Das Gleichnis von der Vertreibung aus dem Paradies ist eine ver-
schleierte Wegbeschreibung: Aus der Einheit durch die Dualität zurück in die Einheit. Zu Anfang sind Adam und Eva noch im para-
diesischen Einheitszustand. Sie unterscheiden noch nicht und schämen sich deshalb auch nicht ihrer Nacktheit. Es fehlt ihnen das
Denken in trennenden, dualen Kategorien, wie schwarz/weiß, gut/
böse und so weiter. Die Schlange, das uralte Symbol für den dualen
Erkenntnisweg, verführt Eva gegen den erklärten Willen des Vaters,
der seine Kinder vor den Leiden dieses Weges bewahren will, zum
Essen der Früchte vom Baum der Erkenntnis. Die Begründung der
Schlange: „Eßt von diesen Früchten und ihr werdet Gut von Böse
unterscheiden und so sein wie Gott", offenbart schon den tragischen Grundirrtum, daß Gott unterscheide, daß sein Gottsein und
die begleitenden göttlichen Attribute dualer Natur seien. Die fatale
Folge dieses Irrtums ist der Verlust des Einheitsbewußtseins, der Fall
aus dem Paradies.

Der zweite Schritt auf diesem Weg ist die Projektion. Adam gibt
Eva, Eva der Schlange die Schuld. Ausdruck der Dualität auf dieser
Ebene ist also die Projektion der Verantwortlichkeit auf das Äußere.
An allem, was wir nicht akzeptieren und damit nicht in uns vereini-

gen können, sind andere schuld. Die Mutter, die uns nicht liebte, der Lehrer, der uns nicht leiden konnte, der Vorgesetzte, der uns nicht förderte. Die Reinkarnationstherapie versucht, dem Patienten deutlich zu machen, daß alle Ursachen, die er im Äußeren vermutet, im Inneren, in uns selbst liegen, und daß der, den er heute als schuldigen Täter erlebt, gestern sein Opfer war.

Das Gleichnis berichtet weiter von der Konsequenz Gottes, der nun seine Kinder durch Leiden lernen läßt. Eva kündigt er an, daß er ihr viel Mühsal bereiten will und sie unter Schmerzen gebären wird. Adam sagt er: „...Im Schweiße deines Angesichts sollst du dein Brot essen..." Was vordergründig wie eine Strafe aussieht, ist tatsächlich ein kosmisches Lernprinzip. Das betreffende Gesetz lautet: Auf der physischen Ebene bedarf es zur Offenbarung einer Kraft einer Gegenkraft in Form eines Widerstands. Durch Überwindung des Widerstandes unseres Egos wachsen und reifen wir seelisch. Wir trainieren unsere Muskeln und fördern ihr Wachstum durch Überwindung der Gewichte unserer Sportgeräte. Wir wachsen also an dem Widerstand, der sich uns im Leben entgegenstellt, oder noch deutlicher ausgedrückt: Erst durch die Überwindung der Widerstände werden wir uns unserer schlummernden Potentiale bewußt.

Der Fall aus dem Paradies hatte weitreichendere Folgen, als sie in der Bibel erklärt werden. Dort folgt auf die Vertreibung sofort der mühsame Weg als Mensch auf der Erde. Wie es tatsächlich war und immer noch ist, soll im folgenden erläutert werden.

Der zweite Fall des Geistes brachte - siehe den Vergleich Wasser und Eis - eine Zersplitterung der Einheit, eine Kristallisierung in kleinste Teilchen. Dies entspricht in der Materie der atomaren Struktur. Materie - überall im Kosmos - ist also nichts anderes als verdichteter, gefallener Geist. In der Quantenphysik entdeckte man, daß sich die beobachteten Objekte, je nach Bewußtseinslage des Forschers, einmal als Teilchen, einmal als Welle darstellen. Die Wissenschaft erlebt erste Anzeichen für den in der Materie gebundenen Geist, vergleichbar den Lebenssignalen eines Gefangenen in seiner Zelle. Die moderne Forschung interpretiert immer häufiger Beobachtungsergebnisse als das unerklärliche Walten eines innewohnenden kosmischen Bewußtseins. Die Physik, vornehmstes Kind des kartesianischen Weltbildes, war ursprünglich angetreten, alles funktional und rational zu erklären. Es ist nicht ohne Pikanterie, daß die moderne Physik beginnt, Gott wieder zu entdecken: „Die Ergebnisse der modernen Naturwissenschaften ergeben nur noch einen Sinn, wenn wir eine innere, einheitliche, transzendente Wirklichkeit annehmen, die allen äußeren Daten und Fakten zugrunde liegt." (Prof. David Bohm, Atomphysiker und Einstein-Schüler)

Die Esoterik unterteilt die Schöpfung in sieben Ebenen, die sich in ihrer Schwingungsfrequenz unterscheiden. Je tiefer die Ebene, um so niedriger die Schwingung, wobei die höhere Ebene die niedrigere durchdringt. Neben dem dreigestuften Himmel oder Lichtreich spricht sie von der Kausal-, Mental-, Astral- und der Materie-Ebene. Jede dieser Sphären hat wiederum sieben Unterebenen. Auf der materiellen Ebene sind dies das Mineral-, Pflanzen-, Tier- und Menschenreich, ergänzt durch einen dreistufigen Ätherbereich. Die bewußtseinsmäßig niedrigste und nach esoterischem Verständnis dichteste Unterebene ist das Mineralreich. Dort ist der Geist in seinem tiefsten Gefängnis, aus dem er befreit werden und stufenweise zurückfinden soll. Wie geschieht dies nun? Dafür sorgen die göttlichen Gesetze, deren niedrigster Ausdruck die Naturgesetze sind.

Betrachten wir einen Felsen, das Gefängnis von Billionen kleinster Bewußtseinsteilchen, gefangen in ihren Zellen, den Atomen des Minerals. Die Naturgesetze in Form von Wärme und Kälte, Regen und Wind zerlegen diesen Felsen über viele Jahrtausende in seine Bestandteile. Aus Fels wird Sand, die Sandkörner zerlegen sich in ihre Atome.

Nach esoterischem Verständnis ist die Materie die Umhüllung

bzw. das „Gefängnis" des gefallenen Geistes, aus dem der Gefangene zur gesetzmäßigen Zeit entlassen wird. Im Verlauf ihrer Metamorphose setzt also die Materie den Geist schrittweise in Form von Energie frei. Wie groß die Kraft dieses gefangenen Geistes ist, zeigt sich, wenn er leichtsinnig und gegen das göttliche Gesetz freigesetzt wird und dann beispielsweise als Atombombe seine zerstörerische Kraft demonstriert. Immer wenn der Mensch mutwillig in die Natur eingreift, werden gebundene Geistpartikel vor der gottgewollten Zeit, also vor ihrer Reife, freigesetzt und belasten dann die geistige und materielle Atmosphäre dieses Planeten. Beispiele dafür sind das Brandroden in Brasilien oder das Schmelzen der Eisdecke an den Polen aufgrund der Erwärmung der Atmosphäre durch die Luftverschmutzung. Diese unreifen Geistpartikel sind ein großer Teil der negativen Energien, die das planetarische Bewußtsein trüben und die - würden Gott und die ihm dienenden Geister nicht eingreifen - diese Erde in ihre Selbstzerstörung treiben.

Zurück zur Schilderung, wie die Evolution entsprechend der göttlichen Ordnung abläuft. Diese Ordnung schafft viele kosmische Gesetze. Eines davon lautet: Gleiches zu Gleichem. Gemäß diesem Gesetz ziehen sich bestimmte, in ihrem Wesen gleiche, freigesetzte Energie- bzw. Geistteilchen zu einem Gebilde zusammen, das sich mit einer winzigen Traube vergleichen läßt. Diese „Traube" aus gefallenem Geist nennen wir zur besseren Unterscheidung vom reinen, ungefallenen Geist ein „Seelenpartikel". Seelenpartikel gleicher geistiger Ausrichtung ziehen sich an und ballen sich zu einem Gebilde, ähnlich einer Rebe, zusammen. Diese „Seelenrebe" ist in der Lage, kraft ihrer höheren Geistqualität, eine höhere Form zu leiten und zu beseelen, eine einfache Pflanze, die nun in ihrer Seele auch alle Informationen der Mineralebene besitzt.

Der Werdegang der Seele setzt sich fort, und so sterben viele Pflanzen der gleichen Art ab, ihr Leib zerfällt, die Seelenpartikel werden frei und bilden nach dem Gesetz „Gleiches zu Gleichem" eine Seelenrebe noch größerer Quantität und Qualität. Diese ist nun in der Lage, eine niedere Lebensform aus dem Tierreich zu beseelen. Die Seelen vieler niederer Tiere, die nun alle mineralischen und pflanzlichen Informationen in sich tragen, bilden auf die genannte Art eine noch größere Seelenrebe, die nun befähigt ist, ein höheres Tier zu beseelen.

In den pflanzlichen, tierischen und menschlichen Körpern begegnen sich also zwei seelische Entwicklungsstufen. In den Strukturen bzw. materiellen Formen der Körper, auf der atomaren, molekularen und zellulären Ebene, reifen seelische Aspekte in den Anfangsstadien ihrer Entwicklung heran. In die so entstandene Form, die den uns bekannten Naturgesetzen unterliegt, nimmt eine Seele höherer Entwicklung wie ein Fahrer in seinem neuen Auto Platz.

Am Ende dieses Seelen-Entwicklungsweges steht eine Seele, die alle Informationen des Mineral-, Pflanzen- und Tierreiches in sich zusammenfaßt. Diesen Seelentypus am Ende der Tierstufe nennen wir eine „individualisierte Naturseele" oder Naturgeist. Die westliche Mythologie nennt sie, je nach innerer Ausrichtung und Interessenlage der Seele, Gnom, Elfe, Nymphe und so weiter.

In der Gestalt der Naturseele steht also der ursprünglich gefallene Geist nun als Einheit seiner Teile wieder vor uns. Heimat dieser Wesen ist der Naturbereich, zu dem sie sich aufgrund ihres Werdegangs hingezogen fühlen. Körperlich, von ihrem Formaspekt her, gehören sie der dreiteiligen Ätherebene an. Äther, Chi, Prana, Od sind unterschiedliche Begriffe für die gleiche Energieform, die zwar nicht mehr in materielle Form gepreßt ist, die aber, wegen ihres niedrigen Schwingungsgrades, ihrer Dichtigkeit, noch zur Ebene der Materie gezählt wird.

Äther ist, ähnlich wie Luft oder Gas, für normale menschliche Augen nicht sichtbar, sehr wohl aber für den Hellsichtigen. Auch mit Hilfe der Kirlian-Fotografie kann man diese Energieart, die man auch „Vitalenergie" oder beim Menschen „Ätherkörper" und in ihrer Ausstrahlung „Gesundheitsaura" nennt, sichtbar machen. Dies ist also schwingungsmäßig der Lebensraum der Naturgeister. Kinder bis etwa sieben Jahre haben oft noch die Fähigkeit, diese Energiefrequenz wahrzunehmen und mit den Wesen dieser Ebene zu kommunizieren, was allerdings von den blinden Erwachsenen meistens als kindliche Phantasie abgetan und unterdrückt wird.

Wie bereits gesagt, ist die Naturseele der Abschluß in einer Entwicklungsschule, die nun zur Bildung der Menschenseele führen soll. Bevor ich diesen nächsten Schritt erläutere, will ich noch die Frage beantworten, was in der Mineral-, Pflanzen- und Tierklasse dieser Schule gelernt wird.

In der Mineralklasse lernt die heranwachsende Seele etwas für sie Grundlegendes, sozusagen ihr Fundament, ein Gefühl für Sein oder Existenz, und macht die erste Erfahrung der Naturgesetze. In der Pflanzenklasse erfährt die Seele die ersten rudimentären Gefühle und bildet ein Gruppenbewußtsein. In der Tierklasse entwickeln sich Anfänge der Ich-Bildung und des sozialen Bewußtseins. Wir wissen aus der Forschung, daß z.B. Pflanzen auf entsprechendes menschliches Verhalten auf eine Art und Weise meßbar reagieren, die sich nur als Ausdruck von Angst oder Freude, also von Gefühlen, interpretieren läßt. Wer einen Hund oder eine Katze besitzt, weiß, wie sozial oder egoistisch diese Tiere oft sind, wie sie in der Lage sind, ihren Eigenwillen kundzutun.

Die Menschenklasse ist nun die höchste Entwicklungsstufe dieser Schule, und deshalb nennt man den Menschen auch die Krönung der (materiellen) Schöpfung. Wie wird nun aus einer von unten kommenden Naturseele eine Menschenseele?

An diesem Punkt kommt nun die dritte Komponente des Menschen hinzu, der Geist. In diese Naturseele wird von damit beauftragten Wesen aus der Engel-Hierarchie ein göttlicher Geistfunke eingepflanzt, wie ein Samenkorn in die Erde. Er begleitet diese Seele auf ihrem Weg durch viele Leben hier auf Erden und anderen Schulen im Kosmos.

Die Seele wird durch ihr Lernen wie „gedüngt", so daß das geistige Samenkorn auf dem Nährboden der Seele wachsen und gedeihen kann. Nach jedem Leben wird das aus geistiger Sicht Wertvolle als Extrakt in das Bewußtsein des Geistes übernommen. Er gewinnt somit ständig an Information und damit an Bewußtsein. Am Ende dieses Prozesses hat diese „Geistpflanze" den ganzen seelischen Nährboden aufgebraucht, umgewandelt und integriert. Aus Seele - dem ehemals gefallenen Geist - ist wieder reiner Geist geworden. Der verlorene Sohn ist zurückgekehrt.

Was hier sehr vereinfacht und in einigen Sätzen gerafft erläutert wird, ist ein sehr komplexer und komplizierter Weg, der bereits Milliarden Jahre dauert und noch Äonen in die Zukunft reicht, bis alles Geistige aus dem Gefängnis der Materie erlöst ist. Auf dem Rückweg des gefallenen Geistes vom Mineral- über das Pflanzen-, Tier- und Menschenreich sorgen liebevolle Geistwesen für ihre gefallenen Brüder und Schwestern. Grundlage dieser Führung ist der göttliche Erlösungsplan.

3. KAPITEL
DER ERLÖSUNGSPLAN UND SEIN ZIEL

Der Erlösungsplan sieht vor, daß dem gefallenen Geist Brücken gebaut und Hilfen bei der Rückkehr geleistet werden sollen. Diese Hilfe kann nur von oben kommen, vom ungefallenen Geist. So erklärten sich damals wie heute Geister aus den Lichtwelten bereit, in die Materie zu steigen und den gefallenen Brüdern als Lehrer und Führer, als lebendes Beispiel zu dienen. Jesus, Buddha oder Krishna sind einige von vielen, die die göttliche Liebe, das Licht, auf die Erde und damit in die geistige Dunkelheit brachten. Diese Geister im Menschenkleid nennt man damals wie heute „Kinder des Lichts" oder „Lichtträger". Die meisten von ihnen leben unerkannt mitten unter uns. Ihr Leben ist ganz auf Gott ausgerichtet. Ihre Lebensführung soll das bezeugen und Anreiz für ihre Mitmenschen sein, diesem Beispiel zu folgen.

Was plante nun die Liebe und Weisheit Gottes zur Errettung der gefallenen Kinder? Sie hatten nach wie vor ihren freien Willen. Deshalb konnte dieser Plan nur auf der in jedem Wesen verborgenen Sehnsucht nach der göttlichen Heimat und einem Prozeß der Erkenntnis fußen. Dieser Erlösungsplan verbirgt sich hinter dem „Gleichnis vom verlorenen Sohn" (Luk 15,11-32). Ein Sohn, darunter ist der abgefallene Geist zu verstehen, ist des Wohllebens im Hause seines Vaters überdrüssig. Er bittet um Auszahlung seines Erbteils und geht in die Fremde (das entspricht der Phase des Abfalls). Dort verliert er sein Vermögen (das entspricht seinen geistigen Fähigkeiten) und wird schließlich am Ende der sozialen Leiter „Schweinehirt" (das bedeutet den extremen Gegenpol zum geistigen Sein). Er erkennt, daß es besser ist, bei seinem Vater der geringste Diener zu sein (Aspekt der Demut als Voraussetzung zur Rückkehr). Entgegen seiner Erwartung wird er wie ein König empfangen und erhält den Ehrenplatz vor dem zu Hause gebliebenen Sohn (dem ungefallenen Geist).

Nun erkennen wir, warum Jesus immer die Demut und die Hingabe als Grundvoraussetzung für die Rückkehr zu Gott predigte. Nur wer bereit ist zu dienen, wird vom Vater zum Mitregenten erhoben. Dieser Erkenntnisprozeß und das sich daraus ableitende Verhalten der gefallenen Geister wird von Gott höher geschätzt als der Verbleib der ungefallenen Geister beim Vater. Damit offenbart der gefallene Geist die unglaubliche Motivationskraft der in jedem Geistwesen verborgenen Liebe, die im ungefallenen Geist mehr latent und ungeprüft ist. Lediglich die Kinder des Lichts - ungefallener Geist, der aus Liebe das Wagnis der Verkörperung auf sich nahm - werden von ihm noch höher geschätzt.

Wie das Gleichnis vom verlorenen Sohn lehrt, ist die Rückkehr zum Vater von unserem eigenen Willen abhängig. „Liebet Mich über alles und euren Nächsten wie euch selbst", ist die Beschreibung des Weges, wie wir zu Ihm zurückfinden. Beurteilen wir nun die Welt, in der wir leben, so sehen wir, wie weit die Menschen von diesem Weg abgekommen sind. Der größte Teil der Menschen ist von einem erneuten Abfall von Gott bedroht. Schon im Alten Testament wird davor gewarnt. Mystiker und Seher aller Jahrhunderte und aller Religionen schilderten eindringlich die Konsequenzen und sprechen von einem Endgericht (z.B. die Bibel, Jesaja-Apokalypse: 24,1- 27,13, LK 21,7-33; der Koran in vielen Suren, z.B. 10. Sure, 101- 104 usw.).

Das Gleichnis vom verlorenen Sohn erklärt uns, daß Selbsterkenntnis die Voraussetzung für die Umkehr ist. Das heißt, erst wenn wir uns selbst als ursprünglich geistige Wesen göttlicher Natur erkennen und uns nicht mehr nur mit unserem Körper und seinen Erfahrungen identifizieren, beginnt der Weg der Rückkehr.

Dieser Weg der Rückentwicklung des gefallenen Geistes läuft in langen, sich dem zeitlichen Fassungsvermögen der Menschen entziehenden Zyklen ab. Demzufolge gibt es darüber auch keine Berichte, bestenfalls Mythen. Immer beginnt ein solcher Zyklus mit einer lichtorientierten, gottesbewußten Stammbevölkerung, sozusagen der Ernte des letzten Zyklus. Diese Menschen und ihre Nachkommen sollen in der folgenden Zeit auf Erden das göttliche Licht hochhalten; denn im Laufe vieler hunderttausender Jahre wachsen nun, von unten kommend, Menschenseelen nach, zunehmend das geistige Klima dieses Planeten verschlechternd. Am Ende eines jeden Zyklus ist das Verhältnis zwischen inkarnierten Kindern des Lichts und Seelen, die von unten kommen, wie 1:99. Das gesamte menschliche Bewußtseinspotential hat sich in seiner geistigen Ausrichtung im Vergleich zum Beginn des Zyklus sehr zu Ungunsten des Lichts verlagert. Der Teil der von unten kommenden Menschen, der sich unter diesen Bedingungen noch zu einem gottgefälligen Leben motivieren und bewegen läßt, wird immer geringer. Und so wird das wenige noch zur Reife Gelangte „geerntet", das mehrheitlich unreife, immer noch licht- und damit gottfeindliche Bewußtseinspotential zur erneuten Ausreife-Chance wieder zerschlagen und in die Materie gebannt, um im nächsten Zyklus nach erneutem Durchlaufen aller Schulungsklassen vom Mineral- bis zum Tierreich wieder als Mensch über diese Erde zu gehen.

Die Johannes-Offenbarung umschreibt diesen schmerzhaften Auflösungsprozeß der entwicklungsunwilligen Seelen mit dem „Werfen in den Feuersee". Die als „Apokalypse" bezeichnete Zeit ist also die Endphase des augenblicklichen Ausreifezyklus, dem noch viele folgen werden. Die Johannes-Offenbarung schildert symbolhaft verschlüsselt die einzelnen Schritte dieses Ernteprozesses, und in der Neuzeit wurden dem österreichischen Mystiker Jakob Lorber und anderen Autoren der sogenannten „Neuoffenbarung" die apokalyptischen Abläufe und ihre Begründung detailliert in die Feder diktiert.

Welche Dimension hat nun dieser Erlösungsplan? Der Mensch besteht aus Geist, Seele und Körper. Als Seele verstehen wir die Einheit und das Zusammenspiel der Energiekörper, die den physischen Körper durchdringen. Der Geistfunke hat in dem Bereich der Seele seinen Sitz, der im Körper dem Herzen entspricht. Deshalb spielt das Herz in vielen Mythologien eine so große Rolle.

Ein alter spiritueller Lehrsatz sagt: Wie unten so oben. Das heißt, der Mikrokosmos entspricht im verkleinerten Maßstab dem Makrokosmos. Betrachten wir den Aufbau des menschlichen Körpers. Grundbausteine sind die Atome. Aus ihnen bilden sich Moleküle, auf der nächsthöheren Ebene Zellen, aus Zellen bauen sich die Organe auf, und alles zusammen bildet unseren Körper. Im Makrokosmos entsprechen die Atome den Sonnensystemen, Sonnensysteme bilden komplexe Sternensysteme wie unsere Milchstraße, entsprechend den Molekularverbänden unseres Körpers. Viele Sternsysteme bilden eine Galaxie, wie Molekülketten eine Zelle. Wie ein Organ aus seinen Zellen, baut sich der Kosmos aus den Galaxien auf. Alle Kosmen sind Teil von etwas, was sich unserer Vorstellungskraft entzieht und nur gleichnishaft zu verstehen ist.

Wie bereits geschildert, brachte der Sturz der gefallenen Geister eine Zersplitterung in kleinste Teilchen und ihre Einkerkerung in der Materie mit sich. Über unendlich lange Entwicklungs- und Läuterungsstufen, vom Mineral- über das Pflanzen- bis zum Tierreich, bildet sich eine „neue" Seele heran. „Neu" deshalb, da ihr alles Wissen um die Zeit vor dem Sturz genommen ist und die entsprechenden Bewußtseinsinhalte gelöscht worden sind. Dann, unterstützt von dem inneren Geistfunken, kommt für diese Seele als verkörperter Mensch die Stunde der Bewährung.

Die Selbsterfahrung der Seelenteile in den verschiedenen Naturreichen gleicht nun dem Aufenthalt eines Menschen im Gefängnis.

Wegen der Schwere seines Vergehens - und gibt es eine größere „Schuld" als ein freiwilliges Herausfallen aus der göttlichen Liebe? - befindet sich der Gefangene in strenger 'Einzelhaft', was analog dem Aufenthalt im Mineralreich entspricht. Entsprechend seinem „sich Fügen", dem Grad seiner Demut, werden die strengen Haftbedingungen für den Gefangenen schrittweise gelockert, seine Freiheit graduell gesteigert - das entspricht dem Durchlaufen des Pflanzen- und Tierreichs - bis der Tag kommt, an dem der Gefangene das Gefängnis auf Bewährung verlassen darf und geboren wird als bereits 'sündiger' Mensch. Die christliche Religion spricht von der Ursünde, begangen im Paradies von Adam und Eva. Das Wort „Sünde" ist sprachlich mit dem Wort „sondern" bzw. „absondern" verwandt und beschreibt damit schon den Charakter dieser Ursünde, nämlich die Absonderung des gefallenen Geistes von Gott.

Höchstes Ziel des Lebens für den auf dieser Erde verkörperten Menschen ist das Erreichen der Gotteskindschaft. Was ist darunter zu verstehen? Es ist die vollzogene Rückkehr des verlorenen Sohnes, der Wiedereintritt ins Lichtreich und die Einlösung des Versprechens des partnerschaftlichen Mitregierens und Mitverwaltens der göttlichen Schöpfung auf allen Ebenen der Existenz. Der Vater beruft seine Kinder sozusagen in die Leitung seines Unternehmens. Das setzt eine entsprechende Qualifikation voraus, die sich in der Forderung zusammenfassen läßt: „Liebet Mich über alles und euren Nächsten wie euch selbst." Diese Forderung zu erfüllen fällt allen, besonders aber den von unten kommenden Menschen, sehr schwer, und so ist es nicht verwunderlich, daß die Mehrzahl dieses höchste Ziel nicht erreicht, das heißt, mit ihrem Ableben den gewünschten Abschlußgrad dieser Erden-Schule nicht schafft, sich also mit einem minderen Grad bescheiden muß.

Auf Erden wird ein Mensch, der einen hohen Bildungsgrad nicht erlangt, die Schule verlassen, andere Bildungswege suchen oder sich mit dem Erreichten begnügen und einen seiner Qualifikation entsprechenden Beruf wählen. Geistig betrachtet bedeutet dies, daß der weitere Entwicklungsweg einer solchen Seele auf anderen Himmelskörpern seinen Fortgang nimmt, auf planetarischen Schulen, die leichter zu bewältigen sind als diese Erde. Eine Wiederverkörperung einer von unten kommenden Seele auf diesem Planeten ist also die Ausnahme und nicht die Regel. Entsprechend dem Gesetz „Gleiches zu Gleichem" wird sich diese Seele auf der Ebene eines Planeten wieder inkarnieren, die ihrer Qualität, d.h. ihrer Schwingungsfrequenz, entspricht.

Woher kommen also die scheinbar vielen, die an Wiedergeburt auf diesem Planeten glauben, wer sind die, denen doch so viele Erdenleben in Reinkarnationstherapien bewußt werden? Erstens, bezogen auf die Weltbevölkerung von bald sechs Milliarden, ist es eine verschwindend geringe Minderheit, die sich aus innerem Bedürfnis ernstlich mit diesen Fragen befaßt, und zweitens, nach dem Gesetz der Entsprechung, sind es weitgehend Kinder des Lichts, die sich auf diese Art ihres wahren Seins wieder bewußt werden.

Das persönliche Erlösungswerk eines Lichtträgers beginnt mit dem Opfer seiner ersten Inkarnationsentscheidung. Beim Herabsteigen umhüllt er sich auf jeder Ebene mit einem Körper aus den Bausteinen der betreffenden Ebene bis hinunter in die physische Sphäre. Jeder dieser Bausteine bzw. Körper ist gefallener Geist auf unterschiedlichen Stufen der Rückentwicklung. Der ungefallene Geist nimmt den gefallenen Bruder an die Hand, verbindet bis zur Erlösung seinen Weg mit dem des verlorenen Sohnes. Auf diesem mühevollen Weg zurück ist der innewohnende Lichtträger anfänglich fast nur Beobachter, beschränkt auf seltene Impulssetzung ins Unterbewußte des betreffenden Menschen. Er erlebt alle Irrungen und Verwirrungen mit, lernt aus allen Erfahrungen und begegnet dabei auch dem sogenannten „Bösen", denn das Verständnis des Wesens des Bösen ist für Lichtkinder und ihre Aufgaben von großer Bedeutung.

Nun wollen wir uns die Motive bzw. Rahmenbedingungen anschauen, die der Verkörperung der unterschiedlichen Menschen zu Grunde liegen. Da wären zuerst einmal die „Kinder des Lichts" oder die „Lichtträger" zu nennen, manchmal auch Söhne der Sonne genannt, die, aus dem Lichtreich herabsteigend, freiwillig und aus Erbarmen den gefallenen Brüdern und Schwestern zu Hilfe kommen. Auch sie sind sich ihrer Herkunft und Mission normalerweise nicht bewußt. Ihr Auftrag ist es, durch ein gottbewußtes Leben Beispiel zu geben, um damit zur Nachahmung zu ermutigen.

Bewohnern anderer kosmischer Regionen wird nach strenger Auslese bzw. Bewußtmachung der Härte dieses Weges ebenfalls die Verkörperung auf diesem Planeten ermöglicht. Es geschieht auch, daß einem ursprünglich von dieser Erde stammenden gefallenen Geist, der sich z.B. zwischenzeitlich auf der Mentalebene von Venus oder Jupiter weiter geläutert hat, ein zweiter Anlauf zur Gotteskindschaft gestattet wird. Dieser Entwicklungsweg steht also vielen offen, wird aber sehr selten genutzt. Warum ist dies so? Überall im Kosmos, überall, wo es Materie gibt, ist dies ein Indiz für ursprünglich gefallenen Geist. Bei dem Gefängnis-Beispiel bleibend, finden wir dort nicht nur Schwerverbrecher oder Rädelsführer, sondern auch Verführte, Mitläufer, deren Situation im Gefängnis gerechterweise nicht die gleiche wie die der erstgenannten Rädelsführer sein kann. Demzufolge sind also die Rahmenbedingungen des Lebens, ausgedrückt in Graden der Seligkeit, auf anderen Himmelskörpern oftmals weitaus günstiger. Dem dort lebenden Geistwesen fällt es deshalb sehr schwer, all dies zu opfern, um über den harten und gefahrvollen Weg dieser Erde ein Ziel anzusteuern, dessen Seligkeitsgrad, dessen Bedeutung er bestenfalls ahnen kann.

4. KAPITEL

DAS MYSTERIUM DER GÖTTLICHEN TRINITÄT

Der Erlösungsplan soll den gefallenen Geist zurückführen in die Einheit mit Gott. Auf diesem Erkenntnisweg führte der Begriff der „göttlichen Trinität" zu vielen Mißverständnissen, Irritationen und Fehldeutungen.

Lange vor dem Christentum sprachen Religionen bereits von einer Götter-Trinität. Die Ägypter kannten Osiris, Isis und Horus. Die hinduistische Trinität umfaßt Brahma, Vishnu und Shiva. Die Christen reden vom Vater, Sohn und Heiligen Geist. Im Sinne des Urchristentums und der Esoterik steht der Vater für das Schöpfungsprinzip, der Heilige Geist für den vom Schöpfer ausgehenden Willen zur Schöpfung und der Sohn symbolisiert das gesamte Feld der Schöpfung. Jesus Christus wurde nun fälschlicherweise im Verständnis und in der Glaubensauslegung der frühen Christen als „der Sohn" der Trinität betrachtet. Es entstand der Irrglaube von einem dreipersonalen Gott oder drei Göttern. Verantwortlich für diese Fehlinterpretation des Göttlichen ist die mangelhafte Wahrnehmungs- und Erkenntnisfähigkeit des Menschen. Die Pythagoräer allerdings erklärten die Trinität zahlensymbolisch und kamen der Wahrheit damit bereits sehr nahe. Die Einheit, die Eins oder auch *Monas* genannt, war ihnen das Symbol für einen hermaphroditischen, zweigeschlechtlichen Gott, die Form aller Dinge. Die Zwei, *Dyas*, stand bei ihnen für die Materie, das Erzeugende, Weibliche. Die *Trias* entstand nach ihrem Verständnis durch die Vereinigung von Monas und Dyas, von Form und Materie, von einem unendlichen Gott und der endlichen Materie.

Die Gottheit ist in sich dreieinig, trägt ungeoffenbart drei Grundwesenszüge in sich, die sich auf den sieben Schöpfungsebenen als fundamentale Wesenseigenschaften offenbaren. Der Mensch, der nur selektiv zu denken und zu erfassen gewohnt ist, dem ganzheitliche Wahrnehmung zunehmend verloren ging, erkannte und interpretierte nun jeden dieser Wesenszüge vor dem Hintergrund seiner begrenzten Erkenntnisfähigkeit als eigenständigen Gott, erhob das in Teilen erkannte zum Absoluten. Was sind das nun für Grundwesenszüge Gottes? Die Hindus sprechen von den drei *Gunas*, dem aufbauenden, bewahrenden und zerstörenden Prinzip als Basis jeglicher Schöpfung. Die Christen kennen die göttliche Liebe, Macht und Weisheit. Ich maße mir nicht an, als begrenzter Mensch das Grenzenlose umfassend erkennen und erklären zu können. Mein Intellekt und meine Intuition sagen mir, daß dieser menschliche Irrtum verständlich ist, daß es aber Fakten gibt, die ihn aufklären und richtigstellen können. Das will ich mit dem nachfolgenden versuchen.

Untersuchen wir die in Frage kommenden sprachlichen Begriffe, so bekommen wir erste Hinweise. Wir sprechen z.B. vom dreieinigen und drei-faltigen Gott. Drei-einig, das bedeutet Drei in Eins, oder die scheinbaren Drei sind tatsächlich nur Eins. In dem Wort drei-faltig verbirgt sich, daß sich das Eine zur Dreiheit entfaltet hat. Wie hat man sich diese Entfaltung vorzustellen? Dazu ein Auszug aus einem Artikel der populärwissenschaftlichen Zeitschrift „PM":

„Beim Nachdenken über die Stufenfolge der Quantenpotentiale gelangte der englische Physiker David Bohm zu einem Konzept, das er den Gegensatz von eingefalteter und entfalteter oder ausgefalteter Ordnung nannte. Die Idee dazu kam ihm, als er in einer Wissenschaftssendung des britischen Fernsehens ein verblüffendes Experiment beobachtete: Zwischen zwei Glaszylindern befindet sich Glyzerin. Gibt man einen Tropfen Tinte in die farblose Flüssigkeit, dann ist er deutlich zu sehen. Dreht man nun den inneren Zylinder, dann wickelt sich der Tropfen Tinte allmählich ins Glyzerin ein, bis er zu einem langen, dünnen Faden wird, der schließlich verschwindet. Er wurde, wie Bohm sich ausdrückte, ins Glyzerin vollständig „eingefaltet". Doch nun kommt der überraschende Teil des Experiments. Dreht man den Zylinder jetzt in die andere Richtung, dann kommt der Tintentropfen langsam wieder zum Vorschein, bis er zuletzt in seiner ursprünglichen Form als Tropfen vorliegt. Er wurde wieder „ausgefaltet" (PM 10/94, 30-35).

Gott könnte als eine Einheit mit drei „eingefalteten" Grundwesenszügen beschrieben werden, und da die Schöpfung eine Spiegelung ihres Schöpfers ist, muß sich das Prinzip der Trinität also auch in allen Grundformen der physischen Realität finden lassen. Die Beweisführung beruht auf dem alten esoterischen Lehrsatz „Wie oben so unten, wie unten so oben" sowie auf dem wissenschaftlich anerkannten holographischen Prinzip, das besagt, daß sich das Ganze in seinem kleinsten Teil spiegelt, bzw. daß sich das Ganze aus dem denkbar kleinsten Teil wiederherstellen läßt. Die Biologie weiß, daß man theoretisch aus einer einzigen beliebigen Körperzelle den gesamten Körper reproduzieren kann. In einem winzigen Samenkorn ist die Information des ganzen Baumes enthalten. Aus einem kleinen Splitter eines mittels Lasertechnik produzierten holographischen Bildes läßt sich das Gesamtbild wiederherstellen.

Ein weiterer esoterischer Lehrsatz sagt: Der Betrachter, das Objekt seiner Betrachtung und der Vorgang der Betrachtung sind eins. Gerade an Hand dieses Lehrsatzes läßt sich die Untrennbarkeit der Trinität anschaulich beweisen, die These, daß drei scheinbar voneinander losgelöste Teile untrennbar miteinander verbunden und damit eins sind. Stellen wir uns zwei Farbfernsehgeräte vor. Es läuft gerade in beiden das gleiche Programm, ein spannender Fantasy-Film mit vielen magischen Effekten. Ein Gerät steht in unserem Wohnzimmer, das andere mitten in einem steinzeitlichen Dorf im Urwald Südamerikas. Wir erleben diesen Film als Teil unserer gewohnten Freizeitunterhaltung und wissen, wie diese Bilder, Geräusche und Effekte entstehen, können das Gerät und seinen Nutzen vor dem Hintergrund unseres Wissens und unserer Information richtig einschätzen. Für die Betrachter in dem steinzeitlichen Dorf ist das Ganze ein unerhört geheimnisvoller Vorgang, der für sie vor dem Hintergrund ihres Bewußtseins eine ganz andere Realität hat. Für diese Menschen ist es Zauberei und das Gerät ein Dämon. Die Qualität der Betrachtung ist also abhängig von der Bewußtheit des Betrachters.

Sind auf unserer Existenzebene alle Grundformen ihrem Wesen nach trinitär? Die Antwort lautet: Ja. Die hermetische Wissenschaft spricht vom Naturgesetz der Dreiheit, geometrisch ausgedrückt im gleichseitigen Dreieck. Wie wir sehen werden, offenbart sich dieses Gesetz auch in der für uns wichtigsten Grundform des Lebens, dem Licht. Brechen oder entfalten wir das Licht, indem wir es durch ein Prisma schicken, so zeigen sich Farben. Goethes Farblehre spricht von den drei Grundfarben Rot, Gelb und Blau, die wir im Uhrzeigersinn, an der Spitze beginnend, in ein gleichseitiges Dreieck eintragen wollen.

Grundfarben gründen sich aus sich selbst, sind nicht das Ergebnis von Mischung. Mischt man je zwei dieser Primärfarben zu gleichen Teilen, so erhalten wir wieder drei Sekundärfarben - Orange, Grün und Violett.

Betrachten wir diese Lichtbrechung als eine Art der Offenbarung, so entfaltet sich die Einheit des weißen Lichts in die Trinität der Grundfarben und in die Trinität der Sekundärfarben, die sich dual gegenüberstehen, wobei die Mischfarben aus den Grundfarben hervorgehen. Übertragen wir dieses Modell auf das Geistige, so offenbart das weiße Licht als Symbol des Göttlichen zuerst die innewohnenden Grundfarben entsprechend den Grundwesenszügen Gottes und dem dreigestuften Himmel, erst dann entstehen die Misch- oder Sekundärfarben wie die Schöpfung aus dem dreieinigen Gott. Diese Darstellung des Sechssterns hat auch magisch-symbolhafte Bedeutung, wie wir noch zu einem späteren Zeitpunkt sehen werden.

Am Anfang war nur Er, der Eine, in sich ruhend und ungeoffenbart. Zahlenmystisch betrachtet, steht für diesen Zustand die Zahl „0". Nicht umsonst ist diese Zahl geometrisch ein Kreis, Symbol für das alles Umschließende, die Ur-Einheit, die noch nicht aus sich herausgetreten ist, sich noch nicht erkannt hat. Entsprechungen in der materiellen Schöpfung dafür sind z.B. das Ei und das Ungeborene in der Fruchtblase. Dann entstand in diesem Gottbewußtsein eine Regung, ein Wunsch nach Selbsterkenntnis, der zur Schöpfung führte. Der Prozeß der Selbsterkenntnis hat, wie wir nun wissen, auf allen Ebenen die gleichen Ablaufmechanismen. Gemäß dem Gesetz „Wie oben so unten" müssen wir also nur uns selbst erkennen, um Gott zu erkennen, sind wir doch seine Spiegelung und daher nach seinem Ebenbild erschaffen.

Wie erkennen wir uns selbst? Wir schauen in einen Spiegel, in dieses scheinbar von uns getrennte Bild. Die Zahl „0" beschreibt also unseren ungeoffenbarten, gewissermaßen wunsch- und erkenntnisfreien Zustand. Entsteht nun in uns die Frage „Wer bin ich?", folgt daraus automatisch die Spiegelung, der Prozeß der Erkenntnis. Dies ist der Weg des Menschen von der Wiege bis zur Bahre. Das unbewußte Neugeborene wächst heran, lernt durch den Kontakt mit seiner Umwelt, erfährt eine Spiegelung, eine Reaktion auf sein Tun und Lassen, kommt zu Erkenntnissen und kehrt am Ende als Greis mit der Ernte dieses Lebens dorthin zurück, wo es hergekommen ist. Der Moment dieser ersten Wunschwahrnehmung wird durch die Zahl „1" definiert. Mit dem ersten Wunsch der Gottheit, sich zu erkennen, waren nun automatisch die beiden anderen Faktoren, das Erkannte (Objekt, Schöpfung) und die Erkenntnis in der Gottheit entstanden. Zahlensymbolisch bedeutet dies, daß mit der 1 gleichzeitig die 3 und damit auch die 2 ins Dasein getreten waren.

In der Ideenwelt der Geometrie wird das Gesagte in Form des gleichseitigen Dreiecks ausgedrückt, dem symbolischen Bild Gottes, in welchem die drei Seiten des Dreiecks den drei Aspekten des Erkenntnisprozesses entsprechen und somit eine Einheit bilden - eins in drei und drei in eins. Entfaltet sich nun diese göttliche Trinität, tritt sie weiter in die Schöpfung hinaus, dann wird daraus drei und eins, es entsteht die „4". Das gleichseitige Dreieck offenbart die in ihm verborgenen vier gleichseitigen Dreiecke.

Versuchen wir nun, das in der Sprache der Zahlen und der Geometrie demonstrierte mit Hilfe der Bildersprache der christlichen Religion zu erklären. Wir benutzen dazu das visionäre Bild des Himmels aus dem vierten Kapitel der biblischen Johannes-Offenbarung:

„Danach sah ich: Eine Tür war geöffnet am Himmel; und die Stimme, die vorher zu mir gesprochen hatte und die wie eine Posaune klang, sagte: Komm herauf, und ich werde dir zeigen, was dann geschehen muß. Sogleich wurde ich vom Geist ergriffen. Und ich sah: Ein Thron stand im Himmel; auf dem Thron saß einer, der wie ein Jaspis und ein Karneol aussah. Und über dem Thron wölbte sich ein Regenbogen, der wie ein Smaragd aussah. Und rings um den Thron standen vierundzwanzig Throne, und auf den Thronen saßen vierundzwanzig Älteste in weißen Gewändern und mit goldenen Kränzen auf dem Haupt. Von dem Thron gingen Blitze, Stimmen und Donner aus. Und sieben lodernde Fackeln brannten vor dem Thron; das sind die sieben Geister Gottes. Und vor dem Thron war etwas wie ein gläsernes Meer, gleich Kristall. Und in der Mitte, rings um den Thron waren vier Lebewesen voller Augen, vorn und hinten."

Und im fünften Kapitel der Offenbarung heißt es:

„Und ich sah auf der rechten Hand dessen, der auf dem Thron saß, eine Buchrolle; sie war innen und außen beschrieben und mit sieben Siegeln versiegelt. Und ich sah: Ein gewaltiger Engel rief mit lauter Stimme: Wer ist würdig, die Buchrolle zu öffnen und ihre Siegel zu lösen? Aber niemand im Himmel, auf der Erde und unter der Erde

konnte das Buch öffnen und es lesen. Da weinte ich sehr, weil niemand für würdig befunden wurde, das Buch zu öffnen und es zu lesen.

Da sagte einer von den Ältesten zu mir: Weine nicht! Gesiegt hat der Löwe aus dem Stamm Juda, der Sproß aus der Wurzel Davids; er kann das Buch und seine sieben Siegel öffnen. Und ich sah: Zwischen dem Thron und den vier Lebewesen und mitten unter den Ältesten stand ein Lamm; es sah aus wie geschlachtet und hatte sieben Hörner und sieben Augen: die Augen sind die sieben Geister Gottes, die über die ganze Erde ausgesandt sind. Das Lamm trat heran und empfing das Buch aus der rechten Hand dessen, der auf dem Thron saß."

In dieser Vision wird die Gottpersönlichkeit durch drei Faktoren definiert - den Thron, Symbol der Macht, den Glanz wie Jaspis und Karneol, Symbol der Liebe, und einen Regenbogen wie ein Smaragd, Symbol für die Weisheit und ihre Facetten. Das „gläserne Meer" steht für das Firmament des Himmels, was besagt, daß Gott jenseits der Schöpfung thront.

Der göttliche Wunsch nach Selbsterkenntnis und der daraus sich ableitende Schöpfungsprozeß lassen nun die 4 entstehen, Schlüsselzahl der ersten Offenbarungsebene, des obersten Himmels. Gott offenbart sich dort also in Gestalt der vier Ur-Erzengel, durch Michael, den Repräsentanten der Kraft und Macht, Raphael, den Vertreter der Liebe, Gabriel, der für die Weisheit steht und Uriel, den Gnadenbringer. Sie sind das Engel-Quadrat, die vier, die um den Thron stehen, wie Johannes es schildert. Auch im Hinduismus spricht man von dem dreiköpfigen und vierarmigen Schöpfergott Brahma, der die vier Veden in den Händen hält.

Johannes sieht in seiner Vision zwischen dem Thron und den vier Ur-Erzengeln ein „Lamm" stehen. Die christliche Religion setzt dieses Lamm mit dem Christus-Prinzip gleich. Wie kommt es zu diesem Prinzip und was ist seine Aufgabe?

Nach dem teilweisen Abfall des Geistes und seiner Gefangenschaft in der Materie plante die Liebe Gottes die Befreiung der verlorenen Kinder durch einen speziell für diesen Zweck geschaffenen Geist der Erlösung. Er entstand aus dem Zusammenschluß der vier göttlichen Repräsentanten der ersten Ebene, sozusagen als ihre Quintessenz (quintus = 5). Demgemäß ordnen wir den Christus-Geist ebenfalls der ersten Offenbarungsebene zu, deren Schlüsselzahl sich somit auf fünf erhöhte.

Betrachten wir nun weiter das Grunddreieck mit den vier innen liegenden Dreiecken, so offenbart sich auf der 2. Schöpfungsebene, dem zweiten Himmel, die Zahl 7, die durch Addition der vier Innen-Dreiecke und der Dreiheit des göttlichen Dreiecks entsteht. Die Einheit, die eine Dreiheit ist, entfaltet sich auf dieser Ebene in sieben Wesenszüge, die durch die sieben Erzengel oder sieben Gesichter Gottes, die sieben Strahlen der Theosophen oder in der Johannes-Offenbarung als die sieben lodernden Fackeln, die sieben Geister, erklärt werden. 7 ist also die Schlüsselzahl dieser 2. Ebene.

Weiter entfaltet sich die göttliche Schöpfungskraft. Jedes der vier Innendreiecke hat drei gleiche Seiten, also insgesamt zwölf. Zwölf Apostel begleiteten Jesus. Die fünf Geistrepräsentaten der ersten und die sieben der zweiten Ebene offenbaren sich ebenfalls auf der dritten Ebene. Zusammen mit den 12 Aspekten der inneren Dreiecke ergibt dies 24. Vierundzwanzig Engel oder Älteste bilden den göttlichen Thronrat in der Johannes-Offenbarung. 24 ist also die Schlüsselzahl des dritten und untersten Himmels.

Erinnern wir uns: Was ist die wichtigste Aufgabe der Christus-Wesenheit und der ungefallenen Geister? Die Erlösung der Materie und damit des gefallenen Geistes. Dies war der Wille der göttlichen Einheit, die eine Dreiheit ist, sowie ihrer ersten Offenbarung, den vier Ur-Erzengeln, dem Engelquadrat um den Thron. Christus, das Lamm, erfüllt den Willen des Vaters, symbolisiert durch die Übernahme der Buchrolle mit den 7 Siegeln.

Wie erfüllt es den göttlichen Willen und gibt Beispiel für seine gefallenen Brüder? Indem es die sieben Siegel löst, indem es damit die Meisterschaft auf allen sieben Ebenen der Existenz beweist und zurückkehrt in die Einheit mit Gott.

Dies war der Auftrag Jesu und ist Auftrag jedes Trägers von Christus-Bewußtsein. Man nennt ihn das Lamm Gottes. Das Lamm trägt die Sünden der Welt und zeigt damit Demut. Die demütige Unterwerfung unter den göttlichen Willen, sich offenbarend in den Prüfungen des Lebens auf allen Existenzebenen, ist der einzige Weg zurück.

5. KAPITEL

DER ÄTHERKÖRPER UND DAS CHAKRA-SYSTEM

Die Involution, der Eintritt bzw. Fall des Geistes in die Materie, schuf jene Sphären, die wir die kausale, mentale, astrale und physische Ebene nennen. Zur physischen Ebene zählen wir auch den Bereich des Äthers, dessen Wesen bereits erklärt wurde. Im folgenden wollen wir nun untersuchen, wie weit sich die im vorigen Kapitel beschriebenen Prinzipien und Gesetze auf unserer Ebene spiegeln.

Betrachten wir einmal den Geist in seinen Energiekörpern als einen Architekten, der aus rationalen (= mentalen) und emotionalen (= astralen) Gründen ein Haus (= physischer Körper) plant. Zuerst ist dieses Haus nur eine Idee (= kausal) in seinem Kopf. Was tut unser Architekt, bevor das Haus gebaut werden kann? Er macht einen Plan, transferiert seine Vorstellungen auf Papier - eine materielle Vorstufe des Hauses. Diesem Plan entspricht unser Äther- oder Vitalkörper. Er trägt alle Ideen und Absichten unserer Geist/Seele-Persönlichkeit in sich. Nach diesem Plan baut sich unser physischer Körper auf und nicht in erster Linie nach Vererbungsgesetzen, wie die Wissenschaft bisher glaubt. Neueste Forschungsergebnisse deuten beispielsweise darauf hin, daß Gefühle Gene beeinflussen bzw. verändern können. Der Geist prägt die Form, und bei der genetischen Wahl der Eltern spielen seelische Gründe eine große Rolle. Der Geist plant multidimensional vernetzt, und was vordergründig wie die automatische Folge von biologischen Vererbungsgesetzen aussieht, ist tatsächlich die bewußte Ausnutzung von Naturgesetzen durch eine inkarnationswillige Seele. Wäre es anders, würde nicht der Geist bzw. die Seele herrschen, wären wir ewig zur Gefangenschaft in der Materie verdammt.

Der Ätherkörper spiegelt unsere Aufgabenstellungen wie unsere seelischen Probleme und die daraus resultierenden Krankheiten, seien sie latent oder bereits ausgebrochen. Die Kirlian-Fotographie macht diesen Körper bzw. seine Abstrahlung optisch sichtbar. Anhand der energetischen Phänomene in Form von Strahlungsabnormitäten kann auch der normale Mediziner Aussagen über seelisch-körperliche Wechselwirkungen machen.

Der Ätherkörper umschließt und durchdringt den physischen Körper. Dieser ist dreistufig, besteht aus drei Energiefrequenzbereichen. Auf seiner höchsten Ebene finden wir die ätherischen Chakras, Energiewirbel, die der Aufnahme und Abgabe von unterschiedlich frequentierten Energien dienen. Ein energetisches Gitternetz von Kraftlinien sorgt auf der zweiten Ebene für die Verteilung dieser Energien im ganzen System. Auf der untersten Ebene, die der physischen Materie des Körpers am nächsten ist, wo sich sozusagen Äther- und physischer Körper berühren, befinden sich Energieleitungen, die die indische Metaphysik „Nadis" nennt. An den Anfangs-, End- und Kreuzungspunkten und im Verlauf der Nadis befinden sich die Akupunktur-Punkte. Stimuliere ich z.B. einen solchen Punkt im Ohr, erziele ich eine Wirkung in der Niere, und das deshalb, weil beide durch die gleiche Energiebahn, wie durch eine Telefonleitung, verbunden sind. Verluste von Gliedmaßen, z.B. Beine oder Füße, führen nicht automatisch zum entsprechenden Wegfallen des ätherischen Gegenstücks. Der Plan des Architekten bleibt unverändert, auch wenn ein Gebäudeteil wegfällt. Deshalb hat ein Beinamputierter oft noch Schmerzen in dem verlorenen Fuß. Die Medizin spricht von „Phantomschmerzen". Der Äther- oder Vitalkörper existiert ja noch unversehrt und empfindet Energieimpulse und -prozesse in seinem energetischen Fuß, die das materielle Gehirn physisch interpretiert. Solange der physische Körper beseelt ist, lebt auch der Ätherkörper.

Stirbt der Mensch, stirbt auch die Ätherform. Gesetzmäßig an den physischen Körper gekoppelt, schwebt sie so lange über dem Leichnam, bis sie sich genauso in ihre Ätherbausteine zerlegt hat wie der physische Körper in seine materiellen. So sieht der unwissende Hellsichtige beim Gang über einen Friedhof über den Gräbern die zerfallenden Ätherkörper schweben und glaubt, es wären Gespenster oder die Seelen der Toten. Durch schwarz-magische Techniken vermag nun ein Wissender diese toten Ätherformen für eine bestimmte Zeit neu zu beleben, und er schafft damit das, was einschlägige Literatur und Filme als „Untote" oder „Zombies" beschreiben. Auch heute bedienen sich okkulte Vereinigungen oder Naturreligionen mehr oder weniger bewußt dieser zwar gesetzmäßigen, aber von Gott unerwünschten und für die Seele des Menschen schädlichen Praktiken.

Tod bedeutet nur Wandlung, nie Vernichtung. Hat die Geist/ Seele-Persönlichkeit ihre Herrschaft über den Körper aufgegeben, dann fehlt ihm die strukturformende Gewalt, wie einem Staat die Regierung, und die Struktur zerfällt bis in ihre kleinsten Bausteine, die chemischen Elemente, aus denen sich der Körper unter Anleitung der Seele und unter Mithilfe des Ätherkörpers aufgebaut hatte. Diese Bausteine nehmen sich nun ein oder mehrere andere Seelen zum Aufbau ihrer Körper, bis auch diese ihren Zweck, den Seelen bei ihrer Entwicklung zu dienen, erfüllt haben, und sich wiederum in ihre Grundbausteine zerlegen. Zum gesetzmäßigen Zeitpunkt bricht jede Struktur auf und entläßt die ihr innewohnenden Seelenaspekte zur Weiterentwicklung in einer höheren Form.

In der Mitte des Ätherkörpers befindet sich, entsprechend dem Rückgrat im physischen Körper, ein zentraler Energiekanal, um den sich zwei weitere wie Schlangen winden. Diese Tatsache spiegelt sich symbolisch im Caduceus, dem Heroldstab des Gottes Hermes. In der Bilderwelt der Alchemie werden die den Hermesstab umwindenden Schlangen als Sinnbild der im Gleichgewicht befindlichen Grundstoffe Sulphur und Mercurius gedeutet, d.h. als ein

Dualsystem der Prinzipien der Flüchtigkeit und des Brennenden. Zusammen mit dem zentralen Energiekanal bilden sie eine Trinität, durch die die in der indischen Mythologie „Kundalini" genannte Lebenskraft aufsteigt.

Entlang dieser drei Energiebahnen finden wir sieben Energiewirbel oder Energiezentren, die die indische Mythologie „Chakras" nennt. Stellen wir uns vor, wir sitzen in der Badewanne, ziehen den Stöpsel heraus und beobachten, wie das abfließende Wasser einen Wirbel mit einem Wirbelkanal bildet. So läßt sich die Funktionsweise eines Chakras verdeutlichen. Das Chakra sitzt an der Oberfläche des Ätherkörpers, sein Kanal führt in den jeweiligen Schnittpunkt der drei Energiebahnen. Diese sieben Chakras entsprechen einer Siebentonleiter, wobei die unteren Chakras eine niedrige Schwingung erzeugen, die den tieferen Noten der Tonleiter entspricht, und die höheren Chakras den oberen Tönen. Unter anderem dienen sie der Verbindung des Menschen mit den sieben Ebenen der Existenz. In Gelenken und Organen befinden sich Neben-Chakras, die wir für unsere weiteren Betrachtungen außer acht lassen wollen.

Entsprechend dem Gesetz „Wie oben so unten" repräsentieren die drei Kopf-Chakras (Scheitel, Stirn und Kehle) den geistigen Bereich des Menschen, verbinden ihn mit dem dreistufigen Himmel. Die vier unteren Chakras bringen ihn in Kontakt mit den weiteren Ebenen der Schöpfung. Das Herz-Zentrum verbindet uns energetisch mit der Kausal-, das Solarplexus-Chakra mit der Mental-, das Sexualchakra mit der Astral- und das Basis-Chakra mit der materiellen Ebene.

Als Therapeut deute ich den Zustand der Chakras und des ganzen Ätherkörpers energetisch und psychologisch. Beide sagen entsprechend ihrer Spiegelfunktion etwas über die Seelenlage des Betreffenden aus. An drei Chakras will ich dies beispielhaft verdeutlichen.

Blockaden des Scheitel-Chakras lassen auf Probleme zwischen Seele und Geist schließen, der Betreffende hat sich „von oben" abgeschnitten, fühlt sich oft entsprechend leer und verlassen.

Die christliche Mythologie erzählt von der von Petrus bewachten Himmelspforte, was analog dem Eingangsbereich des untersten Himmels und hiermit dem Kehlkopf-Chakra entspricht. Der Kehl- und Halsbereich ist auch im übertragenen Sinne ein Nadelöhr. Unsere Luft, die Nahrung, die Impulse unseres Gehirns zur Steuerung des Körpers, alles muß hinab durch unseren Hals. Die Rückmeldungen unseres Körpers an das Gehirn, die Ausatemluft, die Energien, die vom Steiß bis zum Scheitel fließen, alles muß zurück durch diese Pforte. Somit repräsentieren der Halsbereich und das Kehlkopf-Chakra psychologisch den freien Fluß in beide Richtungen, das Los- und Zulassen. Angst, etwas oder jemanden zu verlieren, drückt sich neben Würgegefühlen oft durch eine Blockade dieses Chakras aus. Existenz- und Prüfungsängste gefährden das Ego, „schlagen uns auf den Magen", blockieren das Solarplexus-Chakra.

Die Interpretation der energetischen Zustände des Menschen fordern neben der Wahrnehmungsfähigkeit feinstofflicher Ebenen auch deren verantwortungsbewußte Interpretation, verlangen esoterisch-psychologische Schulung. Was bedeutet es, wenn ich jemanden heile, und was geschieht dabei? Heilung im übergeordneten Sinn bedeutet die Wiederherstellung der göttlichen Gesetze und Harmonie in der gesamten Schöpfung und somit auch im Menschen. Krankheit ist also Disharmonie, entsteht durch das bewußtseinsmäßige Herausfallen des Einzelnen aus der Einheit mit Gott und seinen Ordnungsgesetzen. Daraus folgt, daß es in den Himmelswelten keine Krankheit geben kann. Erst mit dem Eintritt des Geistes in die materielle Schöpfung, beginnend mit der Kausalebene, läuft er Gefahr, in Widerspruch zu den göttlichen Gesetzen zu geraten und zu erkranken. Der kranke physische Körper spiegelt dabei nur die Disharmonie, die bereits im Kausalen, im Mentalen, oder im Astralen besteht.

Heilung bedeutet also die Wiederherstellung der göttlichen Ordnung auf diesen drei Ebenen. Der Heiler tut das normalerweise nicht auf den genannten Sphären, sondern auf der Ebene ihrer Zusammenfassung, dem Ätherkörper. Der physische Körper muß dann nachziehen und gesunden. Im Idealfall, wenn keine karmischen Gründe dem entgegenstehen und das Bewußtsein des Betreffenden zur umfassenden Wandlung bereit ist, kann dies bereits nach einer Heilsitzung geschehen. Im Normalfall werden mehrere Behandlungen nötig sein. Letztlich liegt dies an der von Gott gewollten Freiheit des Individuums.

Krankheit ließe sich auch definieren als „nicht so wie Gott wollen", dessen Konsequenzen dann durch Leid erfahren werden. Es sind also die Widerstände im Kausalen, Mentalen und Astralen, die zu überwinden sind. Heilen bedeutet also von daher hauptsächlich Bewußtseinsveränderung, und wie lange diese oftmals benötigt, weiß jeder von uns am besten. Mit Übertragung der lichten Heilenergie schaffen wir eine Atmosphäre der göttlichen Ordnung, in der sich aber ein mehr oder minder bewußter Prozeß der Erkenntnis und Wandlung vollziehen muß, bevor wir von einer endgültigen Heilung sprechen können. Deshalb ist auch das Gespräch zwischen Heiler und Patient, das Verstehen, Akzeptieren, Erklären und Ermutigen durch den Therapeuten von zentraler Bedeutung. Dafür besitzen alle wahren Heiler die Intuition, die sie erkennen läßt, und ihre Liebe, die sie helfen heißt.

6. KAPITEL

DER TOD ALS ÜBERGANG

Die meisten Menschen fürchten sich vor dem Tod. Teils aus Angst vor dem, was sie erwartet, teils aus Unkenntnis. Was geschieht beim Sterben? Einfach ausgedrückt: Die Seele trennt sich vom Körper. Dieser Prozeß kann ein Kampf sein oder sich leicht vollziehen, je nach Bewußtseinslage. Der in die Materie verstrickte Mensch, der alles vom physischen Leben erwartet und im Tod das Ende seiner Existenz sieht, klammert sich natürlich an das scheinbar einzige Leben. In dessen Verlauf wird er alles tun, um sein irdisches Sein so angenehm wie möglich zu gestalten und ist damit in einer ständigen Wettbewerbssituation. Zwangsläufig hat das „Ich" Vorrang vor dem „Du". Der Körper und die Erfüllung seiner Bedürfnisse stehen absolut im Mittelpunkt des Interesses. Da mit dem Tod ja scheinbar alles endet, sind auch keine Konsequenzen aus den heutigen Taten in einem wie auch immer gearteten späteren Leben zu befürchten. Seelische Regungen erklärt er als Ergebnisse von Gehirnaktivitäten. Diesen Menschentypus nennen wir „geistig tot", da er die Existenz des ewigen Geistes und der Seele leugnet. Andere Zeitgenossen haben die Vorstellung von einem Leben, an dessen Ende entweder der Himmel oder die Hölle auf sie wartet. Viel weiter reichen ihre Vorstellungen nicht und überhaupt, was soll die Beschäftigung mit solchen Fragen, der Alltag bringt genug Probleme, und um unsere Seele kümmern wir uns, wenn es soweit ist. Am Tag ihres Todes gibt es dann, im wahrsten Sinne des Wortes, ein böses Erwachen.

Die moderne Nahtod-Forschung mit Reanimierten berichtet von identischen Sterbeerfahrungen, gleichgültig, welcher Kultur und Religion die Befragten angehörten. Ob gläubig oder ungläubig, die oftmals schon klinisch Toten berichteten alle in fast gleichen Bildern, mit gleichen Gefühlen von dem, was sie in der Trennungsphase von Seele und Körper erlebten. Diese Erfahrungen wiederum deckten sich weitgehend mit den Botschaften der Hochreligionen. Diejenigen, die das erlebten, sprechen von einem Schwebegefühl, einer Bewußtseinsverlagerung einige Meter über den Körper, dem Hören und Verstehen aller Abläufe in ihrer Umgebung, obwohl sie doch in tiefer Bewußtlosigkeit waren. Es wird von einem „Lebensfilm" berichtet, der dem Betreffenden längst vergessene Episoden seines Lebens und deren Bedeutung in Erinnerung ruft und der zu einer bewertenden Bilanz auffordert. Meist erfolgt dann ein „Emporgezogenwerden" durch etwas wie einen Tunnel, an dessen Ende ein Licht wartet, das der Sterbende oft mit Gott, Jesus, einem Engel, seinem Geistführer oder schlicht dem Himmel verbindet, und das begleitet ist von einem starken Glücksgefühl. Allerdings werden an dieser Stelle vereinzelt auch sogenannte höllische Erfahrungen gemacht, wie wir sie aus der Schilderung von Dantes „Göttlicher Komödie" und aus Berichten der Bibel kennen. An diesem Punkt brechen die meisten Schilderungen ab, da der Betreffende durch die Reanimation ins Leben zurückgerufen wurde. Diese Erfahrungen führten dann in der Mehrzahl der Fälle zu einer veränderten, dem Geistig/Seelischen gegenüber offeneren Lebenseinstellung.

Der Mensch ist als Aspekt des Göttlichen ein schöpferisches Wesen. Das heißt, wir schaffen unsere Realität hier wie auf allen Ebenen der Schöpfung. Die Qualität unserer Schöpfungswerke wie auch der Schöpfungsvorgang sind abhängig von der Qualität des Bewußtseins, dem Schöpfer in uns. Der Schöpfer, sein Schöpfen und das Ergebnis seiner Schöpfung sind eins. Was das auf das Erleben nachtodlicher Zustände übertragen bedeutet, will ich an einem fiktiven Beispiel erläutern.

Stellen wir uns vor, drei Priester sterben am gleichen Tag - ein Katholik, ein Hindu und ein Moslem. Nehmen wir weiter an, alle sind gleich brave Menschen, stehen auf derselben Stufe der Erkenntnisleiter, noch nicht ganz oben, aber schon auf Gott ausgerichtet. Die Ernte dieses letzten Lebens reichte noch nicht aus, um sie sozusagen gleich ins Lichtreich zu katapultieren, und so kommen sie drüben auf der gleichen Zwischenebene an. Gesetzmäßig tritt die Erinnerung an ihr letztes Leben zurück, sein Extrakt, seine „Ernte" ist ihrem Wesen hinzugefügt.

Vergleichen wir nun die Rahmenbedingungen der physischen Ebene mit der gedachten neuen Lebenssphäre der drei Priester.

Auf unserer Ebene braucht die Geist/Seele-Persönlichkeit viel Kraft und hauptsächlich Zeit, um den Widerstand der Materie zu überwinden. Wie lange dauert es oft, eine Idee auf Erden zu verwirklichen, ein Haus zu bauen, ein Bild zu malen oder ein Buch zu schreiben? Aus Sicht des Geistes sind nun alle dem Lichtreich folgenden Schöpfungsebenen materiell, und demgemäß sprechen wir auch von kausaler, mentaler und astraler Materie und den entsprechenden Formen und Körpern. Die Materie dieser Ebenen unterscheidet sich in vielem grundlegend von der uns bekannten Materie. Ein wesentlicher Unterschied liegt im Widerstand, der um so geringer wird, je höher die Ebene ist.

Das heißt z.B., daß auf der von uns gedachten neuen Heimatebene der drei Priester keine Zeit vergeht, bis aus der Idee eine Schöpfung, aus dem Gedanken eine Form wird. Mit Eintritt der drei nimmt ihre Umgebung die Gestalt ihrer bewußten wie unbewußten Vorstellungen, Glaubenssätze und Hoffnungen an, offenbart sie. Obwohl doch vom gleichen Ausgangspunkt kommend, von gleicher Lichtqualität, erlebt der Katholik nun seine katholische Glaubenswelt mit allen Figuren des Alten und Neuen Testamentes, der Hindu begegnet Shiva mit den drei Augen, der Moslem freut sich an den Huris des islamischen Paradieses.

Ich will mit dem Beispiel ausdrücken, daß wir alle Gefahr laufen, in der jenseitigen Welt das zu erleben, was wir hier auf Erden an

Glaubensinhalten oder -vorstellungen hatten. Der Grad der in diesem Leben erreichten Bewußtheit bestimmt unsere jenseitigen Erfahrungen. Dies wohl wissend, warnen das tibetische wie das ägyptische Totenbuch vor den Täuschungen, sprich dem Führwahrhalten unserer Selbstspiegelungen und denen anderer. Erst im Licht ist die Dreiheit von Erfahrendem, Erfahrung und Vorgang der Erfahrung wieder vereint. Erst dort ist Erfahrung geistig objektiv, d.h., wir sind wieder im Einheitsbewußtsein, nichts Trennendes kann uns mehr täuschen. Wir leben wieder im klaren Licht der göttlichen Erkenntnis.

7. KAPITEL

LICHTZENTREN

Die „Freunde des Wassermannzeitalters" waren eine Vereinigung spirituell orientierter Menschen unterschiedlicher Religionen und Konfessionen. Es verband uns das gemeinsame Weltbild und die Überzeugung, daß Mensch und Natur vor großen Umwandlungsprozessen stehen. Wir verstanden uns als Botschafter eines neuen Paradigmas, das in der Johannes-Offenbarung als das „neue Jerusalem" beschrieben und von dem gesagt wird, daß seinem Eintreffen schmerzvolle Veränderungen vorausgehen.

Warum beschäftigen sich Menschen mit solchen Fragen? Ist es die Lust am Untergang, ein morbides Verlangen nach Schmerzen, Leid und Tod? Soll ein Klima der Angst erzeugt werden, um Anhänger oder Mitläufer für obskure religiöse Wahnvorstellungen und irregeleitete Endzeit-Propheten zu finden?

Wer den Ausführungen dieses Buches bis hier gefolgt ist, kann dies eigentlich kaum noch ernstlich glauben. Aber, so werden mir Kritiker entgegenhalten, hat dieses Gedankengut in der Vergangenheit nicht schon schlimmste Früchte getragen? Wenn wir an die tragischen Ereignisse der letzten Jahre in manchen Gemeinschaften denken, müssen wir dann nicht jenen recht geben, die davor warnen?

Auch für mich ist es sehr schmerzhaft, von solchen Ereignissen zu hören. Gibt es doch in meinen Augen kein größeres Verbrechen, als Menschenkinder auf der Suche nach ihrem Gott so irrezuleiten. Sie suchen das Licht und finden die Finsternis, greifen in ihrem Fanatismus zu Mitteln, die aller Liebe Hohn sprechen. Aber, so frage ich jetzt, war das jemals anders? Sind nicht alle göttlichen Gebote, alle hohen Ideale, seit Geschichte geschrieben wird, immer wieder entstellt und mißbraucht worden? Selbst von jenen, die sich ihre Einhaltung auf die Fahnen geschrieben hatten.

Denken wir an die Greuel des Mittelalters, die im Zeichen des Kreuzes geschahen. An Folter und Mord im Rahmen der Kreuzzüge, bei der „Bekehrung" der Indianer Südamerikas und durch die Inquisition. Erinnern wir uns an den jahrzehntelangen Konfessionskrieg in Nordirland und seine vielen Opfer. Wird der Koran, ein Buch voller Gottesliebe, in der heutigen Zeit nicht dazu mißbraucht, unter dem Vorwand sozialer und wirtschaftlicher Mißstände Terror auszuüben? In Sri Lanka kämpfen Buddhisten gegen Hindus um die Macht. Buddhistische Mönche tragen neuerdings ihre religiösen Nachfolgefragen handgreiflich aus. Hindus und Moslems stehen sich auf dem indischen Kontinent voller Haß gegenüber, und es scheint nur eine Frage der Zeit zu sein, bis neue Kriege ausbrechen. Diese traurige Liste ließe sich noch lange weiterführen.

Haben deshalb Jesus, Buddha und Mohammed Unrecht, wenn ihre Botschaften mißachtet und mißbraucht werden? Sind es nicht wir Menschen, denen nichts mehr heilig ist, wenn es um die Durchsetzung unserer egoistischen Ziele geht? Fühlt sich denn die Mehrzahl der Menschen bezüglich der religiösen Gottesbotschaften noch in die Pflicht genommen? Haben Liebe, Toleranz und Barmherzigkeit in dieser Zeit überhaupt noch eine Chance? Ich denke ja, aber nur dann, wenn sich der einzelne diesen Werten verpflichtet fühlt und bereit ist, sie auch zu leben. Nur wer Gott aktiv sucht, wird ihn finden.

Seit langer Zeit schließen sich Suchende in Gruppen zusammen, denn gemeinsam lassen sich die Hindernisse und Prüfungen des Weges leichter meistern. Die Umwelt ist nun schnell bei der Hand, alle diese spirituellen Gemeinschaften pauschal als Sekten zu diffamieren. Das ist einfach, erspart es doch die Auseinandersetzung mit den Inhalten. Es ist aber auch lieblos, da den so Ausgegrenzten die Chance zur Korrektur genommen wird.

Keine der beiden Seiten ist sich dabei bewußt, daß hier wieder das alte Spiel der Dualität, die Projektion, gespielt wird. Jede Seite projiziert auf die jeweils andere ihre Ängste und Befürchtungen. Aus dem so geschaffenen Feindbild bezieht wiederum jede Partei die Motive und Argumente zur Zementierung der eigenen Position. Dieses Spiel setzt sich dann so lange fort, bis in beiden die Erkenntnis reift, daß die jeweils andere Seite den eigenen Schatten lebt, der bekanntlich untrennbar mit uns verbunden ist und darauf wartet, bearbeitet und integriert zu werden.

Was sind „Sekten" und wann und wie entstehen sie? Das Wort „Sekte" leitet sich vom lateinischen „secta" ab und bezeichnet Sondergemeinschaften, die sich von größeren religiösen Gemeinschaften lösen und von ihnen in Lehre, Kultus und Brauch abweichen. Eine bedeutende jüdische Sekte waren beispielsweise die Essener, die in der heutigen religiösen und spirituellen Literatur wieder eine große Rolle spielen.

Spirituelle Gemeinschaften versuchen, auf eine neue und undogmatische Art und Weise wieder zurück zur Quelle des Lichts zu finden, zum Ursprung, der allen Religionen zugrunde liegt. Und deshalb nennt man solche Zentren im esoterischen Sprachgebrauch auch „Lichtzentren".

Aus der Sicht traditioneller, konservativer Katholiken sind also seit Luther alle Protestanten Sektierer und wurden, wie uns die Geschichte lehrt, bis in die jüngste Vergangenheit mit wechselnden Mitteln bekämpft. Vierhundert Jahre hat es gedauert, bis im Bewußtsein der Väter des Konzils und der zeitgenössischen Päpste eine vorsichtige Auseinandersetzung und damit Annäherung an die Gegenseite möglich wurde. Am besten sollten die „verlorenen Kinder" in den „Schoß von Mutter Kirche" zurückkehren.

Das erinnert fatal an die leidvolle Erfahrung vieler Kinder, deren Mütter sie auch nicht eigene Wege gehen lassen konnten, und macht zugleich die übergeordnete Problematik deutlich, die hinter der

Sektendiskussion steckt, nämlich die Angst. Einerseits sind es Verlust-ängste, die immer bei Trennungsprozessen auftreten, andererseits die Angst auslösenden Selbstzweifel der Zurückbleibenden, die, meistens ins Unterbewußte verdrängt, zur Aggression führen.

Ein Baum stirbt, wenn seine Lebenszeit gesetzmäßig zu Ende geht, seine Lebenskraft erschöpft ist und er Platz machen muß für seine Nachkommenschaft. Immer dann, wenn das Alte, das Konser-vative seine spirituelle Kraft verloren hat, erstarrt ist in seinen Struk-turen und Dogmen, ist eine Entwicklung wie in der Natur zu beob-achten. Das Alte, Schwache und Kranke stirbt ab, das Neue und Junge sorgt für die verbesserte Fortführung und Weiterentwicklung des vom Alten erreichten.

In der Biologie akzeptieren wir dieses gottgewollte Naturgesetz, warum sollte es im Spirituellen anders sein? Was lehrt uns die Ge-schichte? Im sechsten Jahrhundert vor der Zeitenwende war es Bud-dha, der den Hinduismus reformierte, was zum Buddhismus führte. Jesus Christus sagte: „Ich bin nicht gekommen, das (mosaische) Gesetz aufzuheben." Aber er brachte mit der erlösenden Barmher-zigkeit das Neue, das Licht der Hoffnung ins Dunkel erstarrter Glaubensstrukturen und begründete das Christentum. Mohammed setzte der Vielgötterei das Wort des Einen entgegen und schuf den Islam. Alle drei genannten waren zu Lebzeiten und aus Sicht ihrer Zeitgenossen Sektierer, wurden verfolgt und bekämpft. Aber das wahre Neue setzt sich durch, und das entspricht dem Gesetz der Evolution.

Unter dem gleichen Blickwinkel ist die heutige Entwicklung zu verstehen. „Sehet, ich mache alles neu" versprach uns Gott, und so erleben wir zur Zeit die Geburt eines neuen Bewußtseins. Dieses erweiterte und deshalb neue Bewußtsein wird in unseren Herzen geboren und soll und muß auch in unserem menschlichen Verstand Einzug halten. Das führt, durchaus gesetzmäßig, zu vielen Irrungen und Wirrungen, zu vielen Fehlinterpretationen und sich daraus ableitenden irrigen Handlungen. Das entspricht, bei dem Bild der Geburt bleibend, dem schmerzhaften und manchmal qualvollen Durchgang durch die Enge des dunklen Geburtskanals. Aber am Ende wartet das Licht, und das wahre Kind wird geboren, und es wird kein Platz mehr sein für Täuschungen, diese Tot- und Fehlgeburten der Seele.

Um diesem heranwachsenden Kind in uns den Weg zu bereiten, ist Verantwortung nötig. Wir tragen die Verantwortung für die erforderlichen Geburtsvorbereitungen in uns und außerhalb von uns. Was das konkret bedeutet, erklärt uns bereits die sprachliche Wortanalyse. In dem Wort „Verantwortung" finden wir als Wortstamm den Begriff „Antwort". Wir übernehmen Verantwortung, indem wir auf die Antwort hören. Der Spiegel gibt uns Antwort auf die Frage: Wer bin ich? Er zeigt uns uns selbst. In der Dualiät erfahren und lernen wir durch Rückmeldung, durch Spiegelung. Wir tun oder lassen etwas und erhalten Antwort, beispielsweise durch unsere Mitmenschen. Verantwortung übernehmen ist also eine wichtige Teilstrecke auf dem Erkenntnisweg durch die Dualität. Wer Verantwortung übernimmt, bleibt nicht in der Projektion stecken. „Was siehst du den Splitter in deines Bruders Auge und nicht den Balken in dem deinen!" geißelte Jesus diese beliebte Flucht in die Eigenblindheit und damit in die Projektion und Verantwortungslosigkeit. Verantwortung übernehmen heißt, die Spiegelung, uns selbst, anzunehmen und sich damit auseinanderzusetzen und ist somit Ausdruck von Bewußtheit.

Theoretisch und gedanklich fällt es uns leicht, diesem Gedankengang zu folgen. Die Probleme liegen in der Umsetzung und hier besonders im Emotionalen. Propheten waren seit altersher Verkünder der erzwungenen Verantwortungsübernahme. Gott, der Gesetzgeber, kündigte die Konsequenzen aus den Handlungen der Menschen an. Die Propheten mußten darüber die Menschen informieren. Was taten die Menschen? Voller Angst und Zorn und getreu ihrer Dualität stiegen sie sofort in die Projektion ein, wollten das Spiegelbild zerschlagen, die Propheten steinigen.

Entwicklung durch Verantwortungsübernahme setzt also ein duales System voraus. Tat und Auswirkung sind scheinbar voneinander getrennt. Wir erfahren sie nacheinander. Die Evolution soll uns zurückführen in das Einheitsbewußtsein. In der Einheit fallen Ursache und Wirkung zusammen. Kosmisches oder Einheitsbewußtsein ist daher gelebte Verantwortung in allen Bereichen

8. KAPITEL
HEILUNG - EIN BEWUSSTSEINSPROZESS

Nicht immer sind wir in der Lage, die Verantwortung für unsere seelischen Probleme zu übernehmen, sie bewußt zu bearbeiten und zu erlösen. Oftmals erkennen wir sie nicht einmal. Tief verborgen in unserem Unterbewußtsein schlummern sie, um plötzlich und unerwartet in Form von Depressionen, Krankheiten oder Unfällen leidvoll in unser Bewußtsein zu dringen. Wie gehen wir mit diesen Signalen und Hilfeschreien unserer Seele um? Wir nehmen Antidepressiva, Pillen und Spritzen, lassen uns operieren. Tun also alles, die unangenehmen Rufe und Signale möglichst schnell wieder zum Schweigen zu bringen. Wir weigern uns, die Krankheit unseres Körpers als Botschaft unserer Seele zu sehen, betrachten sie als rein physische Funktionsstörung, die deshalb funktional zu beheben ist. Wir reden uns ein, daß, wenn wir das Symptom beseitigen, damit auch die Ursache erledigt ist.

Was würden Sie, lieber Leser, von einem Mann halten, dessen Auto durch eine Lampe im Armaturenbrett signalisiert, daß Motoröl fehlt, und der Betreffende geht hin und dreht das Birnchen heraus? Schon dieses klassische Beispiel von Thorwald Dethlefsen macht deutlich: Eine Krankheitsbehandlung ohne Einbezug der seelischen Ursachen ist im günstigsten Fall auf Dauer unwirksam, wenn nicht gar das Problem verschärfend. Einige Beispiele aus meiner eigenen Praxis sollen das Gesagte belegen.

Vor einiger Zeit kam eine Frau zu mir, die an einer extremen Hautveränderung der Augenhöhlen und partiell des Gesichtsfelds und des Brustbereichs litt. Besonders in der Zeit des Eisprungs und der Menstruation schwoll der Augenbereich an, war stark gerötet und schuppig. Neben einem unangenehmen Juckreiz war es das krankhaft veränderte Aussehen und die Reaktionen des Umfelds, die der Patientin sehr zu schaffen machten. Mehrjährige medizinische Behandlungen hatten keine anhaltende Besserung gebracht. Bis zuletzt blieb die Diagnose unklar, die Behandlung erschöpfte sich schließlich in der Verordnung von Cortisonsalben.

Als ich sie kennenlernte, „blühte" die Krankheit gerade wieder auf, dicke, blaurot unterlaufene Ringe um die Augen verunstalteten das ansonsten hübsche Gesicht der Enddreißigerin, die verheiratet ist und zwei Kinder hat. Die äußeren Fakten und meine Intuition ließen mich schnell erkennen, daß hier ein massiver, optisch-sexueller Schamkonflikt vorlag, der, lange Zeit im Schatten verborgen, nun mit Macht ans Licht drängte, um bearbeitet und erlöst zu werden. Ich sagte ihr dies bereits zu Beginn der Behandlung und auch, daß sie Zeit benötigen würde, um eine Heilung durch Bewußtseinsveränderung zu ermöglichen.

Wir begannen, uns vorsichtig an den verdrängten Problemkreis mittels Chakra-Therapien und neurolinguistischen Trancesitzungen (NLP) heranzutasten. Nach mehrmonatiger Behandlung hatte sich das Krankheitsbild wesentlich gebessert, die verbleibende Symptomatik erwies sich als hartnäckig, der Heilungsprozeß machte keine weiteren Fortschritte. Ich schlug deshalb der Patientin vor, über Reinkarnationstherapie tiefer in ihr Unterbewußtes einzusteigen, um mögliche Zusammenhänge und Ursachen in einem früheren Leben zu suchen. Sie willigte ein, und es begann ein geradezu lehrbuchhafter Erfahrungs- und Erkenntnisprozeß.

In der ersten Sitzung gingen wir zurück bis in die früheste Kindheit des heutigen Lebens. Die Patientin erinnerte sich an eine längst vergessen geglaubte Episode als etwa Dreijährige, als sie, zusammen mit älteren Mädchen, im Freien ein Paar beim Liebesspiel beobachtete. Während die Älteren fasziniert und kichernd dem Geschehen folgten, erlebte meine Patientin, wie ihr als Dreijährige das Ganze höchst unangenehm war und sie unbedingt den Ort verlassen wollte. Eine keineswegs normale Reaktion für ein unschuldiges Kind dieses Alters. Nach meiner Einschätzung konnte diese Erfahrung nicht die Ursache eines solchen seelischen Konflikts und die daraus resultierende Krankheit sein. Ich wußte aber aus therapeutischer Erfahrung, daß sich traumatische Ereignisse vergangener Leben oft in abgeschwächter Form in diesem Leben spiegeln bzw. wiederholen. Wir machten also weiter und wurden in der nächsten Sitzung fündig.

Die Patientin erlebte sich in dieser Rückführung als etwa Siebzehnjährige, die vor einigen Jahrhunderten in einem Dorf in der Nähe des Meeres lebte. Zu dem Ort gehörte ein Wald, vor dem ein einsames Haus stand. In diesem Haus ging eine ältere Prostituierte ihrem Gewerbe nach, deren Freier hauptsächlich Seeleute waren. Die sexuell erwachte Siebzehnjährige des damaligen Lebens belauschte und beobachtete eines Tages diese Prostituierte durch ein Fenster, wie sie, nackt in einem Stuhl sitzend, sich selbst liebkoste und befriedigte.

Als die Patientin sich daran erinnerte, spürte sie in ihrem heutigen Körper die Resonanz der starken sexuellen Gefühle, die dieses Geschehen in der damals Siebzehnjährigen ausgelöst hatten. Die Sitzung ging weiter und zeigte in einer weiteren Szene, wie die damalige Heranwachsende, magisch angezogen von dem Erlebten, sich mit einer Freundin wieder auf den Weg zu diesem Haus machte, um die Prostituierte gemeinsam zu beobachten. Beide hatten ein kleines Kind dabei, auf das sie aufpassen sollten. Da das Kind beim Anschleichen an das Haus hinderlich gewesen wäre, ließen sie es am Waldrand unbeaufsichtigt spielen. Die Frau war aber nicht zu Hause. Beide kehrten enttäuscht zurück und fanden zu ihrem Entsetzen das Kind leblos im Bett eines nahen Baches liegen. In diesem Moment, wahrscheinlich verstärkt durch die folgende harte Bestrafung, die sich die Patientin allerdings nur bruchstückhaft ansehen konnte, begann das Trauma, wurde die Ursache für die heutige Krankheit gelegt.

An das natürliche sexuelle Interesse und Bedürfnis koppelte sich die Scham und die Selbstverurteilung der Siebzehnjährigen, und da diese Erfahrungen sehr stark mit verbotenen optischen Wahrnehmungen verbunden war, spiegelte die heutige Patientin den noch immer ungelösten Konflikt durch die Erkrankung des „verantwortlichen" Körperbereichs - die Augen bzw. ihr Gesichtsfeld. Die Erinnerung löste in der Patientin eine starke Auseinandersetzung mit dem Erfahrenen aus.

Die Botschaft ihrer Seele konnte aber letztlich von ihr akzeptiert und integriert werden. Sie lernte, diese Seite ihres Wesens zu bejahen, lernte, sich zu vergeben. Das Ergebnis ließ nicht lange auf sich warten. Binnen weniger Wochen verschwanden alle Symptome. Voller Stolz zeigte sie mir einige Zeit später ihr wieder geschminktes Gesicht, da ihr das Auftragen von Make-up aufgrund der Hautreaktion seit vielen Jahren nicht mehr möglich gewesen war. In der Besprechung und Analyse ihrer Erfahrungen konnte ich ihr auch begreiflich machen, daß ihr fast zwanghafter Wunsch, in diesem Leben Kindergärtnerin zu werden, sowie ihre panikartigen Ängste, wenn eines ihrer heutigen Kinder auch nur leicht erkrankte, mit dem damaligen Geschehen in ursächlicher Verbindung standen.

Die Beziehung zwischen Körper und Seele ist in den letzten Jahren von Therapeuten und Ärzten verstärkt untersucht worden; die entsprechenden Publikationen sprechen einen immer größeren Personenkreis auch und besonders in diesem Land an. Einen wertvollen Beitrag zu dieser Thematik liefern die Thesen des ehemaligen Arztes und Krebsspezialisten Dr. Hamer. Ich halte deshalb so viel von ihnen, weil ich die Richtigkeit der wissenschaftlich erarbeiteten Erkenntnisse im Falle mehrerer Krebspatienten geradezu schlagend bestätigt fand. Das Ergebnis der Untersuchungen und Fallschilderungen Dr. Hamers ist ein weiterer Beleg für die alte Weisheit, daß der Geist die Form prägt, die Seele und ihre Problemstellungen verantwortlich sind für alles, was sich auch als körperliche Krankheit manifestiert. So bekannte Therapeuten wie Thorwald Dethlefsen und Rüdiger Dahlke haben in ihren Büchern diese Zusammenhänge auch für den Laien verständlich gemacht.

Dr. Hamer wies nun an Hand vieler tausender Fälle wissenschaftlich nach, daß es einen Zusammenhang gibt zwischen einem als subjektiv unlösbar empfundenen seelischen Konflikt, einem röntgenologisch nachweisbaren Syndrom im betreffenden Teil des Gehirns und dem Krebswachstum in dem Organ bzw. Organbereich, der von diesem Gehirnteil gesteuert wird. Der Konfliktinhalt bestimmt dabei die Lokalisation des Syndroms im Gehirn und damit den von Krebs befallenen Körperteil. Genau das verdeutlichen aber auch Heiler ihren Patienten, nämlich daß die Krankheit das Thema, den Konflikt spiegelt. Der scheinbar unlösbare seelische Konflikt, das Gehirnsyndrom und sein Ausdruck im Körper als Krebs sind eins. Gelingt es dem Therapeuten, dem Arzt, dem Heiler, die seelischen Ursachen bewußt zu machen und löst der Patient seinen Konflikt, dann muß der Körper nachziehen. Das Syndrom heilt, das Krebswachstum kommt zum Stillstand, und der Krebs wird sich zurückbilden. Kommt also ein Krebspatient zu mir, so sagt mir bereits die diagnostizierte Krebsart etwas über die dahinterstehenden seelischen Probleme.

Ich empfehle immer die Fortführung aller von der Schulmedizin für erforderlich gehaltenen Maßnahmen, auch solcher, die ich persönlich für eher gefährlich halte, wie z.B. Bestrahlung und Chemotherapie. Dies tue ich aus rechtlichen sowie aus - für mich wichtigeren - psychologischen Gründen. Als duale Wesen sind wir alle mehr oder minder dem Zweifel unterworfen. Ich mag zwar an Heilung glauben, aber es bleibt ein Rest von nagendem Zweifel: Habe ich auch alles Notwendige und Mögliche getan? Eine Empfehlung, dieses oder jenes schulmedizinisch Anerkannte und Empfohlene nicht zu akzeptieren, könnte beim Patienten neue Ängste auslösen und im Sinne einer auch seelischen Heilung geradezu kontraproduktiv sein. Ist der Patient in seinem Bewußtsein zur Veränderung und damit Heilung bereit, können auch die Nebenwirkungen solcher Behandlungsformen vom Heiler abgefangen werden.

1994 konsultierten mich zwei Krebspatientinnen mit weitgehend gleicher Diagnose. Beide hatten einen linksseitigen Brustkrebs operativ entfernt bekommen und erkrankten kurz darauf an inoperablem Lungen- bzw. Bronchialkrebs, der klinisch mit Strahlen- und Chemotherapie behandelt wurde. Ohne an dieser Stelle näher auf die komplexen Theorien Dr. Hamers eingehen zu können, bringt er bei rechtshändigen Frauen linksseitigen Brustkrebs mit einem für die Patientin unlösbaren Mutter-Kind-Konflikt in Verbindung und nennt als Ursache für Krebs im Bereich der Lunge einen Todesangstkonflikt.

Zu Beginn der Behandlung führte ich mit beiden Patientinnen ausführliche Gespräche, die zum Ziel hatten, die Gründe für ihre Erkrankung herauszufinden und ihnen den Zusammenhang zwischen seelischer Ursache und dem Krebsgeschehen des betreffenden Organs klarzumachen. In beiden Fällen ging dem Brustkrebs wenige Monate vor Ausbruch ein traumatischer Mutter-Kind-Konflikt voraus.

Patientin A, Anfang 50, lebte in einer problematischen Ehe und projizierte alle Gefühle auf ihren zwischenzeitlich erwachsenen Sohn, der emotional die Funktion des Ersatzpartners übernommen hatte. Eines Tages hörte sie zufällig mit an, wie ihr Sohn am Telefon einem Freund erzählte, daß er beabsichtige, bald auszuziehen und sich mit seiner Freundin eine gemeinsame Wohnung suchen wolle. Diese Information traf Frau A wie ein Keulenschlag. Voller Panik und Schmerz verließ sie fluchtartig das Haus und lief wie betäubt stundenlang im Freien herum. Der Konflikt, der in ihr in diesem Augenblick entstand, war für sie nicht lösbar. Einerseits wollte sie ihrem Sohn bei seinem Glück nicht im Wege stehen, andererseits brachte sie die Vorstellung, ihn zu verlieren, fast um den Verstand. Kurze Zeit darauf ertastete sie erstmals den Knoten in ihrer linken Brust.

Patientin B, Anfang 40, lebte in einer glücklichen Beziehung, hatte zwei wohlgeratene Töchter und alles schien bestens. Bis eines Tages die ältere Tochter, krankheitsbedingt ein wenig das Sorgenkind der Familie, sich mit einem jungen Mann zusammentat, der gern Motorrad fuhr, Lederkleidung trug und überhaupt nicht in das Bild paßte, das sich die Mutter von den zukünftigen Partnern ihrer Töchter machte. Frau B konnte diesen Jungen nicht akzeptieren, wollte aber auch nicht ihre Tochter verlieren. Streit und Unfrieden eskalierten. Als die Tochter den jungen Mann auch noch heiratete, wurde der Liebeskonflikt in der Mutter unlösbar. Wenige Wochen danach machte sich das Krebswachstum in ihrer linken Brust erstmals bemerkbar.

Die Nachricht, an Krebs erkrankt zu sein, wirkt auf die meisten Menschen wie ein Schock, weckt panikartige Ängste. Geschürt durch die vielen, teilweise falschen Berichterstattungen in den Medien, betrachten viele die Diagnose Krebs als drohendes Todesurteil. Die Folge ist ein hochemotionaler Todesangstkonflikt. Und ab diesem Moment beginnt oft der Lungenkrebs als Ausdruck dieses neuen, scheinbar unlösbaren subjektiven Konflikts. Die Nachricht vom ersten Krebs löst also oft erst den zweiten aus.

Ich erklärte den Patientinnen den Ablauf dieses Prozesses, und beide konnten ihn nachvollziehen. Ich informierte sie anhand der illustrierten Fallbeispiele in den Büchern Dr. Hamers, die teilweise identische Krankheitsgeschichten erzählten. In dieser ersten Phase des Heilungsprozesses ging es also um die Schaffung des Problembewußtseins. Sie sollten beide intellektuell verstehen, warum und wie diese Krankheit entsteht, daß sie unbewußt selbstgeschaffen ist und somit durch Bewußtheit auch wieder abgeschafft werden kann.

In der zweiten Phase begaben wir uns auf die emotionale Ebene. Durch eine Kombination von NLP und energetischem Heilen versuchte ich, die Patientinnen zu den Gefühlen zu führen, die den jeweiligen Konflikt verursachten. In beiden Fällen gelang die innere Aussöhnung bezüglich der ursprünglichen Mutter/Kind-Problematik. Die Schwierigkeiten begannen in der Bearbeitung der irrationalen Todesangstkonflikte. Diese Ängste lassen sich rational schwer beeinflussen, die persönlichkeitsbedingte Angststruktur des Patienten spielt dabei eine ausschlaggebende Rolle, wie es sich auch in diesen Fällen zeigen sollte.

Patientin A machte bezüglich ihres Lungen- und Bronchialkrebses anfänglich gute Fortschritte. Nach jeder Heilsitzung fühlte sie sich wie neugeboren und verkündete dies auch lauthals in der ganzen Praxis. Sehr bald fiel mir aber auf, daß jeder Arzt- oder Krankenhauskontakt einen neuen Rückfall in ihre Angst brachte. Schon die geringste Bemerkung einer Schwester oder eines Arztes brachte sie völlig aus dem Gleichgewicht.

Man hatte ihr zwischenzeitlich auch ein Leberkarzinom attestiert. Nach mehreren organbezogenen Heilsitzungen und spirituellen Erklärungen über Wesen und Bedeutung von Leberkrebs wurde ihr durch die Klinik anhand von Röntgenaufnahmen bestätigt, daß dieser Krebs verschwunden war. Als sie mir bei unserem nächsten Treffen davon berichtete, widmete sie dieser Tatsache einen einzigen Satz, erzählte mir dann aber eine Viertelstunde lang, wie gefühllos die Schwester ihr den Katheder für die Chemotherapie angelegt hatte. Es gelang trotz ermutigender positiver Teilergebnisse einfach nicht, im Bewußtsein der Patientin ein Umschalten von Angst auf Hoffnung, von negativem auf positives Denken zu bewirken. Sobald sie meiner Einflußsphäre entzogen war, fiel sie wieder zurück in ihre Zweifel und Ängste. Und so mußte ich schließlich mitansehen, wie sie dieses Unvermögen umbrachte. Angst und Enge sind sprachlich miteinander verwandt, und so erstickte sie schließlich an der Enge, die der Krebs in ihrem Atemorgan schuf.

Ganz anders Patientin B. Wie sie mir im nachhinein erzählte, fiel nach meinen Erklärungen und der Bestätigung durch die Bücher Dr. Hamers alle Angst von ihr ab. Sie spürte sehr schnell und sehr viel von der Lichtenergie, die ich während der Heilsitzungen in sie einströmen ließ. Eine handtellergroße Schwellung im Bereich des Brustbeins verschwand nach zwei Sitzungen. Als einzige in der onkologischen Abteilung ihres Krankenhauses verlor sie nicht ihr Haupthaar, was in Anbetracht der Dosierung und Häufigkeit der Chemotherapie die behandelnde Ärztin sehr erstaunte. Auch die therapiebedingte große Übelkeit danach konnte ich ihr weitgehend nehmen. Als sie kurz vor Weihnachten freudestrahlend und mit einem weißen Rosenstrauß vor mir stand, berichtete sie mir, daß auch in der zweiten klinischen Nachuntersuchung keinerlei Krebswachstum mehr festgestellt worden war. Sie war gesund. Und wer hatte sie geheilt? In erster Linie sie sich selbst, und zwar durch ihre Bewußtseinsveränderung. Mein Anteil daran war, die notwendigen Energien und Informationen zu liefern, ihren Prozeß hilfreich zu begleiten. Der Umbau im Körper folgt der Neuorientierung im Seelischen. Sie war bereit, ihr Seelengebäude zu renovieren, ich lieferte die Baustoffe, aber den Umbau im Seelischen wie Körperlichen mußte sie selbst vornehmen. Heilung ist somit ein erfolgreich beendeter Bewußtseinsprozeß des betreffenden Patienten.

Wer nun aus dem Gesagten den Schluß zieht, ich hielte schulmedizinische Behandlung für sinn- oder wirkungslos, der irrt sehr. Ich selbst habe am eigenen Leib erfahren, wie segensreich Apparatemedizin sein kann. In vergangenen Zeiten hätte mich mein Nierenstein umgebracht, der Ultraschallzertrümmerer einer Uniklinik verhinderte das. Ich wende mich jedoch gegen eine Philosophie, die alles funktional erklärt und Heilung als etwas rein Materielles ansieht. Wenn ich in meinem Bewußtsein nichts verändere, dies demonstriere durch Beibehaltung meiner gewohnten Eß- und Trinkgewohnheiten, darf ich mich nicht wundern, wenn die Ursache, die unerlöste seelische Thematik, die hinter meiner Eß- und Trinkkultur steckt, über kurz oder lang für die Produktion neuer Nierensteine sorgen wird.

Lernen wir alle, Krankheit als Sprache der Seele neu zu verstehen. Betrachten wir den Körper nicht länger als toten Roboter, sondern als in der Materie gefangenes Bewußtsein, das der Seele als Träger dient und sich dabei selbst entwickelt. Arzt oder Heiler, die bei ihrem Patienten kein Bewußtsein schaffen für die seelische Problematik, die hinter der Krankheit steckt, bewirken also letztlich keine wirkliche Heilung, sondern bestenfalls kurzfristige Symptomverschiebung. Der in meinem Sinne auch dem seelischen Leben verpflichtete Arzt wird dringend gebraucht. Er steht nicht in Konkurrenz zu dem seiner Berufung verpflichteten Heiler. Es ist unwichtig, wer welchen Anteil an der Heilung des jeweiligen Patienten hat. Wichtig ist nur, daß Heilung stattfindet, durch wen auch immer. „Wer heilt, hat Recht", sagte Paracelsus, und dem schließe ich mich an.

9. KAPITEL

KARMA UND GNADE

Im Westen wird der Begriff „Karma", der aus der indischen Philosophie stammt, oft falsch verstanden und interpretiert. Vor dem Hintergrund unserer christlichen Tradition schwingt da die Vorstellung von Schuld und Sühne mit. Verantwortlich dafür ist die falsche Vorstellung von einem strafenden Gott. Dieses Gottesbild stammt, wie das Alte Testament belegt, bereits aus der alten jüdischen Glaubenswelt und wurde vom mittelalterlichen Klerus dazu mißbraucht, Macht über die Gläubigen auszuüben.

Die hinduistische und mehr noch die buddhistische Religion verstehen darunter das kosmische Gesetz von Ursache und Wirkung. Karma ist für sie eines der zentralen Rahmengesetze der dualen Schöpfung. Es konfrontiert den Menschen mit seinem Tun und Lassen, ermöglicht ihm damit, durch Erkenntnis zu lernen und dient somit der Evolution. Die im letzten Kapitel geschilderten Fälle sind Beispiele dafür. Sie zeigen, wie aus Ursachen Wirkungen werden, mit denen sich die Patientinnen auseinandersetzen mußten und an denen sie wachsen und reifen konnten. Das karmische Gesetz bewertet nicht, fällt kein Urteil. Kühl und emotionsfrei spiegelt es uns, im Guten wie im Schlechten. „Ihr werdet ernten, was ihr sät" sagt das Karma und meint damit, daß, wenn uns die „Ernte" nicht gefällt, dies an der „Saat" liegt. Wer hindert uns daran, im Bewußtsein dieser Konsequenz, zukünftig nicht für eine andere, bessere Aussaat zu sorgen?

Da Ursache und Wirkung zeitlich oft weit auseinander klaffen - es können hunderte, ja tausende von Jahren dazwischen liegen - fehlt uns meistens in der Zeit der Ernte die Erinnerung an unsere

Saat. Wir fühlen uns ungerecht bestraft, verstehen überhaupt nicht, warum uns dieses oder jenes jetzt heimsucht. Wir haben doch gar nichts getan, sind doch unschuldig. In der gewohnten dualen Art muß ein Schuldiger her, und je nach Glaubensrichtung ist das dann entweder ein unbegreiflicher, ungerecht strafender Gott, ein schlimmes Schicksal oder dummer Zufall.

Zugegeben, der heute lebende Mensch hat es schwer, diese manchmal lebensübergreifenden Zusammenhänge zu erfassen. Unsere westliche Zivilisation baut auf falschen philosophischen und religiösen Fundamenten auf, die wenig darüber aussagen, was der Sinn menschlichen Lebens ist und welches seine Spielregeln sind. Menschen verlassen scharenweise die christlichen Kirchen, und wie zu Moses Zeiten suchen sie einen Ersatzgott, bauen sich ein goldenes Kalb in Form zivilisatorischer Annehmlichkeiten und Sicherheiten. Das rein materielle Denken feiert Triumphe. Das karmische Gesetz deckt diese falsche Entwicklung schonungslos auf, und deshalb ist die Welt am Ende des zweiten Jahrtausends nach Christus in dem derzeitigen schlimmen Zustand.

Nun könnte man argumentieren, daß das zeitliche Auseinanderklaffen von Ursache und Wirkung mitverantwortlich ist für diese Fehlentwicklung. Wie kann ich die Verantwortung für etwas übernehmen, was mir gar nicht bewußt ist? Es geht um Lernen, um die Entwicklung unserer Seele. Reinkarnationstherapien beweisen, daß unsere Seele nicht vergißt. Alles, was wir jemals erlebten, dachten und fühlten, alle unsere Handlungen sind in ihr gespeichert. Zeit existiert für unsere Seele nicht. Seelisch betrachtet existieren wir ewig. Ewig bedeutet aber nicht eine endlos lange Zeit, sondern das Fehlen jeglicher Zeit bzw. eine allumfassende Gleichzeitigkeit. Es geht also um unsere Seele, nicht um unser Ego, unsere Rollenpersönlichkeit.

Vor dem Eintritt in ein neues Leben als Mensch legt die Geist/Seele-Persönlichkeit die Inhalte fest, mit denen sie sich in diesem Leben auseinandersetzen will. Sie schreibt sozusagen das Drehbuch für einen Film, in dem sie selbst die Hauptrolle spielen wird. Absprachen werden getroffen darüber, welche anderen Seelen wichtige Nebenrollen besetzen werden. Das Drehbuch legt fest, in welcher Zeit und welchem Land der Lebensfilm gedreht werden soll, wie die Rahmenbedingungen sein müssen. Die Handlung des Lebensfilms ergibt sich aus zwingenden karmischen und damit strukturbedingten seelischen Gründen, wie die Patientenbeispiele zeigen. Wir sind also nicht nur Drehbuchautor unseres Films, sondern auch Produzent und führen als Seele auch Regie. Dann kommt der Tag, wo wir mit den Dreharbeiten beginnen, der Tag unserer Zeugung. Unser Höheres Selbst, von dem später im Buch noch die Rede sein wird, projiziert seine Absicht, das Drehbuch, in die unteren Ebenen der Existenz. Es schafft sich die verschiedenen Körper bis hinunter zum physischen. Dieser Projektion oder Rollenpersönlichkeit ist in ihrem Tagesbewußtsein das Wissen um ihr wahres Sein und frühere Leben genommen, um ein unbeeinflußtes, freies Lernen zu gewährleisten. Wir kommen also in diese Welt wie ein unbefangener Zuschauer ins Kino, haben vergessen, daß das, was da abläuft, ja zutiefst unser eigenes Werk ist. Und die Tragödie oder Komödie unseres Lebens beginnt.

Warum, so könnte man fragen, sind all diese scheinbaren Umwege nötig? Könnte dies nicht alles auch viel einfacher und direkter gehen? Natürlich, aber auch dafür sind wir verantwortlich. Im Rahmen der vorgegebenen göttlichen Gesetze ist uns die absolute Freiheit des Ausdrucks gegeben. Man könnte denken, unsere Evolution folge dem Motto: Warum denn einfach, wenn es auch kompliziert geht? Niemand hindert uns daran, uns selbst Steine in den Weg zu legen. Die Last und Mühsal des Wegräumens läßt uns dann wieder lernen. Aber niemand möge sagen: Das muß oder kann nur so sein, wie ich es erlebe.

Hat uns Jesus nicht gesagt, daß wir nur dann in den Himmel kommen, wenn wir so sind wie die Kinder? Wie sind Kinder, was zeichnet sie gegenüber uns Erwachsenen aus? Sie kennen noch bedingungsloses Vertrauen und Hingabe, hinterfragen nicht, gehen meistens verblüffend einfache Wege und erreichen ihr Ziel leicht und spielerisch. Während die verkopften Erwachsenen unter der Last der selbstauferlegten Bürden ächzen und stöhnen und auch noch glauben, es ginge nicht anders. Wir können es drehen und wenden, wie wir wollen, wir sind unseres Glückes Schmied, alle unsere Erfahrungen, die guten wie die schlechten, sind hausgemacht. Erst wenn wir anfangen, das zu akzeptieren, beginnt die Umkehr und damit die Erlösung.

Gott liebt uns. Wenn wir ihm mit dieser Einstellung begegnen, reicht er uns seine Gnadenhand. Er hat seine Kinder nie zu Schaden kommen lassen. Er hat nie seine Liebe und sein Erbarmen von der vollkommenen Erfüllung seiner Gesetze abhängig gemacht. Wer von uns hätte das schon geschafft? Aber er erwartet zu Recht, daß wir uns ihm wieder zuwenden, daß wir diesen ersten Schritt der Erkenntnis und der Wandlung auf ihn zu machen. Gott ist das Absolute und Unbegrenzte. Gottes Liebe, seine Gnade und Erbarmen sind bedingungs- und grenzenlos. Wir können an Menschen verzweifeln, aber nie an Gott. Es ging ihm nie um Bestrafung, das ist eine falsche menschliche Interpretation der sich aus den göttlichen Gesetzen ergebenden Konsequenzen, für die wir nicht die Verantwortung übernehmen wollen.

Es fällt uns meistens sehr schwer, dem Walten der göttlichen Gesetze scheinbar ohnmächtig zuschauen zu müssen. Denken wir an den qualvollen Tod junger Menschen, an das Kind, das mißgebildet durchs Leben gehen muß oder die Verzweiflung der zivilen Opfer in den Kriegen dieser Welt. Noch schwerer ist es zu akzeptieren, daß wir aus der Sicht unseres Höheren Selbst nie Opfer, immer nur Täter sind. Wem gelingt es schon, sich in der Situation der Betroffenheit diese Tatsachen ins Gedächtnis zu rufen? Und doch können wir aus diesem Wissen Trost und Motivation schöpfen. Dient

doch alles, was wir erfahren und erleiden, unserer Vervollkommnung. Mag auch der Körper und unser Ich leiden, unserer Seele
dienen diese Erfahrungen auf dem Weg zurück ins Licht. Wir vergessen immer wieder, daß unser Leid nicht gottgewollt, sondern Folge
des Falls in die Dualität ist. Folglicherweise glauben wir, daß nur das
Feuer des seelischen und körperlichen Leids uns läutern kann. Aber
gerade dieses Denken, obwohl menschlich verständlich, ist 'Sünde',
sondert uns ab von der erbarmenden Liebe Gottes, die immer nur
unser Bestes wollte. Wenn es also gelingt, uns aus diesem falschen
dualen Denken in kausalen Kategorien zu lösen, wenn wir zurückkehren in das göttliche Einheitsbewußtsein, dann wird sich erfüllen, was die Johannes-Offenbarung in ihrem letzten Teil verspricht:

*„Dann sah ich einen neuen Himmel und eine neue Erde; denn der
erste Himmel und die erste Erde sind vergangen, auch das Meer ist
nicht mehr. Ich sah die heilige Stadt, das Neue Jerusalem, von Gott her
aus den Himmeln herabkommen; sie war bereit wie eine Braut, die sich
für ihren Mann geschmückt hat. Da hörte ich eine laute Stimme vom
Thron her rufen: Seht die Wohnung Gottes unter den Menschen! Er
wird in ihrer Mitte wohnen, und sie werden Sein Volk sein; und Er,
Gott, wird bei ihnen sein. Er wird alle Tränen von ihren Augen abwi-
schen: Der Tod wird nicht mehr sein, keine Trauer, keine Klage, keine
Mühsal. Denn das, was früher war, ist vergangen."*

10. KAPITEL
DAS HÖHERE SELBST

Was ist ein Geist und was ist eine Seele? Dank den Erkenntnissen der Wissenschaft wissen wir inzwischen viel über unseren physischen Körper, seine Organe und deren Zusammenspiel. Geist und Seele entziehen sich aber jeglicher Forschung, sind weder beobachtbar noch meßbar und deshalb für viele Wissenschaftler nicht existent. Unterstellen wir aber, daß beide anderen Ebenen der Existenz angehören, auf denen uns unbekannte Gesetzmäßigkeiten herrschen, dann gleicht das Bemühen, sie mit Geräten und Methoden unserer materiellen Welt nachzuweisen, dem Versuch, Wasser mit einem Sieb zu schöpfen.

Wir erforschen die Materie, indem wir unser materielles Gehirn benutzen, das sich materieller Geräte bedient. Nur Gleiches kann Gleiches erkennen. Wenn wir also unsere Seele und unseren Geist kennenlernen wollen, müssen wir uns zu deren Erforschung in ihre Einflußsphäre begeben. Wir müssen uns bewußtseinsmäßig mit Seele und Geist vereinen. Das setzt aber den unbewiesenen Glauben an beide voraus, und genau das macht es rational orientierten Menschen so schwer. Glauben sie doch nur an das, was sich nach irdischen Maßstäben auch beweisen läßt. Glauben aber bedeutet das Fürwahrhalten von Gegebenheiten jenseits aller Beweisbarkeit und gedanklicher Erkenntnismöglichkeit. Wir müssen bereit sein zu akzeptieren, daß unser Denken, bedingt durch die materielle Begrenztheit unseres Gehirns, ebenfalls nur begrenzt sein kann. Was aber deshalb keineswegs bedeutet, daß dort, wo unsere intellektuellen Möglichkeiten enden, nichts anderes mehr sein kann.

Die Erforschung von Seele und Geist erfolgt seit altersher mittels Gebet und Meditation. Immer hat der Mensch versucht, den Übeln seiner Zeit mit Hilfe beider zu entkommen. Was ist die Wurzel allen Übels in unserer Zeit? Die Verstrickung des Menschen in die Materie und ihre Früchte. Unsere Körpersinne, ausgerichtet auf die Welt der Materie, empfangen die Eindrücke und Impulse dieser Ebene, und als Resonanz entsteht in uns Begehren, aus dem Begehren werden Wünsche. Geben wir diesen Wünschen nach, entsteht Bindung, da die Erfüllung der Sinneswünsche nicht befriedigt, sondern nach immer mehr verlangt. Und so verstrickt sich ein Mensch, dessen Sinnen und Trachten ganz auf sein körperliches Wohlergehen ausgerichtet ist, immer mehr in diesen Teufelskreis und wird zum Gefangenen der Materie.

Meditation ist nun ein Weg, uns zu erlösen. Mit Hilfe meditativer Techniken lernen wir, uns von der Diktatur unserer äußeren Sinne zu befreien. In der Meditation lassen wir alle Gedanken und Gefühle los, geben uns frei. Derjenige, der losläßt, befreit sich vom Habenwollen, vom Begehren, vom krankhaften Festhalten. Wer losläßt, löst sich von Dingen und Personen und erlöst sich davon. In der Meditation wie im Gebet lernen wir schrittweise, unsere Aufmerksamkeit von der materiellen Sphäre weg auf geistige Sphären zu richten. Auch von dort empfangen wir über unsere inneren Sinne Eindrücke und Impulse, die Resonanz in uns wecken. Mit der Zeit entsteht in uns der Wunsch nach Einheit mit der Quelle dieser geistigen Impulse. Geben wir diesem Wunsch nach, so erfahren wir jetzt die wahre Befriedigung, die wahre Erfüllung, die keine anderen Wünsche mehr kennt. Wir sind frei. Letztlich sucht jeder Mensch nach diesem Zustand der Einheit mit Gott, der die Erfüllung und damit Wunschfreiheit mit sich bringt. Besonders in dieser Zeit versuchen viele Menschen, durch Drogen diesen Zustand zu erreichen. Die Sucht (und dieses Wort kommt von „suchen") nach der Droge ist die irregeleitete Suche nach Einheit und Befriedigung, und in diesem Wort steckt der Begriff „Friede". Meditation ist also ein Weg in den Frieden und die Freiheit. Ein Weg besteht aus vielen, sich wiederholenden Schritten. Jeder dieser Schritte bringt uns dem Ziel näher. Psychologisch ausgedrückt heißt das, Wiederholung führt zur Vertiefung.

Den meisten Menschen fällt es schwer, ihre Gedanken, die sich mit ihrem Alltag und damit meistens mit der materiellen Ebene beschäftigen, loszulassen. Sich hinzusetzen, die Augen zu schließen und nach innen zu lauschen, ohne zu denken, ist für viele nicht vorstellbar. Solchen Menschen empfehle ich die Technik der Mantra-Meditation. Immer wenn uns während der Meditation bewußt wird, daß wir gerade wieder etwas denken, ersetzen und unterbrechen wir unseren Gedankenstrom durch das bewußte Denken des Mantras „OM". Dieses Mantra, eine Schwingung, die zum Innersten und damit Göttlichen führt, hat für den westlichen Menschen keinen intellektuellen, informativen Inhalt und gibt dem Denken somit keine Möglichkeit, sich daran festzumachen. Darüber hinaus verhindert sie gleichzeitig, an anderes zu denken und damit die Aufmerksamkeit wieder nach außen zu richten. Der Verstand in uns sucht immer und unablässig nach neuer Nahrung in Form von Information. Ist ihm nun auf solche Art der Weg nach außen versperrt, wird er nach einiger Zeit immer schneller diese Versuche aufgeben und einen anderen Weg suchen. Was ihm nur bleibt, ist der Weg nach innen. Erfährt er nun die Befriedigung auf diesem Weg, motiviert ihn diese Erfahrung, in den folgenden Meditationen direkt und ohne Umweg diesen Zustand anzustreben bzw. zu wiederholen, sich sozusagen zur Quelle dieser Erfahrung zu begeben.

Diese Quelle ist der Geist in uns. Leider verbinden viele Menschen mit dem sprachlichen Begriff „Geist" die unterschiedlichsten Vorstellungen. Vom Gespenst, über den Geistführer, bis zum Schutzengel, gut oder böse, alles wird mit dem Wort „Geist" tituliert. Damit nehmen wir aber nur eine sehr grobe Einteilung in physische und nicht-physische Wesen vor. Hier sind wir Menschen, dort sind die Geister. Unterschiedslos wird alles Nicht-physische in einen Topf geworfen, dem das Etikett „Geist" aufgeklebt wird. Das ist natürlich unzureichend. Von sieben Ebenen der Existenz heben wir die unsere hervor, die sechs anderen, jede für sich ein höchst komplizierter Seinsbereich, werden gedankenlos zusammengepackt und mit dem irrigen Aufkleber „Geist" versehen.

Oft bezeichnen wir auch einen Menschen mit umfassender Bildung und großen intellektuellen Fähigkeiten als „Geistesriesen" und beweisen damit bereits, daß wir den Geist, die Quelle aller Dinge, mit einem seiner vielen Ausdrucksformen, dem Verstand und seinem Wissen, verwechseln. Wir halten den Abdruck im Sand für den Fuß, der ihn schuf.

Geist oder geistig zu sein, bezeichnet eigentlich den Urzustand der Schöpfung vor ihrem teilweisen Fall in die Materie. Der Geist ist reines, unmanifestes Sein, Licht vom Urlicht, begabt mit Intelligenz und Bewußtsein. Seine Heimat ist das Lichtreich bzw. der dreigestufte Himmel. Ein Lichtwesen ist purer Geist und benötigt zur Kommunikation auf den himmlischen Ebenen keinen Körper, kein irgendwie geartetes Bindeglied zwischen sich und seiner Existenzebene. Es ist im holographischen Sinne individueller Ausdruck des Ganzen, es ist gleichzeitig „Ich" und „Du". Es existiert keine Trennung. Und doch gibt es Unterschiede, die in der Potenz, der Leuchtkraft liegen. Dies kommt auch in der hierarchischen Struktur der Himmelswelten und ihrer Bewohner zum Ausdruck. Nichts existiert wirklich, was ursprünglich nicht als geistiges Werk Gottes und aus dem göttlichen Geist geschaffen wurde.

Zu Beginn des 5. Kapitels verglich ich den Geist mit einem Architekten, der die Idee hat, ein Haus zu bauen. Diese Idee, dieser Gedanke kann, muß sich aber nicht entfalten. Wünscht der Architekt eine Konkretisierung, will er die Idee ausbauen, umhüllt er sie mit kausalen, rationalen und emotionalen Aspekten. Er gibt dem geistigen Urgedanken seelische Realität und Ausdrucksform. Die Idee des Hauses offenbart sich auf den seelischen Ebenen. Dieses geistig-seelische Bild wird dann in einem dritten Schritt in die Materie projiziert. Unter Seele verstehen wir die Einheit und das Zusammenspiel des Kausal-, Mental- und Astralkörpers, vergleichbar dem physischen Körper, der erst durch die Zusammenarbeit seiner Organe das wird, was er sein soll. Der Geist schafft sich diese Körper aus den „Bausteinen" der betreffenden Ebenen. Sie dienen ihm als Instrument und Bindeglied zwischen sich und der jeweiligen Ebene. Ohne Körper aus der entsprechenden Ebene hat der Geist keine Möglichkeit, sich zu erfahren und zu offenbaren. Dies gilt natürlich auch für die physische Ebene und unseren leiblichen Körper.

Wie bereits gesagt, sind aus der Sicht des Geistes alle den Himmeln folgenden Ebenen „materiell", sie unterscheiden sich lediglich in ihren Frequenzen, in ihrer Dichtigkeit. Der Himmel, das Lichtreich, ist die Quelle, aus der wir kommen, um Gestalt und Form anzunehmen bis in die dichteste Form, den menschlichen Körper. Die Einheit spiegelt sich in der Vielheit. Und so könnte man die Mental-, Astral- und Materie-Ebene Spiegelungen der Himmelswelten nennen, Pol und Gegenpol. Am stärksten ist diese Polarität zwischen der 1. und der 7. Ebene, zwischen oberstem Himmel und Erde.

Die jüdische Religion hat ein Symbol, das zur Erklärung des Folgenden ganz hilfreich ist - den siebenarmigen Leuchter. Er repräsentiert das ganze Feld der Schöpfung. Drei Leuchterarmen der linken stehen drei der rechten Seite gegenüber, getrennt durch den aus der Mitte kommenden Arm, der eine Besonderheit darstellt. Dieser Mittelarm steht für die Kausalebene, Dreh- und Angelpunkt des Geistes zur Offenbarung in der Materie.

Um bei unserem Beispiel zu bleiben, ist dies die Sphäre, der Bewußtseinsbereich, wo im Architekten der Wunsch entsteht, die Idee seines Hauses zu konkretisieren. „Kausal" kommt aus dem Lateinischen und bedeutet „ursächlich". Die sieben Hauptchakras des

Menschen sind die Pforten zu den entsprechenden Ebenen, und das Herz-Chakra entspricht dabei der Kausalebene. Vom Herzen sagen wir auch, daß während einer Verkörperung dort der Sitz unseres Geistes ist, von wo die Intuition, die innere Stimme, zu uns spricht.

Aus dem Licht kommend, umhüllt sich nun der Geist mit den seelischen Körpern, wobei der höherschwingende den niedrigerschwingenden immer durchdringt.

Betrachten wir nun einen von oben kommenden Geist bei seinem ersten Abstieg in die Materie und erklären wir, zum besseren Verständnis, den Ablauf am Beispiel der Zeugung und Entwicklung eines Kindes. Durch Vereinigung des männlichen Samens, dem Lichtgeist, mit einem weiblichen Ei, dem Seelenstoff der Kausalebene, entsteht die befruchtete Urzelle, aus der sich im Physischen die drei Keimblätter, die für den ganzen Körperaufbau verantwortlich sind, entwickeln. Diesen Keimblättern entsprechen im unteren Bereich des Kausalen „keimhafte" Informationsstrukturen über die mentale, astrale und physische Ebene. Dieser Urzelle mit den in ihr angelegten Keimblättern entspricht unser Kausalkörper, und das ihm innewohnende Bewußtsein nennen wir das Höhere Selbst.

Wie der Embryo im Mutterleib die notwendigen Organe und endlich den ganzen Körper entwickelt, so schafft sich das Höhere Selbst seine Körper, um seine Absicht, seinen geistigen Plan zu verwirklichen. Der Mentalkörper dient der Umsetzung der geistigen Impulse in das Denken, der Astralkörper in das Fühlen. Der ungeborene Mensch entspricht also wieder der Dreiheit von Intuition, Denken und Fühlen. Verkörpert er sich, so zeigt sich der vierte Aspekt, die Tat, und dazu benötigen wir den physischen Körper. Die Vierheit der ersten steht der Vierheit der siebten Ebene polar gegenüber.

Sind Denken, Fühlen und Tun von unserem Geist, unserer Intuition vollkommen durchdrungen und bestimmt, so offenbaren wir die Quintessenz, den Christus-Geist in uns.

Erzählen Menschen von Erfahrungen mit Engeln oder Geistführern, so sprechen sie von Begegnungen mit geistigen Wesen, die sich mit seelischen Körpern umhüllten, also herabsteigen mußten, um vom begrenzten Bewußtsein des betreffenden Menschen überhaupt bemerkt zu werden. Im Bedarfsfall nimmt ein solcher Geist kurzfristig sogar körperliche Gestalt an. Beispiele aus der Bibel sind die Engelbegegnungen Abrahams, Marias oder der Hirten auf dem Feld, anläßlich Christi Geburt. Solche Begegnungen sind aber nicht auf die Vergangenheit beschränkt, wie die Vielzahl neuzeitlicher Veröffentlichungen zu diesem Thema beweisen. Engel haben geradezu Konjunktur. Ich denke, die Menschheit hat es auch dringend nötig. Und dort, wo Not herrschte, waren unsere liebevollen Brüder im Geiste stets zu finden.

Dem aufmerksamen Leser wird nicht entgangen sein, daß das bisher Gesagte nur die Beschreibung des Seelenwegs der Kinder des Lichts ist. Wie sieht es nun mit der Entwicklung der Seele des gefallenen und einst in die Materie gebannten Geistes aus?

Im 2. und 3. Kapitel habe ich diesen Weg vom Mineral- über das Pflanzen- und Tierreich ausführlich beschrieben. In der Gestalt der Naturseele steht der ursprünglich gefallene Geist als Einheit seiner Teile wieder vor uns. Als ehemaliger Geist verfügt auch die von unten kommende Seele über alle Anlagen, reicht somit - wenn auch nicht voll ausgebildet und bewußt - vom Astralen bis zum Kausalen. Der Astral-, Mental- und Kausalkörper sind nicht losgelöst von allen anderen. Sie durchdringen und beeinflussen sie sich, nehmen den gleichen Raum ein, bilden ein Ganzes. Wir können zwar unsere Knochen, die Organe und das Blut einzeln betrachten und analysieren, zusammen bilden sie aber erst den Körper.

Der Sitz des Bewußtseins in der menschlichen Seele ist immer in ihrem geistigen Kern entsprechend dem Zellkern der biologischen Zelle. In den pflanzlichen und tierischen Vorstufen der Seele sind alle Informationen, die später zur Individuation führen, noch über den ganzen Seelenkörper verteilt. Erst das Hinzukommen des Geistfunkens bei der ersten Menschwerdung ändert dies im Sinne einer Zentralisierung.

Nur so ist auch das Funktionieren von Gruppenseelen im Tierreich zu verstehen: Alle Ameisen oder Bienen eines Volkes verfügen seelisch betrachtet über die gleichen Grundinformationen und arbeiten als Einzelteile einer Gruppenseele im Interesse des Ganzen. Tausende von Fischen eines Schwarms ändern wie unter dem Einfluß eines Impulsgebers schlagartig und einheitlich ihre Schwimmrichtung. Ein Entenküken, von einem Huhn ausgebrütet, betrachtet das Wasser trotz fehlender Vorbilder und trotz des Entsetzens des Mutterhuhnes, dem dieses Element fremd ist, als seine natürliche Sphäre.

11. KAPITEL
MEDIALITÄT

Wenn wir akzeptieren, daß wir eine Seele und einen Geist haben, dann ist es nicht schwer, sich vorzustellen und zu glauben, daß wir auch auf diesen Ebenen miteinander kommunizieren können. Als Mensch verständigen wir uns mittels unserer entsprechenden Sinne und Organe, deren richtiger Gebrauch das Neugeborene erst noch erlernen muß. Wird das Wissen um unser geistiges und seelisches Sein wieder in uns lebendig, werden wir schrittweise unsere entsprechenden Fähigkeiten wieder entdecken, die in jedem von uns schon immer schlummerten und die, als Kinder Gottes, unser Erbrecht sind.

Wir beten in unseren Gedanken zu dem Höchsten Geist und erwarten natürlich, daß er uns hört. Wir sprechen Fürbittegebete für unsere Verstorbenen und hoffen, daß es ihnen, wo immer sie auch sein mögen, etwas nutzt. Hauptsächlich das Alte Testament ist voller Geschichten über die Kommunikation zwischen den Welten, sei es über mediale Propheten oder die Beschwörung von Totengeistern. In der heutigen Zeit explodieren mediale Fähigkeiten geradezu. Channeling, der moderne Ausdruck für den Empfang geistiger Impulse und Botschaften, ist in Amerika und zunehmend auch bei uns fast zur Modeerscheinung verkommen. Es zeigt sich immer deutlicher, daß die Mehrheit der sich damit beschäftigenden Menschen den verantwortlichen Umgang mit der Medialität erst noch lernen muß. Und doch ist dies auch ein Beweis dafür, was der Mensch vermag, wenn er bereit ist, über den Gartenzaun seines Egos hinwegzuschauen.

„In den letzten Tagen wird es geschehen, so spricht Gott: Ich werde von meinem Geist ausgießen über alles Fleisch. Eure Söhne und eure Töchter werden Propheten sein, eure jungen Männer werden Visionen haben, und eure Alten werden Träume haben. Auch über meine Knechte und Mägde werde ich von meinem Geist ausgießen in jenen Tagen, und sie werden Propheten sein."

Soweit die Botschaft der Bibel aus der Pfingstrede des Petrus (Apg. 2/17-18), die diese mediale Entwicklung als eine der Begleiterscheinungen der beginnenden Apokalypse kennzeichnet.

Wie haben wir uns eine solche Kommunikation „technisch" vorzustellen? Wie funktioniert das? Jedes Wesen, ob verkörpert oder nicht, hat die Fähigkeit zur Kommunikation. Ohne diesen Austausch ist Leben überhaupt nicht vorstellbar. Biophotonen, kleinste Lichtteilchen, steuern und koordinieren alle biochemischen Prozesse im Körper eines Lebewesens. Dieses „Licht des Lebens" überträgt Informationen von Zelle zu Zelle. Im esoterischen Sprachgebrauch ist dies das Od, Chi, Prana oder der Äther, der, da über unsere Körpergrenze hinausreichend, den am niedrigsten schwingenden Teil unserer Aura ausmacht. Die teilweise weit über unseren Körper hinausströmenden astralen, mentalen und kausalen Schwingungen komplettieren dieses von unserem Höheren Selbst geschaffene und nach außen gerichtete Energiefeld, das wir in seiner Gesamtheit die menschliche Aura nennen. Über dieses Feld sind wir verbunden mit allem, was ist, also auch und gerade mit den Seinsbereichen, die über dem Physischen liegen.

Kommunikation ist der Austausch von Informationen, ist Geben und Nehmen. Und so sind wir immer Sender und Empfänger. Unsere unausgesprochenen Gedanken und Gefühle sind Energiebotschaften, die von den entsprechenden seelischen Körpern unserer Mitmenschen aufgefangen und integriert oder abgelehnt werden. Oft sprechen wir dann von unbewußten Sympathien und Antipathien. In seltenen Fällen erfolgt eine Weiterleitung des Empfangenen an das physische Gehirn, was einer bewußten Wahrnehmung entspräche. Die meisten Menschen gleichen einem Fernsehgerät, das nur auf einen Sender, den materiellen, eingestellt ist. Zur selben Zeit laufen aber eine Vielzahl anderer Programme, die das Gerät auch potentiell empfangen könnte. Da das Bewußtsein dafür fehlt, wird nicht umgeschaltet. Das heißt aber nicht, daß diese übrigen „Fernsehwellen", z.B. Sendungen anderer Wesen, nicht existieren, von unserer Antenne nicht aufgefangen würden und auf dem Bildschirm unseres Bewußtseins nicht lebendig werden könnten. Unbewußt geschieht es doch von Zeit zu Zeit, und so berichten sich nahestehende Menschen häufig, daß sie im selben Moment das Gleiche dachten und fühlten. Mütter von Sterbenden erleben das Geschehen oft zeitgleich mit, erzählen sogar von der optischen Wahrnehmung des Betreffenden.

Bei Hellsichtigen und Hellhörigen ist diese innere Umschaltung erfolgt, und so sind sie in der Lage, andere Bandbreiten der Schöpfung wahrzunehmen, andere Programme zu empfangen. Untersuchungen haben beispielsweise ergeben, daß Meditierende und Heiler bei der Ausübung ihrer Tätigkeit ihre Gehirnwellenfrequenz ändern. Sie stimmen sich sozusagen auf ihr Tun ein. Die meisten Interessierten, die diese Kommunikation anstreben, erleben anfänglich, daß es scheinbar nicht klappt. Sie übersehen dabei, daß ihnen ihre eigene Struktur im Wege steht. Sie glauben gern, daß eine solche Verbindung möglich ist, bezweifeln aber, daß sie dazu in der Lage sind. Es gehört also viel Geduld und meditatives Training dazu, die eigene Zweifelsstruktur zu überwinden. Meistens kommen diese Fähigkeiten „über Nacht", überraschend und oft weder angestrebt noch erwartet. Manchmal führen schwere Krankheiten, Unfälle oder emotionale Schocks zu ihrem plötzlichen Auftreten. Dahinter steht immer, wie das Petrus-Wort aus der Apostelgeschichte zu Beginn dieses Kapitels belegt, eine „Geistausschüttung", ein geistiger Impuls, den wir auch Initiation nennen können. Er führt dann zu dieser Bewußtseins- und damit Befähigungserweiterung. Wir werden innerlich durchgeschüttelt, zurechtgerückt, neu geordnet, und der „innere Schalter" springt um auf multiplen Empfang. Durch spirituelles Arbeiten an uns selbst schaffen wir die Voraussetzungen, daß dies geschehen kann. Der geistige Helfer oder der verkörperte Lichtträger, der die Initiation durchführt, vollzieht dann nur, was der göttliche Geist will und wozu sich der Initiant entschlossen hat.

Da Evolution nie aufhört, da wir auch zum Zeitpunkt der Initiation noch nicht perfekt sind, sind im Laufe der weiteren Entwicklung durchaus Fehler möglich und natürlich, Fehler im Hellsehen wie Hellhören. Auch ein Kind, das gerade laufen gelernt hat, beherrscht diese neue Errungenschaft noch nicht vollkommen, fällt oft hin. Aber der alles entscheidende erste Schritt ist getan. Alles weitere ist Training zur besseren Beherrschung und das Bewußtwerden der großen Verantwortung, die wir damit übernommen haben.

Wie sind solche „Fehler" in der außersinnlichen Wahrnehmung zu erklären? Wie kommt es dazu? Ich will es am Beispiel einer Geige erklären. Betrachten wir die Hand, die den Bogen führt, als den Geist. Die Saiten sind die feinstofflichen Körper, die in ihrer Gesamtheit und ihrem Zusammenspiel unsere Seele bilden. Der Geigenkörper entspricht dabei unserem physischen Körper. Wovon ist nun der Klang der Geige und damit die Qualität des gespielten Stückes abhängig? Gehen wir davon aus, daß der Geiger ein Meister seines Faches ist, so müssen noch die Seiten richtig gestimmt sein, und auch die Konstruktion und Beschaffenheit des Klangkörpers ist von ausschlaggebender Bedeutung. Anders ausgedrückt, Geist, Seele und Körper müssen in Harmonie, d.h. aufeinander abgestimmt sein, um das gewünschte Stück original spielen zu können. Ist dies nicht der Fall, kommt es zu mehr oder minder großen Klangverschiebungen, gibt es Unterschiede und Abweichungen zwischen der vom Geiger ausgewählten Komposition und ihrer Darbietung, schleichen sich Fehler in Form von Inhalts- oder Sinnverschiebungen in der Übermittlung geistiger Botschaften ein.

Dies alles kann schon geschehen, wenn unser oder ein anderes Geist- bzw. Lichtwesen „auf unserer Geige spielt", also ein Meister am Werk ist. Was ist dann erst möglich, wenn ein Lehrling, z.B. ein Bewohner der seelischen Ebenen, das gleiche versucht. Und hier begegnen wir erstmals dem Phänomen des Spiritismus, der seinen Namen eigentlich zu Unrecht trägt, wie sich aus den bisherigen Ausführungen dieses Buches ergibt. Begegnen wir doch in solchen Sitzungen meist nicht dem rein Geistigen, also Lichtwesen, sondern mehr oder minder entwickelten Bewohnern der astralen und mentalen Sphäre, die, als einstmals gefallener Geist, sich bis hierher hochentwickelt haben. Vergleichen wir die Schöpfung mit einem siebenstöckigen Haus, auf dem das göttliche Penthouse steht, so entspricht die materielle Ebene der ersten, die astrale der zweiten, die mentale der dritten Etage. Gewiß sehen die Bewohner des zweiten oder dritten Stockwerks mehr und weiter als wir, wenn sie aus dem Fenster schauen. Aber das bedeutet doch noch lange nicht, daß sie unbegrenzt alles und das auch noch objektiv richtig sehen. Die Weit- und Übersicht der Bewohner der „siebten Etage" überragt die Erkenntnis dieser unteren Ebenen turmhoch. Je höher der Botschafter bewußtseinsmäßig angesiedelt ist, um so mehr nähert sich seine Erkenntnis dem Absoluten, dem Göttlichen und damit einzig Wahren.

Hinzu kommt, daß im Astralen und Mentalen durchaus noch so menschliche Eigenschaften wie Neid, Eitelkeit, Frömmelei und Selbstdarstellungsdrang vorzufinden sind. So manche mediale Botschaft - und veröffentlicht sind ja viele - sollten mehr auf solche Eigenschaften hin untersucht werden. Schon die Bibel warnt vor dem Beschwören der „Totengeister". Beurteilen Sie einmal kritisch Berichte über das Auftreten solcher „Geister" in den zumeist unwissenden magischen und spiritistischen Kreisen. Auch hier gilt: Gleiches findet zu Gleichem. Glaubt jemand im Ernst, ein wirklich hochstehender Geist würde sich so herabwürdigen, sich so von der falsch motivierten Neugierde und Sensationsgier naiver Menschenkinder mißbrauchen lassen? Die in solchen Zirkeln Herbeigerufenen sind oft von ganz anderer Qualität. Leider erlebe ich in letzter Zeit häufiger Patienten, die sich dazu hinreißen ließen, an magischen Ritualen teilzunehmen, von denen sie nicht einmal wußten, welche Kräfte diese freisetzten, wem sie da begegnen und sich ausliefern würden. Die Folge davon waren im günstigsten Fall panische Ängste, Schlaflosigkeit und Depressionen, im negativen Fall längere Aufenthalte in den geschlossenen Abteilungen von Nervenheilanstalten.

Die Beschäftigung mit schwarzer Magie und die in Folge oft entstehende Problematik der „Besessenheit" ist, nach meinem Dafürhalten, aktueller denn je. Da die Mehrzahl der Mediziner wenig weiß über die wirklichen Abläufe im Seelischen, sind auch die Behandlungsformen häufig wirkungslos. Der Betreffende wird medikamentös ruhig gestellt und ansonsten verwahrt. Was soll man bei dem herrschenden Weltbild auch tun mit jemandem, der behauptet, daß er noch etwas anderes, Fremdes in sich spürt, oder der gar alle Aspekte einer anderen Persönlichkeit annimmt? Kann ein Heiler in solchen Fällen helfen? Für jede Krankheit, ob körperlich oder seelisch, gilt: Ist das Bewußtsein des Patienten zur Wandlung bereit, ist Heilung möglich. Wunder gibt es nicht, alles hängt von der Erfüllung der entsprechenden göttlichen Gesetze ab.

Wie schalte ich nun solche unerwünschten Besucher aus? Am besten, indem ich mich erst gar nicht mit ihnen einlasse. Und dies tue ich dadurch, daß ich mich direkt an Gott wende und ihn um Rat, Beistand und Schutz bitte. Er findet immer den Weg und das geeignete Mittel, uns zu helfen. Sei es, daß sich die Dinge für uns plötzlich regeln, sei es, daß er uns einen hilfreichen Bruder schickt, einen Engel oder einen Menschen. „Ist der Schüler bereit, erscheint der Lehrer", sagt ein alter esoterischer Lehrsatz und meint damit, daß das göttliche Prinzip immer eine Möglichkeit findet, uns bei unserer Evolution zu helfen, wenn wir bereit sind zu lernen. Bitten wir in diesem Geist um Kommunikation mit unseren Brüdern und Schwestern anderer Sphären, dann wird es über kurz oder lang zu sehr erhebenden Begegnungen kommen können. Wir werden Teil einer „weltenweiten" Bruderschaft, die sich das Wohl dieses Planeten und seiner Bewohner zur Aufgabe gemacht hat.

Bei der Kommunikation mit anderen Sphären lernen wir dann z.B. auch Wesen kennen, die sich als unsere „Geistführer" vorstellen. Wer oder was sind Geistführer? Wie der Name bereits sagt, handelt es sich dabei um unverkörperte Persönlichkeiten, die uns führen sollen. Diese Führung erfolgt unter Wahrung der individuellen Freiheit des Betreffenden im Sinne einer beratenden Hilfe. Da die wenigsten Menschen für einen inneren Dialog offen genug sind, setzt der Geistführer meistens nur Impulse in das Unterbewußtsein, die dann als Ideen ins Tagesbewußtsein des Geführten aufsteigen. Medial begabte Menschen hingegen hören eine Stimme, führen ein inneres Gespräch oder haben das ganz deutliche Gefühl, das sich in ihrem tiefsten Innern Gedanken bilden, sich zu Worten und Sätzen formen, die, obwohl scheinbar aus dem eigenen Sein kommend, nicht von ihnen stammen. Dazu einige Beispiele von vielen hundert Botschaften, die von Medien unserer Gemeinschaft in den letzten Jahren empfangen wurden:

Botschaft vom 4.5.88 auf die Frage: Welche Aufgaben haben Schutzengel, welche Geistführer?

„Die Aufgabe der Schutzengel beschränkt sich darauf, und das ist nicht negativ zu verstehen, Einflüsse, die für das menschliche Wesen negativ sind, von dem Menschen fernzuhalten. Dabei werden die Schutzengel von höheren Wesenheiten geleitet, die Sinn und Zweck bestimmter Erfahrungen für den Menschen auch erkennen können bzw. darum wissen. Die Schutzengel können ihrer Aufgabe nur soweit gerecht werden, wie ihnen dies von höherer Ebene erlaubt und ermöglicht wird. Ihr Bestreben beschränkt sich darauf, euch, wie gesagt, soweit es erwünscht und empfehlenswert ist, vor negativen Erfahrungen und Erlebnissen zu schützen. Dies geschieht jedoch nicht nach eigenem Willen und Gutdünken, sondern nur nach dem Willen Gottes.

Dagegen liegt die Aufgabe eurer Geistführer speziell darin, sich eurer geistigen Entwicklung anzunehmen. Sie sind darum bemüht, euch bei der Erweiterung eures geistigen Bewußtseins zu unterstützen und zu leiten. Eure geistigen Führer entsprechen daher in der Regel auch immer eurem jeweiligen Bewußtseinsgrad. Entsprechend eurer geistigen Entwicklung wechseln auch eure Geistführer, da die Anforderungen sich ändern. Die Schutzengel, dies wollen wir an dieser Stelle noch ergänzen, sind euch dagegen für die gesamte Dauer eures Erdendaseins zur Seite gestellt. Sie begleiten euch zeit eures Lebens.

Die geistigen Führer tragen eine weitaus größere Verantwortung für euch, als dies bei euren Schutzengeln der Fall sein kann. Eure geistigen Führer können euch nur in dem Maße unterstützen, führen und leiten, wie dies ihrem eigenen Bewußtsein und der Ebene, auf der sie sich befinden, entspricht. Seid ihr über diese Ebene hinausgewachsen, so wird euch auf einer höheren Ebene ein oder mehrere neue Geistführer zugeteilt. So erklärt sich auch, daß wir als eure derzeitigen Geistführer verschiedentlich nicht über gewisse Erkenntnisse verfügen, die einigen aus eurer Gruppe bereits zu eigen sind.

Dies von hier aus zuzugeben, bedeutet für uns keinerlei Schwierigkeit oder Belastung, da wir uns unserer derzeitigen Bedeutung für euch bewußt sind. Die geistige Führung richtet sich in diesem Fall immer nach dem Bewußtseinsstand, der in eurem Kreise als Ganzes vorherrscht. Daher wird diese Führung auch erst dann wechseln, wenn ein jeder von euch sich über unsere derzeitige Ebene hinausentwickelt hat. Aus dieser Sicht sollte dies auch von denjenigen in eurem Kreise betrachtet werden, denen wir bereits als unzulänglich in Bezug auf ihre eigene Bewußtseinsentwicklung erschei-

nen müssen. Dies ist uns durchaus bekannt, jedoch werden die Geistführer dieser Gruppe erst wechseln, wenn dies nach dem Bewußtseinsstand eines jeden einzelnen von euch möglich und daher auch
erlaubt ist. Bis dahin müßt und solltet ihr mit uns vorliebnehmen."

Botschaft vom 28.3.88

„Wir wollen euch heute etwas über die Bedeutung der kommenden Jahre am Ende dieses Zeitalters, des Fische-Zeitalters, mitteilen.
Es soll euch helfen, die Umbruchsstimmung, die ihr z.Zt. erlebt,
besser deuten und verstehen zu können. Es ist auch für die bestimmt,
welche die Augen vor der Wahrheit nicht länger verschließen wollen. Es wird nicht allen leichtfallen, das, was wir euch mitzuteilen
beauftragt sind, anzunehmen und den rechten Sinn hierin zu erkennen. Begeht nicht den Fehler, das, was unvermeidlich geschehen
wird, als Strafe aufzufassen, sondern als eine notwendige Struktur-
änderung nach Gottes gerechtem Plan.

Ihr wißt, bis auf einige Ausnahmen, daß wir uns nach fast zwei-
tausend Jahren dem Ende des Fische-Zeitalters nähern. Wenn ihr
darauf achten würdet, könntet ihr die Zeichen der Zeit besser erkennen und deuten. Es ist dem größten Teil von Euch bereits als
Wahrheit offenbart worden, was schon in der Bibel, in der Johannes-Offenbarung, angekündigt ist. Diese Erde wird eine unvorstellbare Änderung in jeder Hinsicht erfahren. Es hat keinen Sinn, davor die Augen zu verschließen, denn der Plan Gottes ist unabänder-
lich. Nehmt die kommenden Jahre und Ereignisse als das, was sie
sind, nämlich eine Hilfe der hohen und sehr hohen Geistwesen
Gottes, die in seinem Auftrag die Erde wieder so herstellen werden,
daß sie ihrer Aufgabe, die ihr in diesem Sonnensystem zugedacht
ist, wieder gerecht werden kann. Davon ist die Erde durch das Ver-
schulden der auf ihr lebenden Menschheit, nämlich in der heutigen
Zeit, so weit entfernt wie niemals zuvor.

Der Mensch hat die Gunst Gottes, der ihn mit der Fähigkeit zur freien Wahl ausgestattet hat, mißachtet und mißbraucht. Anstelle sein Erdenleben, wie es eigentlich der Sinn wäre, dazu zu nutzen, sich weiter zu entwickeln auf dem Wege zurück zu seinem Schöpfer, hat er sich immer weiter von diesem Weg entfernt. Er mißbraucht diese Erde mit ihren vier Reichen lediglich, und zwar in aller Regel nur um des eigenen persönlichen Vorteils willen. Bis heute hat der Mensch nicht wieder entdeckt, warum er sich hier eigentlich inkarniert hat, und zwar sollte er in erster Linie die hingebungsvolle Liebe zu Gott und seinen Geschöpfen in jeglicher Art erfahren und lernen. Demut, Liebe und Opferbereitschaft um der ganzen göttlichen Schöpfung willen. Doch weil dies seit jeher mit allerlei Schwierigkeiten und Unbequemlichkeiten verbunden war, hat die Menschheit sich für den weitaus bequemeren Weg entschieden und ist mehr denn je mit den materiellen Gütern und Werten auf dieser Erde beschäftigt. Doch seid gewiß, auch diejenigen, die sich mit aller Macht der Erkenntnis verschließen wollen, daß ihr alle nicht als Menschen auf Erden lebt, um in Genuß, Freude an materiellen Gütern und anderen nichtssagenden Dingen zu schwelgen, werden eines Tages dieser Wahrheit gegenüberstehen. Dann werden sie erkennen, welchen egoistischen Zielen und welchen Irrtümern sie es zu verdanken haben, daß sie sich immer weiter von ihrem Ziel entfernt haben, statt sich ihm zu nähern.

Auch der auf Erden Uneinsichtigste und Verschlossenste wird erfahren müssen, daß er nur aus Egoismus und Bequemlichkeit einen weiten Umweg gemacht hat, der sich hätte vermeiden lassen, wenn er dies gewollt hätte. Darum bitten wir euch alle, die ihr dies lest: Seid gewiß, daß früher oder später jeder auf den Weg zu seinem Schöpfer zurückgeführt wird. Ihr alleine entscheidet, ob ihr dieses Ziel sobald als möglich oder erst nach langen Irrungen erreicht. Am Ende erwartet euch alle die Liebe Gottes, nur werden sie viele erst nach einer unendlich langen Wegstrecke erfahren können. Wenn ihr euch bewußt wäret, welches Glück und welch unvorstellbare Seligkeit euch an eurem Ziel erwartet, würdet ihr nicht schnell genug den Weg dahin einschlagen können."

Fortsetzung am 30.3.88

„Wir wollen heute dort fortfahren, wo wir am Montag unsere Mitteilung unterbrochen haben. Es wird, wie erwähnt, eine gewaltige Veränderung mit dieser Erde erfolgen. Habt jedoch keine Angst vor den kommenden Jahren, sondern erkennt und akzeptiert, daß diese Umwandlung im Interesse der göttlichen Schöpfung vonnöten ist. Das Sonnensystem, dem diese Erde zugehörig ist, krankt eben an dieser Erde.

Wie wird die Veränderung vonstatten gehen? Es werden sich in den kommenden Jahren Naturkatastrophen von gewaltigem Ausmaß ereignen. Es wird Überschwemmungen, Hungersnöte, Erdbeben und andere Ereignisse von nie erreichtem Umfang geben. Viele Menschen werden infolge dieser Katastrophen sterben. Die Wissenschaft wird ob dieser Tatsachen vor einem Rätsel stehen und damit zwangsläufig umzudenken beginnen. Es werden vermehrt Kriege herrschen und dabei wird es zum Einsatz der gefürchteten atomaren, chemischen und biologischen Waffen kommen. Die Menschheit wird unter der Last der Ereignisse zusammenbrechen. In vielen wird ein neues Bewußtsein aufsteigen und sie werden erkennen, was sie aus dieser Erde gemacht haben. Andere werden jammern und wehklagen und Gott anzugreifen versuchen, den sie für alles verantwortlich machen werden.

Infolge der kommenden Geschehnisse wird sich die Struktur der einzelnen Kontinente verändern, wie dies schon mehrfach der Fall war. Nur wird diese Umwandlung nicht langsam und allmählich vonstatten gehen, sondern völlig abrupt in Folge der Naturkatastrophen. Das Klima auf der Erde wird sich verändern, was, wenn ihr es aufmerksam verfolgt habt, sich bereits seit etlichen Jahren andeutet. Es werden Menschen auftreten, und zu denen sollt auch ihr gehören, die die Erdbevölkerung auf den rechten Weg der Erkenntnis und zur Umkehr führen sollen. Es werden diese Propheten große Anfeindungen erleben. In der Verzweiflung und aus Entsetzen über die Ereignisse wird man manchen für das Geschehen verantwortlich machen wollen, nur um sich selbst nicht rechtfertigen und erkennen zu müssen.

Die Beschaffenheit der Erde wird sich ebenfalls verändern. Die Erde wird sich in ihrer Achse aufrichten, wobei ihr die Bedeutung dieses Ereignisses z.Zt. nicht abschätzen könnt. Es wird das gesamte mühsam aufgebaute Netz der sozialen Sicherung zusammenbrechen, da es ohnehin keine Bedeutung mehr haben wird. Auch dies zeichnet sich bereits heute ab. Nur ein relativ geringer Teil der Erdbevölkerung wird die kommenden Jahre überleben. Auch der Mensch an sich wird sich als Folge der veränderten Erdbeschaffenheit völlig in seiner Anatomie ändern. Die Erde wird nach all den kommenden Ereignissen neue Kulturen erleben, die weitaus höher entwickelt sein werden, als dies heute generell der Fall ist. Es wird veränderte Formen des Zusammenlebens geben, die der Aufgabenstellung des Menschen weitaus gerechter werden.

Am Ende dieses Zeitalters wird sich diese Erde, wenn ihr so wollt, völlig neu darstellen. Sie wird dann wieder die Möglichkeit haben, der Entwicklung des Sonnensystems zu dienen, wie es ihre Bestimmung ist. Für euch bedeuten all diese Dinge, daß ihr wach sein sollt für die Zeichen der Zeit. Seid bereit, euch in der Bemühung um das Erdenreich und die auf ihm lebenden Menschen aufzuopfern. Ihr werdet gefordert werden wie nie zuvor in eurem Leben.

Schon heute zeichnet sich bei einigen von euch ab, daß euer Rat und eure Hilfe, in der Bemühung, dem Schöpfer wieder näherzukommen, gefordert oder erbeten wird. Seid euch der Verantwortung, die ihr damit tragt, stets bewußt. Macht euren Mitmenschen die Liebe Gottes zu seiner gesamten Schöpfung bewußt und versucht, sie zur Umkehr zu bewegen. Wir alle wünschen euch die erforderliche Kraft und die Stärke, die ihr brauchen werdet.

Vergeudet eure Zeit nun nicht damit, euch Sorgen um das Leben eurer Kinder, Verwandten oder Freunde zu machen. Dies ist zwar aus eurer begrenzten Sicht heraus nicht völlig zu vermeiden, doch versucht einmal ehrlich, den Sinn und Zweck all dieser Ereignisse und des daraus sich ergebenden leiblichen Todes der Bevölkerungsmehrheit zu erkennen und zu bejahen. Dies wird noch einige Anstrengungen eurerseits kosten. Mit dem rechten Verständnis für die Notwendigkeit des göttlichen Planes werdet ihr das Kommende akzeptieren können. Es ist unsere Aufgabe, euch über diese bevorstehenden Ereignisse aufzuklären und auf die für euch damit verbundenen Aufgaben vorzubereiten.

Für heute wird euch dies genug zu überdenken geben. Gottes Liebe und die daraus resultierende Kraft sei mit euch. Eine gesegnete Nacht wünschen euch die guten Geister Gottes. Nur Mut, ihr Lieben, ihr könnt es schaffen, wenn ihr dies wollt."

Botschaft vom 1.5.88 zum Thema „Sonnenlogos"

„Alles, was lebt und was „nur" Materie ist, wird auf der Grundlage von Energie beseelt, man könnte es auch Intelligenz nennen. Daß diese Energie oder Intelligenz nicht wahllos nach Zufallsprinzipien waltet, ist für jeden leicht ersichtlich. Wo kommt die Ordnung in diesem System her? Oberstes Ordnungsprinzip für alle Manifestationen und selbst für alles noch nicht Manifeste ist Gott, die Ursonne, die wahrhafte Quelle aller Energien, die unzählige Universen und Schöpfungsebenen unterhält und ernährt.

An diesem Punkt vergeßt nicht die Qualität, mit der er seine Schöpfung durchströmt und am Leben erhält - die Liebe. Nun ist der Vater, er wird nicht umsonst so bezeichnet, zwar der Substanzgeber und letztendlich Erhalter seiner unendlich großen Schöpfung, jedoch ist er auch gleichzeitig der Erfahrende, der wirklich Erlebende dieser gesamten Schöpfung. Dies ist sein Wunsch, sein wunderbares Spiel mit sich selbst. Damit dies auf so wunderbare Weise geschen kann, darf dieses Spiel auf der Basis echter Rollenverteilung und Eigenständigkeiten auf Seiten der die Schöpfung bevölkernden Gottesteile geschehen. So entstehen Beziehungen, Entwicklungen, Hierarchien, Macht oder Ohnmacht.

Schon auf der subtilsten Ebene dieses ganzen Schöpfungsdramas ist ein feines Gewebe von Ordnungsprinzipien geschaffen, das letztendlich bis ins Gröbste der Materie in dieser Welt und für alle anderen Welten, ob materiell oder nicht, Gesetzmäßigkeit für die Schöpfung ist - die Intelligenzgrundlage. Die Vielfalt der Welten innerhalb des Ganzen ist unfaßbar. Um diese Vielfalt und spezielle Charakteristik in einzelnen Welten zu schaffen und aufrechtzuerhalten, wird sozusagen ein Repräsentant des stets nicht handelnden, allgegenwärtigen Urprinzips eingesetzt, welcher Formgebungsauftrag und Gesetzgebungsfunktion hat.

Nun sind die subtilen Intelligenzmuster zwar grundlegend immer die gleichen, doch darf, je weiter vom Ursprung weg, von der Einfachheit weg, sozusagen individuell geschöpft werden. Euer Sonnensystem wird, wie alle anderen auch, von einem solchen Repräsentanten „beherrscht", besser gesagt geleitet oder mitgetragen. Er wird von einem hohen Gremium ausgewählt, und es ist dies nach verdienstvoller Vorarbeit für „ihn/sie" ein Aufstieg in der Hierarchie.

Der Sonnenlogos ist ein absolut verantwortungsbewußter, weit fortgeschrittener Geist. In bestimmten Schöpfungsabschnitten gibt es einen Wechsel in diesem Aufgabenbereich, und ein anderer Geist nimmt das „Amt" des Sonnenlogos ein. Das kann bedeuten und tut dies tatsächlich auch meist, daß die Feinmodulierung der Ordnungs- oder Intelligenzgrundlagen anders aussieht, als es vorher der Fall war. Der Sonnenlogos kann erfahren werden, und da er ein Schaltrelais im Energie- oder Liebeskreislauf Gottes ist, ist er auch für verkörperte Seelen ein Ansprechpartner oder Schaltpunkt zu Gott. Er ist ein Gutsverwalter, dem, da vom Gutsherrn (indirekt) eingesetzt, Ehrerbietung und Achtung gemäß seiner Stellung gebührt.

116

Im Geiste jedoch und im Herzen gebührt niemand anderem die höchste Ehre und Liebe als der Urquelle, unserem lieben Vater, allein. Jedem und allem das, was ihm zusteht. Zum Vater führen letztlich alle Wege, und deren sind unzählige, da er ja in allem wohnt. Alles Liebe für euch und viel Glück."

Botschaft vom 6.5.90

„Laß dein Herz sprechen! Du wirst sehen, alles, was du mit dem Herzen willst, wird schließlich geschehen. Denn im Herzen ist der Sitz deines wahren Ichs. Deshalb suche immer mehr die Verbindung zu deinem Herzfunken. Er wird dir sagen, was du tun und lassen sollst, denn er ist auch der Sitz deiner Intuition. Ihr habt über das Thema Intuition und Emotion in der Mediensitzung gesprochen. Und in der Tat ist dies ein wichtiges Thema, das euch alle mehr oder weniger beschäftigt.

Ihr seid immer wieder dazu aufgefordert worden zu lernen, die Dinge mit eurer Intuition und nicht mit eurem Verstand zu beurteilen. Aber die meisten von euch haben vergessen, wie sie die Kraft ihrer Intuition nützen können. Ja, ihr seid oft nicht einmal mehr dazu in der Lage zu unterscheiden, ob es Emotionen oder eure Intuition sind, die ihr spürt. Es ist dies ein Kennzeichen dieser Zeit, in der Emotionen groß geschrieben, Intuition aber ins Reich der Phantasie verdrängt wurde. Ich gebrauche absichtlich den Plural des Begriffs Emotion, denn der Emotionen gibt es unzählig viele. Sie wechseln von Minute zu Minute. Ihr empfindet sie deshalb so stark, weil sie eurer physischen Ebene nahe stehen. Sie sind damit Bestandteil eures Egos und stellen eine seiner wichtigsten Ausdrucksformen dar. Emotionen enthalten immer eine Bewertung, während eure Intuition eine neutrale Instanz ist, die ihr nur dann wahrnehmen könnt, wenn ihr nach innen geht und versucht zu spüren, was dort ist. Intuition gibt es nur eine, sie bleibt immer gleich gelassen und ruhig. Emotionen dagegen spielen sich immer an der Oberfläche eures Seins ab, sie drängen wie die Eruptionen eines Vulkans an die Oberfläche, nach außen.

Verwechselt ihre Intensität nicht mit eurer Intuition. Intuition ist eine Kraft der inneren Ruhe und Gelassenheit, die sich auf einer ganz anderen Ebene abspielt als die der Emotionen. Wie schon gesagt, gehört sie mit ihrem Sitz im Herzen der Ebene eures wahren Ichs an (nach unserem Sprachgebrauch ist damit das Höhere Selbst gemeint - d. Verf.).

Wollt ihr euch selbst finden, so sucht in eurem Innern. Die Intuition hilft euch auf diesem Weg. In der heutigen Zeit ist das wahre Ich weitgehend in Vergessenheit geraten, deshalb verwechselt ihr gern eure intensiven Emotionen mit Intuition. Es gibt jedoch im Grunde nichts, was unterschiedlicher sein könnte als diese beiden. Es sind geradezu polare Kräfte, wie ich euch schon versucht habe zu erklären. Da ihr den Weg des Herrn gewählt habt, sollt ihr euch bemühen, über eure Intuition den Weg zu eurem wahren Ich und damit zurück zu eurem Ursprung zu finden. Die Intuition ist der Schlüssel auf diesem Weg und der Mittler zwischen unteren und oberen Ebenen. Ihr könnt also nur dann lernen, eure Emotionen, und damit euer Ego, von eurer Intuition, und damit eurem wahren Willen, zu unterscheiden, wenn ihr euch die verschiedene Qualitätsebene bewußt macht: Sucht das Innen, nicht das Außen, werdet ruhig und ereifert euch nicht. Es gibt keinen anderen Weg. Ihr könnt den Unterschied nur in euch selbst spüren. Niemand anderes als ihr selbst kann ihn erkennen. Es ist ein Bewußtwerdungsprozeß. Je mehr ihr euch bewußt werdet, desto mehr seid ihr ihr selbst, und damit seid ihr eins mit dem Vater.

Diesen Weg könnt ihr nur allein mit euch selbst gehen. Von außen könnt ihr nur Impulse mit auf den Weg bekommen. Das Vertrauen, das ihr benötigt, um eurer Intuition wieder den Platz einzuräumen, der ihr gebührt, müßt ihr selbst entwickeln. Es ist ein Vertrauen in euch selbst, das euer Vertrauen in den Vater widerspiegelt.

Erkennt die Zusammenhänge und vertraut. Vertraut dem Vater, vertraut eurer Intuition, vertraut eurem wahren Selbst. In aller Liebe. Amen."

Botschaft vom 2.2.91

„Ich grüße euch im Namen des Herrn. Das Thema dieser Botschaft bezieht sich auf die Zusammenhänge zwischen Angriffen negativer Kräfte und eurer Bereitschaft, sie zuzulassen oder abzuwehren. Ihr seid gesegnet mit der Fähigkeit, selbst zu schöpfen. Über die Chakras, die Atmung und die Nahrung nehmt ihr Odkraft auf und könnt diese Kraft eurer Gedanken schöpferisch nutzen. Jeden Augenblick formt und schöpft ihr neu. Ihr setzt die Elementale zusammen und gebt ihnen Gestalt. Diese Gestalt hängt nun aber ab von eurer jeweiligen Verfassung und Grundhaltung. Da ihr euch zu jeder Zeit entscheiden müßt zwischen weiß und schwarz, gut und böse, Licht und Dunkel, laßt ihr eure Schöpfungskraft entweder dem einen oder dem anderen Pol zufließen. Das heißt also, euch umgibt zu jedem Augenblick genau die Schwingung, die euren Gedanken, Emotionen, Worten und Taten entspricht.

Da Schöpfer und Geschöpftes der gleichen Schwingung bzw. Frequenz entsprechen, besteht ein unauflösliches Band zwischen beiden. Ihr bleibt also stets für das verantwortlich, was ihr geschöpft und ausgesandt habt. Das Paket findet immer wieder zum Absender zurück. In aller Freiwilligkeit könnt ihr nun in jeder Sekunde für euch neu entscheiden, ob ihr diese Odkraft in noch unbereinigte Anteile eurer Seele lenkt, um diese zu beleben und zu verstärken oder sie umzuwandeln, zu transformieren. Ihr könnt diese Kraft also entweder dem dunklen Pol in euch zur Verfügung stellen oder eurem Lichtpol. Ihr Menschen seid es also, die den negativen Kräften den Lebensodem einhauchen und ihm eine gewisse Selbständigkeit und Lebendigkeit ermöglichen.

Wie ist nun das Gesetz von Saat und Ernte in diesem Zusammenhang zu verstehen? Nehmen wir ein recht anschauliches Beispiel - die Aggression. Ihr sendet im Zustand der Aggression eine ganz spezifische Schwingung aus und gebt den Gedankenelementalen dabei eine dieser Schwingung entsprechende Form. Und sie tragen den Stempel ihres Absenders in Form seiner ureigensten, individuellen Frequenz. Nach dem Gesetz „Gleiches zieht Gleiches an" können sich eure jeweiligen Schöpfungen erkennen und zu komplexeren Formen zusammenschließen bis hin zu eigenständigen Wesenheiten, wenn sie mit genügend Odkraft von euch genährt werden. Das bedeutet aber auch, daß es keine Rolle spielt, ob diese Schöpfungen aus der Vergangenheit stammen oder aus der Gegenwart. Denn es bleibt alles bestehen, was geschöpft wurde.

Wenn ihr nun von sogenannten „Angriffen von außen" sprecht, so heißt das nicht, dies wären nur Fremdenergien, die euch zu stören versuchen. Nein, es sind eure eigenen Negativschöpfungen, die den Schlüssel zum Schloß eures energetischen Systems bilden, denn sie besitzen eure Frequenz und können Resonanz verursachen. Nun ist es jedoch von eurer Verfassung, euren Emotionen, eurer Egostruktur abhängig, ob diese eure Negativschöpfungen gleich einem Trojanischen Pferd anderen ähnlich gelagerten und schwingenden Elementalformen die Möglichkeit bieten, anzudocken und so in euer System einzudringen und die Negativschwingung zu verstärken. Hier gilt es, die euch gegebenen Schutzvorkehrungen zu treffen. Denn über diesen Schutz wird euch ermöglicht, all das, was nicht ureigenst von euch stammt, abzukappen, eventuell sogar zu neutralisieren oder an deren Absender zurückzuschicken. Das heißt, auf diese Weise seid ihr dann nur mit euren eigenen Negativschöpfungen konfrontiert, die es ja gilt, entsprechend den karmischen Gesetzen, zu transformieren. Ihr habt die Fähigkeiten und Hilfsmittel an der Hand, diese sogenannten Angriffe zu meistern und aufzulösen.

Euer Lichtpol soll den Negativpol umwandeln und dem Geistigen zuführen. Auch dies gehört zum Rückführungsplan. Wie im

Kleinen, so im Großen. Seid euch bewußter denn je, was ihr sagt, tut, denkt und fühlt. Bleibt offen für einen permanenten Dialog mit uns und dem Vater, glaubt an eure Kräfte und benutzt sie. Je geübter und selbstverständlicher ihr mit diesen Lichtprinzipien arbeitet, desto spontaner und direkter fließt die Hilfe und die Antwort auf eure Gebete. Ihr werdet hierin immer stärker gefordert sein, denn bedenkt, bald beginnt das konkret zu werden, wofür ihr euch vorbereitet habt. Die Grundausbildung geht zu Ende, vor allem für diejenigen von euch, die schon länger zu dieser Gemeinschaft gehören. Sie werden nun Schritt für Schritt in Funktion gesetzt. Der Segen des Vaters begleitet euch und gibt euch Schutz und Hilfe. Betet und seid wachsam! Amen."

Diese Beispiele medialer Botschaften lassen die Bandbreite möglicher Kommunikation mit den jenseitigen Sphären erahnen. Solche Botschaften können aber auch ganz konkrete Handlungsaufforderungen beinhalten. Angang 1991 erhielten wir die Mitteilung, daß in Peru ein zukünftiges Mitglied unserer Gemeinschaft lebe, der spirituell wie materiell unserer Unterstützung bedürfe, und daß es nun an der Zeit sei, miteinander physischen Kontakt aufzunehmen. Es wurde noch der Name des Betreffenden, Antón Ponce de León Paiva, genannt. Mehr nicht. Wir waren etwas ratlos. Wie sollten wir jemand ohne weitere Angaben in einem so großen, uns unbekannten Land finden? Kurz darauf besuchte uns erstmalig ein Arzt aus Medellin, der bald darauf Leiter unserer kolumbianischen Gemeinschaft wurde. Beim Abendessen seines Ankunftstages berichteten wir ihm von unserem Dilemma. Zu unserer großen Überraschung erzählte er uns, daß der von uns Gesuchte ein Freund von ihm sei. Noch am gleichen Abend stellten wir den ersten telefonischen Kontakt her und kündigten unseren Besuch für den Sommer des gleichen Jahres an.

Antón, ehemaliger stellvertretender Bürgermeister und Programmdirektor des regionalen Fernsehsenders von Cusco, ist Initiierter einer indianischen Gemeinschaft, der „Sonnenbruderschaft", die sich der Fortführung der spirituellen Inka-Tradition und ihrer Kosmologie verpflichtet sieht. Auf Geheiß seines indianischen Meisters legte Antón seine weltlichen Ämter nieder und begann, sich gemeinsam mit seiner Frau Regia um ausgestoßene Kinder zu kümmern. Da die Aufgabe bald seine privaten Mittel und Möglichkeiten überstieg, war er auf Hilfe von außen angewiesen. Von nun an unterstützten wir ihn und sein Werk, das Kinderdorf SAMANA WASI in Urubamba, im heiligen Tal der Inkas. Wir sorgten u.a. auch dafür, daß das Buch über seine Erfahrungen mit der „Sonnenbruderschaft" und die Kosmologie der Inkas, das in den spirituellen Kreisen Südamerikas recht bekannt ist, übersetzt und in Deutschland verlegt wurde. Inzwischen ist Antón Leiter unserer peruanischen Gruppe und einige Mitglieder unserer Gemeinschaft, u.a. auch Ursula und ich, wurden Initiierte der „Sonnenbruderschaft". Neben den einem Europäer fremden, aber faszinierenden Riten einer spirituellen indianischen Gemeinschaft war es vor allem die weitgehende Übereinstimmung ihrer Lehren mit denen unserer Gruppe, die uns überzeugte.

Medialität als Kommunikationsform zwischen den Welten ist ein unerschöpfliches Thema. Allein unsere Erfahrungen und die Fülle unserer Botschaften würden Bände füllen. Im Rahmen dieses Buches kann und will ich nur einen Eindruck vermitteln, wie und in welcher Form sie in unserer Gemeinschaft praktiziert und genutzt wurde.

12. KAPITEL

MAGIE ODER DIE SCHÖPFUNGSWERKE
DES MENSCHEN

Gott schuf den Menschen nach seinem Ebenbild. Das heißt, er stattete ihn auch mit den göttlichen Fähigkeiten eines Schöpfers aus. Betrachten wir Gott und seine Schöpfung als Einheit, so muß sich nach dem holographischen Prinzip in allem, und damit auch in jedem von uns, das Göttliche und seine Potenz finden lassen. Der Entwicklungsgrad des Menschen bestimmt sein spirituelles Bewußtsein und damit auch den Ausdruck und Nutzungsgrad der in ihm schlummernden Kräfte. Das bedeutet nicht, daß unbewußte Menschen nicht schöpferisch tätig sein können, aber ihren Werken fehlt die Qualität, die von Bewußtheit getragenen Werken zu eigen ist.

Wir sind selbst dann noch schöpferisch tätig, wenn wir schlafen, ohnmächtig sind oder gar im Koma liegen. Jeder von uns kennt aus eigenem Erleben die Kreativität des Träumens. Träumen dient u.a. der Seelenhygiene, ist unbewußtes Bearbeiten seelischer Problemfelder. Im Traum schaffen wir wie ein Gott ganze Welten, vollbringen das Unmögliche. Mitte 1994 gingen Berichte durch die Presse, daß in einer österreichischen Klinik ein komatöser Patient tagelang Gegenstände seiner Umgebung durch die Luft fliegen ließ, was von Ärzten und Schwestern beobachtet und bestätigt wurde. In Hypnose oder im Zustand der Todesangst offenbaren Menschen Fähigkeiten und Kräfte, über die sie sonst nicht verfügen.

In der letzten Botschaft des 11. Kapitels wurde von unseren gedanklichen und emotionalen Schöpfungen gesprochen, den sogenannten Elementalen, die Wirkungen auf uns und andere ausüben. Kann ein Komponist mit seiner Musik nicht verzaubern, also bei seinen Zuhörern einen entsprechenden Gefühlszustand herstellen?

Bedient sich die Magie nicht dieses Wissens, um ganz konkrete Ergebnisse zu erzielen?

Unter Magie verstehen wir die bewußte und zielgerichtete Nutzung seelischer Fähigkeiten. Im Unterschied dazu verfügen wir auch über geistige Fähigkeiten, deren wichtigste die All-Liebe ist. Geistige Fähigkeiten - und damit sind keine intellektuellen gemeint - sind somit Ausdruck des Göttlichen im Menschen, seelische Fähigkeiten sind Ausdruck der Schöpfung und damit dual, können „gut" oder „böse" sein, je nachdem, durch welchen Wesenspol wir unsere Kräfte fließen lassen. Diese Unterscheidung ist sehr wichtig, da entsprechend der Herkunftsebene die spirituellen weit über den psychischen Kräften rangieren. Paranormale Kräfte, von denen häufiger spektakulär berichtet wird, gehören in der heutigen Zeit meistens in die Kategorie des Psychischen und leider nicht des Spirituellen. Da allgemein das Bewußtsein für diesen wesentlichen Unterschied nicht vorhanden ist, somit auch keine klare sprachliche Trennung erfolgt, kommt es hier zu vielen Mißverständnissen und Fehleinschätzungen. Die Folgen können tragisch sein.

Indien ist ein Land mit alter spiritueller, aber auch magischer Tradition. Es liegt wohl auch an der Struktur der auf diesem Kontinent Inkarnierten, daß Magier, Zauberer und selbsternannte Gurus bis auf den heutigen Tag dort eine so große Rolle im öffentlichen Leben spielen. Ein Teil ihrer Faszination beruht auf beachtlichen psychischen Fähigkeiten, wie beispielsweise im Falle von Sai Baba, der sich selbst als Gottesinkarnation ausgibt. So wird glaubwürdig von Materialisationen, Heilungen und anderen paranormalen Handlungen berichtet, die er durchgeführt hat. Sein Wirken und Auftreten, das jährlich Hunderttausende aus aller Welt in seinen Bann zieht, ist aber so auf Äußerliches angelegt, daß es jemanden, der auf das Vorbild Jesu ausgerichtet ist, nur beklommen machen kann. Legt man den Maßstab von Jesu Leben und Wirken an diesen Menschen an, so zeigt sich schnell der qualitative Unterschied. Hier Demut,

Aufopferung und zeitlose Botschaft, dort Selbstdarstellung, weltliche Einflußnahme und maßlose Selbstüberschätzung.

Über gleiche Fähigkeiten wie der genannte Guru verfügte der 1968 im Alter von 81 Jahren verstorbene italienische Kapuzinermönch Pater Pio, seit frühesten Jahren Stigmatisierter (Träger der Wundmale Christi), von dem berichtet wurde, daß er manchmal bei Hochämtern levitierte, d.h. zu schweben begann. Wie seine Weggefährten berichten und seine Biographie belegt, waren seine Fähigkeiten für ihn eher Bürde und verantwortungsvolle Last, Gnadengeschenke, derer er sich nie rühmte und die er ganz in den Dienst seiner demütigen Aufgabe stellte.

Von außen betrachtet waren die Möglichkeiten des Gurus und des Paters scheinbar gleich. Daraus aber zu schließen, daß in beiden auch der gleiche Geist waltete und sie deshalb von gleicher innerer Qualität seien, wäre nach meinem Dafürhalten leichtfertig, was ich an einem Beispiel erklären will:

Zwei vermögende Männer schenken ihrer Stadt jeweils einen Park. Der eine tut dies, weil er seine Mitbürger liebt und ihre Lebensqualität bereichern will, der andere, um Stimmung für seine Wahl zum Bürgermeister zu machen. In der Außenwirkung sind beide Taten gleich. Das innere Motiv kann jedoch nicht unterschiedlicher sein. Und unsere Motive sagen alles über unser wahres Sein aus. „An ihren Früchten sollt ihr sie erkennen", sagte Jesus und meinte damit, daß trotz aller Täuschungsmöglichkeiten der materiellen Sphäre über kurz oder lang das Werk seinen Schöpfer spiegelt und damit seine wahre Natur zum Vorschein kommen muß.

Ich widme diesem Thema deshalb so viel Aufmerksamkeit, weil die Menschen unserer Zeit dem Äußeren mehr Beachtung schenken als den inneren Werten und damit Gefahr laufen, getäuscht und manipuliert zu werden. „Kleider machen Leute", sagt das Sprichwort und belegt damit, daß wir geneigt sind, uns von Äußerlichkeiten blenden zu lassen und fälschlicherweise von ihnen auf innere

Qualitäten schließen. Als ehemaliger Marketing- und Werbespezialist weiß ich, wie leicht sich Konsumenten täuschen lassen. Die Aufmachung von Verpackungen beispielsweise ist oft wichtiger und ihr Kostenanteil höher als der Wert des Inhalts. Die Folge davon sind, neben überflüssigen Kosten, die sich in den Preisen niederschlagen, Berge von Verpackungsmaterial, deren Beseitigung wieder massiv unsere Umwelt belastet. Und so fällt alles wieder auf uns zurück - wir ernten, was wir gesät haben.

Bereits in der Schule hörten wir u.a. von den vergangenen Hochkulturen Ägyptens, Griechenlands und Roms und ihren monumentalen Werken. Was ist von all ihrer Pracht und Herrlichkeit geblieben? Zerfiel nicht jedes dieser Reiche, als es sich von seinen inneren Werten abwandte, seine kulturelle und spirituelle Identität verlor, sich in Luxus und Wohlleben erging, also degenerierte? Sind wir, die westliche Zivilisation, nicht am gleichen Punkt angelangt? Wir wissen: Das, was wir denken und fühlen, wird letztlich physische Realität. Unsere Wünsche nehmen Gestalt an. Beklagen wir uns also nicht, wenn wir von unserem Müll erdrückt, von unserer schlechten Luft erstickt, von einer vergewaltigten Natur bekämpft werden.

Aus spiritueller Sicht leben wir in einer extrem magischen Welt. Wir sind geradezu Weltmeister in der Umsetzung niederer seelischer Kräfte in materielle Wirklichkeit. Natürlich würde in unserer aufgeklärten Zeit kein Normalsterblicher die Errungenschaften unserer High-Tech-Gesellschaft „magisch" nennen, dafür haben wir heute andere Vokabeln. Im Mittelalter hatten wir Hexen, Magier, Druiden und Alchemisten, die uns Tränke zauberten, Pillen drehten, Träume schenkten und damit unsere Wünsche nach Liebesglück, Macht, ruhigem Schlaf und reicher Ernte erfüllten. Heute haben wir dafür die chemische Industrie, das Fernsehen, den Gentechniker und die Psychopharmaka. Die Bedürfnisse und Sehnsüchte des Menschen haben sich in den letzten Jahrtausenden nicht grundlegend geändert, wir haben heute nur „effektivere" Möglichkeiten sie zu verwirklichen, eine bessere Magie. Vor fünfhundert Jahren verbrannten wir Menschen, weil sie sich gezwungenermaßen unter der Folter zu sexuellen Ausschweifungen mit Dämonen und Teufeln bekannten. Heute liefert uns das Fernsehen Life-Berichte aus der Sado-Maso-Szene frei Haus, berichtet ausführlich über alle möglichen sexuellen Perversionen und diskutiert ganz ernsthaft deren Notwendigkeit für die freie Entfaltung der menschlichen Persönlichkeit.

Damals starben Menschen qualvoll, weil man ihnen den Mißbrauch ihrer Fähigkeiten nachsagte, weil sie anders waren. Heute dürfen Wissenschaftler ungestraft an Genen manipulieren, mit menschlichen Embryos spielen, von der Aufzucht künstlicher „Menschen" träumen und somit in einem Umfang in die göttliche Schöpfung eingreifen, wie es der kühnste Magier des Mittelalters nicht einmal zu denken gewagt hätte.

„Baby kommt zwei Jahre nach dem Tod der Mutter zur Welt" war Anfang 1995 die Schlagzeile einer Nachricht, die weltweit Aufsehen erregte. Wie aus dem Bericht hervorging, hatte man in Italien einem verheirateten Paar Samen und Eizellen entnommen und tiefgefroren, nach dem Unfalltod der Mutter im Reagenzglas eine künstliche Befruchtung herbeigeführt und diese befruchtete Eizelle der Schwester des Vaters zum Austragen implantiert. Nach Bekanntwerden sprach Kardinal Tonini, einer der bekanntesten und populärsten Geistlichen Italiens, „von einer Karnickelmethode" und „von monsterhaften Manipulationen". Dem schließe ich mich an. Ist dies nicht schwarze Magie in reinster Form? Aber wir geben ihm ja das Etikett „wissenschaftlich", und damit ist es in einer wissenschaftsgläubigen Welt für viele akzeptabel. Frauenverbände und bekannte Italienerinnen wie die Nobelpreisträgerin in Chemie, Rita Levi Montalcini, sprachen beispielsweise von „einem Wunder, das in seiner Bedeutung nicht zu unterschätzen ist".

Unter „Magie" versteht das Lexikon „den Inbegriff menschlicher Handlungen, die auf gleichnishafte Weise ein gewünschtes Ziel zu erreichen suchen". Die Religionswissenschaft unterscheidet profane Magie von religiöser Magie, je nachdem, ob übernatürliche Kräfte für diesseitige persönliche Zwecke in Dienst genommen werden oder in religiöser Absicht Heilsgewißheit gesucht wird. In der letzten Botschaft des 11. Kapitels dieses Buches ist vom Lichtpol und dem dunklen Pol des Menschen die Rede und davon, daß wir entscheiden, welchem Wesenspol unsere Schöpfungskräfte zufließen. Wir haben die Wahl und tragen die Verantwortung. Man kann und wird uns an unseren Früchten erkennen. Magie ist also die Nutzung unserer seelischen Kräfte, der guten wie der schlechten, und somit Ausdruck unseres Bewußtseins. Und deshalb spricht man seit jeher von schwarzer und weißer Magie. Wie groß die Versuchung ist, magische Kräfte einseitig ego-orientiert zu definieren und ein Bewertungsschema gut/böse zu relativieren bzw. zu negieren, beweist ein Zitat aus einem wissenschaftlichen Fachbuch zum Thema „Magie" von Dr. E. Schertel. Dort wird im Kapitel „Theorie" wie folgt ausgeführt: „...Satan ist das eigentlich schöpferische, wertsetzende und wertsteigernde Prinzip, das zunächst immer „böse" erscheint, „Seraph" dagegen ist der ruhende, erhaltende, gegebene Werte auswirkende Pol, den wir „gut" nennen. Satan ist der befruchtende, vernichtend-aufbauende Kampf, Seraph ist der Besitz und der Friede. Satan und Seraph sind also keine „Gegensätze", die man auseinanderreißen könnte, sondern sie sind „Pol-Begriffe", die nur ineinander und miteinander denkbar sind. Das Dämonische ist also wie alles Energetische in seiner Wurzel „satanisch", treibt aber im Laufe seiner Auswirkung zum Aufbau einer „seraphischen", in sich geschlossenen und ruhenden Welt.

Die Trennung einer „weißen" von einer „schwarzen" Magie ist demnach ein Unsinn, eine reine Konvention. Denn „weiß" heißt hier immer nur so viel wie „erlaubt" und „schwarz" soviel wie „verboten". Das ist aber vollkommen relativ und hängt lediglich von der gerade herrschenden und deshalb als „berechtigt" und „richtig" anerkannten Grundsynthese ab. Noch wesenloser aber wird diese Unterscheidung, wenn man sie auf das sozial-moralische Gebiet hinüberspielt und die „schwarze" Magie als die „egoistische", die „weiße" als die „soziale" oder „altruistische" definiert. Denn es ist nicht einzusehen, warum der Vorteil einer beliebigen „Vielheit" moralisch höher bewertet werden müßte als der Vorteil Einzelner. Schon Nietzsche hat dies sattsam erörtert und Felix Auerbach hat auch dieses Problem energetisch durchleuchtet: „Was die Ethik betrifft, so ist die Gegenüberstellung: Egoismus und Altruismus banal und nicht entscheidend für die Hauptsache. ...Egoismus kann gut und Altruismus kann schlecht sein. Dienen macht groß, aber Herrschen macht größer."

Dies ist der Geist, der auch den Nationalsozialismus vergiftete. Unter weißer Magie verstehen wir also Handlungen, die am Wohl des Nächsten orientiert sind, wir nutzen die Kräfte, die aus unserem Lichtpol kommen. Magische Kräfte und Beziehungen fanden zu allen Zeiten und in allen Kulturen Ausdruck in Ritualen und Symbolen, auch heute noch. Ein Beispiel dafür ist das Symbol des Davidsterns, das Staatswappen Israels, das in Mitteleuropa auch als Hexagramm bekannt ist.

Das Hexagramm wird durch zwei ineinander gelegte gleichseitige Dreiecke gebildet. Je nach Interpretation symbolisiert das Dreieck mit der Spitze nach oben das Göttliche oder, im alchemistischen Sprachgebrauch, das männlich-feurige Prinzip. Das mit der Spitze nach unten gerichtete Dreieck steht für die Schöpfung oder das weiblich-wässrige Prinzip. Als Einheit betrachtet ist dieses Symbol Ausdruck eines ausgeglichenen Dualsystems und damit einer positiven magischen Beziehung. Schöpfer und Schöpfung leben in Harmonie. Dies war das Ziel des im Alten Testament geschilderten Bundes Gottes mit seinem auserwählten Volk.

13. KAPITEL
DIE BEZIEHUNG ZUM PARTNER

In einer dualen Welt sind die Beziehungen zwischen Mann und Frau klassischer Ausdruck der Spannungsproblematik zwischen unserem positiven und negativen Wesenspol. In der Reinkarnationstherapie erleben sich viele Menschen wechselweise als Mann oder Frau, was besagt, daß in unserer Individualität beide Aspekte vereinigt sind. Im Verlauf einer solchen Therapie zeigt sich auch, daß es bereits in uns Spannungen zwischen diesen beiden polaren Ausdrucksformen unserer Einheit gibt. Oftmals liegen Animus und Anima, so benennt die Psychologie beide Aspekte unserer Psyche, im Streit miteinander, führen einen Machtkampf gegeneinander. Wir fühlen uns dann hin- und hergerissen zwischen Gefühl und Verstand, erleben oft, daß wir einem der beiden Aspekte den Vorzug zu Lasten des anderen geben. Die Folge davon ist Unausgeglichenheit und Disharmonie.

So begegnen wir ab und zu Männern, die sehr feminin, und Frauen, die sehr männlich wirken und jeweils große Schwierigkeiten mit dem gleichen Geschlecht haben. Unbewußt suchen beide meistens die Gesellschaft des Gegengeschlechts, in dessen Nähe sie sich wohler fühlen als bei Vertretern des eigenen Geschlechts. Im Rahmen von Reinkarnationstherapien kommen dann, beispielsweise im Falle einer sehr maskulinen Frau, eine Reihe von „Männerleben" zum Vorschein. Dabei erlebt sich die heutige Patientin in den früheren männlichen Rollen häufig sehr positiv und selbstverwirklicht und in seltenen weiblichen Rollen oft negativ und gescheitert. Das führt dann in der Gesamtpersönlichkeit zu einer fast automatischen Überidentifikation mit dem „positiv" belegten männlichen Aspekt und zur Abwendung vom scheinbar „negativ" belegten weiblichen Pol.

Und so wirkt eine solche Frau auf ihre Umwelt männlich und in ihrem Wesen oft zerrissen. Gleiches gilt mit umgekehrten Vorzeichen für viele sogenannte „feminine" Männer.

Die Liste „innerer Geschlechterkämpfe" und ihre Auswirkungen auf das Leben des Betreffenden ist unbegrenzt. Das angeführte Beispiel sollte nur erläutern, daß, nach dem Gesetz „Wie innen, so außen", die äußere Beziehungsproblematik bereits in der Psyche des einzelnen Individuums angelegt ist und sich nur im Außen spiegelt.

Wie sehen solche Spiegelungen aus? Auf der Körperebene spiegeln die dualen Nieren diesen seelischen Komplex. In der Esoterik bezeichnet man den Menschen als quadripolar (vierpolig). Betrachten wir ihn in der Senkrechten, so ordnen wir seine obere Hälfte, repräsentiert durch den Kopf, dem „männlichen" (+), und die untere Hälfte, repräsentiert durch den Unterleib, dem „weiblichen" (-) Pol zu. In der Waagrechten entspricht die rechte Körperhälfte dem männlichen, die linke Hälfte dem weiblichen Aspekt. Die Nieren liegen etwa in der Mitte des Körpers, entsprechend ihrer dualen Natur eine links und eine rechts. Ihre Hauptaufgaben sind die Blutreinigung und das Herstellen bzw. Überwachen des Gleichgewichts zwischen sauren (männlichen) und basischen (weiblichen) Bestandteilen im Blut.

Der Körper spiegelt die Seele, die betreffenden Organe das entsprechende Problemfeld. Herrscht in unserer Seele Zwietracht zwischen Animus und Anima, so spiegelt sich das in der entsprechenden Zusammensetzung unserer Blutbestandteile. Dominiert z.B. das Männliche in uns, dann ist unser Blut zu sauer, was sich im Urin der Nieren nachweisen läßt. Löst sich dieser duale Konflikt in uns nicht, bleibt das Ungleichgewicht in unserem Blut bestehen, so signalisieren die Nieren ihre permanente Überforderung über kurz oder lang durch eine schmerzhafte Erkrankung und weisen uns damit nachdrücklich auf den ungelösten Konflikt in unserer Seele hin. Das Innere spiegelt sich im Äußeren, und daher sind Nierenerkrankungen häufig Begleiterscheinungen von Krisen in Partnerschaften. Wir sind aber nicht nierenkrank, weil wir Partnerschaftsprobleme haben, sondern unsere eigene seelische Disposition spiegelt sich zeitgleich auf unserer Körper- und Beziehungsebene. Die Ursache des Problems liegt wie immer in uns selbst, die Spiegelung macht es uns nur bewußt.

Wir wissen, wir leben in einer mehrheitlich männlich dominierten Gesellschaft. Schlagworte der Zeitgeschichte wie „Kampf der Geschlechter", „Frauenemanzipation" und „Gleichberechtigung" zeigen die krankhafte Kopflastigkeit unseres Systems und die Versuche, dies im Sinne eines gerechten Ausgleichs zu ändern. Im Laufe der Jahre hatten meine Frau und ich in unserer Praxis Tausende von Kirlian-Fotos zur Diagnostik gemacht. Statistisch ausgewertet und losgelöst vom Körpergeschlecht, war bereits im Ätherkörper der Patienten in der Mehrzahl der Fälle eine Verschiebung der Energien zugunsten des männlichen Pols zu beobachten.

Wie im Kleinen, so im Großen. Betrachten wir diesen Globus als Einheit, so unterscheiden wir zwischen männlicher Nordhalbkugel und weiblicher Südhalbkugel. Und auch hier spiegelt sich der polare Grundkonflikt. Der industriell hochentwickelte Norden dominiert den ausgebeuteten Süden und demgemäß spricht die internationale Wirtschafts- und Sozialpolitik vom Nord/Süd-Gefälle. Die reichen Länder liegen in der nördlichen, die armen mehrheitlich in der südlichen Hemisphäre. Das männlich dominierte globale Bewußtsein führt, wie im Blut, zu einer Übersäuerung von Regen und Gewässern, hervorgerufen durch die Abgase von Industrie und Verkehr vor allem der nördlichen Industriestaaten. Die oberen Erdschichten, die wie die Nieren im Körper Filter und Reinigungsfunktion haben, spiegeln die Überforderung, und so erleben wir z.Zt. das Absterben ganzer Wälder auf Grund der sauren Böden, letztlich in Folge des ungelösten Polaritätskonflikts auf globaler Ebene.

Kehren wir zurück auf die zwischenmenschliche Ebene. Aus der Einheit fielen wir in die Dualität, trennten uns in Mann und Frau, um über diesen Erkenntnisweg wieder zurückzukehren in die Einheit. Psychologisch betrachtet, ist unser Partner äußerlich unsere Ergänzungshälfte und soll uns helfen, innerlich ganz zu werden. Wie tut er dies? Indem er uns spiegelt und uns dadurch zur Veränderung, zum Wachstum auffordert. Dies kann geschehen, in dem unser Partner das lebt und verkörpert, was wir selbst in uns noch schaffen müssen. Oder indem seine Struktur uns zur Entwicklung noch fehlender seelischer Qualitäten wie Toleranz und Akzeptanz zwingt.

Gleich wie, immer stellt der Partner eine Herausforderung und eine Aufforderung zur Evolution dar, soll uns unbewußt helfen, das uns noch Fehlende zu entwickeln. Wie oft bleiben wir dann in der Projektion, in der Spiegelung stecken? Wie wenig können wir diese Lernchance nutzen! Die steigende Scheidungsquote gibt darauf eine traurige Antwort. Wüßten doch mehr scheidungswillige Menschen, daß sie selbst es waren, die sich diesen Mitspieler und seine Rolle in ihrem Leben vor dieser Inkarnation ausgesucht haben und daß ihr Zusammentreffen in diesem Leben kein bedauerlicher Mißgriff ist. Daß genau das, was sie heute am Partner stört, das gewählte Lernfeld oder Lernthema repräsentiert. Dazu ein Fall aus meiner Praxis als Reinkarnationstherapeut, der das Gesagte beispielhaft aufzeigt.

Es ist die Geschichte dreier Personen, die in diesem Leben wieder zusammentrafen, um karmische Muster des letzten Lebens, das sie bereits teilweise gemeinsam verbrachten, zu erlösen. Regressionen in Trance führten zur Erinnerung aller Beteiligter und machten ihnen die Problemstellung bewußt.

Der erste Teil der Geschichte spielt im Paris der Jahre 1869/70. Robert, ein junger südfranzösischer Landadeliger, kommt in die Hauptstadt, um seinen Horizont zu erweitern, flügge zu werden. In der damaligen Zeit der „Belle Epoque" war es für einen jungen Mann von Welt geradezu ein Muß, sich längere Zeit in Paris, dem Herzen

Frankreichs, aufzuhalten. Es war die Zeit des Großbürgertums unter Napoléon III. Für die Wohlhabenden war das Leben in der Stadt geprägt von einem Flair von Leichtlebigkeit und Sorglosigkeit, das alle Besucher verzauberte. Die Männer trugen lustige Strohhüte, elegante Pferdedroschken fuhren auf breiten, von alten Kastanienbäumen umsäumten Boulevards. Hübsche Mädchen in langen fließenden Kleidern flanierten, kokett mit ihren Sonnenschirmen spielend, entlang der Seine und auf den gepflegten Wegen der vielen Parks. Es war die Zeit der Cafés, der Maler und Künstler, der kleinen und großen Theater und ihrem lebenslustigen Völkchen, das Toulouse Lautrec in seinen Bildern verewigt hat.

Kurz nach seiner Ankunft in Paris besuchte Robert eines der vielen Theater, in dem eine Ballettaufführung gegeben wurde, und verliebte sich in die schöne Ballerina Camille, die zu diesem Zeitpunkt mit Yves, einem Tänzer des Balletts, liiert war. Yves liebte Camille und spielte mit dem Gedanken, sie zu heiraten. Camille sah in Yves mehr den brüderlichen Freund, weniger den Mann, und war, ihrem schmetterlingshaften Naturell entsprechend, in diese Beziehung „so hineingerutscht". Es kam, wie es kommen mußte. Camille verliebte sich ihrerseits in Robert, der so ganz anders war als alle Männer, die sie bisher kannte. Die gegenseitige Faszination war groß, und so begann bald darauf eine leidenschaftliche Affäre, der Yves nur machtlos zuschauen konnte. Aber bedingt durch den gemeinsamen Beruf verlor er Camille nie aus den Augen, blieb ihr Freund.

Doch bereits nach wenigen Monaten überschattete der sich dramatisch zuspitzende Konflikt zwischen der deutschen Staatengemeinschaft unter Führung Preußens und dem napoleonischen Frankreich das Leben aller Beteiligten. Es kam zum Krieg. Da es um die Ehre Frankreichs ging, meldete sich Robert als glühender Patriot freiwillig zum Dienst in der Armee. Gemäß seinem Stand zog er kurz darauf als frischgebackener Leutnant in einen Kampf, von dem er nicht zurückkehren sollte. Er fiel in einer der blutigsten Schlachten dieses Krieges.

Zu ihrer Trauer über den Tod des Geliebten gesellte sich bald darauf das Entsetzen, als Camille feststellte, daß sie schwanger war. Als Tänzerin und in der damaligen Zeit wäre ihr damit die Existenzgrundlage entzogen. Es drohte ihr ein freudloses Leben in Armut und Schande. Das war die Stunde, auf die Yves gewartet hatte. Da er Camille immer noch liebte, bot er ihr die Ehe und die Anerkennung ihres ungeborenen Kindes an, in der unausgesprochenen Hoffnung, daß sie bald vergessen und dankbar in seine Arme sinken würde. Camille hatte keine Wahl. Yves war ihre und des Kindes einzige Chance, und darüber hinaus war er ein lieber Mensch, den sie mochte. Träume und leidenschaftliche Gefühle waren ihr in diesem Moment verständlicherweise vollkommen unwichtig, die würden sich vielleicht schon irgendwann einstellen.

Das Leben ging weiter, und beide mußten erleben, daß sich ihre Beziehung nicht so entwickelte, wie sie es sich vorgestellt hatten. Yves' Träume von einer leidenschaftlichen Camille gingen nicht in Erfüllung. Sie bemühte sich, eine liebevolle Frau und Mutter zu sein, blieb aber tief innen für ihn unerreichbar. Gefangen in ihren Erinnerungen, schien der lebenslustige und unbeschwerte Teil ihres Wesens mit Robert gestorben zu sein. Verbitterung machte sich in Yves breit. Auch er konnte sich nicht von seinen alten Vorstellungen befreien, einen neuen Anfang suchen. Beide lebten bis zu ihrem Tod nebeneinander her, ohne sich dem anderen wirklich öffnen zu können. Es war ihnen nicht möglich, ihre verhärteten Positionen im Fühlen und Denken aufzulösen. Die karmische Konsequenz war, daß sich alle drei zur erneuten Bearbeitung alter Themen wiederfinden mußten.

Der zweite Teil der Geschichte spielt im Heute, in einem deutschen Dorf nahe der französischen Grenze. In diesem Leben ist das Szenario aus Lerngründen in entscheidenden Punkten verändert.

Camille und Yves - um Verwirrung zu vermeiden, wollen wir bei den alten Namen bleiben - sind seit vielen Jahren miteinander verheiratet. Für jeden von beiden ist es die erste Ehe. Vier Kinder sorgen für viel Arbeit, so daß sich Camille nach einiger Zeit von eigenen beruflichen Träumen verabschieden und sich ganz der Familie widmen mußte. Beide sind liebevolle Eltern und leben in den eigenen vier Wänden.

Nach einem anfänglich unproblematischen Eheleben begann sich allmählich im Gefühlsleben Camilles eine unerklärliche Wandlung zu vollziehen. Sie empfand Yves gegenüber zunehmend Distanz, verschloß sich ihm, lehnte seine natürlichen Bedürfnisse nach Nähe und Intimität als ungerechtfertigte Forderungen ab. Sie steigerte sich immer mehr in eine selbst für sie unverständliche Ablehnung gegenüber dem „Mann" in Yves. Mit dem „Freund" und „Partner" in Yves hatte sie wenig Probleme, da klappte es meistens recht gut, zogen beide an einem Strang. Im Bereich des Intimlebens wurde die Ehe zunehmend problematischer, entwickelte sich für beide, besonders aber für Yves, zu einem Herd ständiger Verletzungen und Frustrationen. Ohne die Kinder wäre diese Beziehung wohl zerbrochen.

An diesem Punkt tauchte Robert wieder auf. Die Begegnung der ehemaligen Geliebten entfachte bei allen drei Beteiligten zunächst wieder die alten Gefühle, und es begann eine neue Runde im alten Spiel, diesmal aber mit wesentlich veränderten Vorzeichen. Alle drei bemühen sich heute um eine spirituelle Sicht der Dinge, um eine an geistigen Werten ausgerichtete Lebensführung, anders als dies im letzten Leben der Fall war. Und so kam eine Neuauflage der alten Beziehung für Camille und Robert nicht in Frage.

In mehreren Reinkarnationstherapien mit allen Beteiligten deckten wir diese lebensübergreifenden Zusammenhänge auf. Aber es reichte nicht aus, um auf der Gefühlsebene Camilles diese Blockade gegenüber Yves zu durchbrechen. Es sollte sich herausstellen, daß noch andere Leben auf ihr heutiges Einfluß nehmen.

Im Rahmen einer Chakra-Therapie mit Camille erlebte ich wieder das Wirken meiner Intuition, ähnlich wie ich es im 1. Kapitel beschrieben habe. Wir hatten vor Therapiebeginn über das nach wie vor ungelöste Problem gesprochen. Als ich sie therapierte, verwandelte sie sich plötzlich vor meinem inneren Auge in eine hochgewachsene, strenge Frau nordischen Typs, und ich erlebte die heutige Camille in einer ganz anderen Lebensrolle. Äußerlich attraktiv, wirkte diese Frau kalt, allem Männlichen gegenüber sehr feindlich und aggressiv eingestellt. Ich hatte den Eindruck großer innerer Verletztheit und Angst, die sich hinter einer äußeren Maske von Strenge, Sittsamkeit und Prüderie verbarg. Im weiblichen Pol Camilles stehen sich also zwei Extreme feindlich gegenüber, paralysieren sich. Hier der Aspekt der Lebensfreude, Sinnlichkeit und Offenheit, dort der Aspekt der Angst, Überforderung und Ablehnung. Je nachdem, welchem Aspekt sie sich unbewußt zuwendet, sind ihre entsprechenden Selbsterfahrungen im Hier und Jetzt.

Nach Beendigung der Therapie schilderte ich ihr meine inneren Bilder, denen sie bewegt lauschte und voll zustimmen konnte. Sie hatte plötzlich selbst eine sehr deutliche, bildhafte Vorstellung von dieser „anderen Frau" in ihr, von deren Verletzungen und Ängsten und ihrem zwanghaften Bemühen, allen drängenden Forderungen der Männerwelt mit kalter Ablehnung und Verweigerung zu begegnen.

Ich riet ihr, sich häufig meditativ mit dem positiven Aspekt ihrer Weiblichkeit zu identifizieren, sich vorzustellen, daß Camille, die Ballerina, die andere liebe- und verständnisvoll in den Arm nimmt. Daß der positive Aspekt ihrer Weiblichkeit den negativen in Gestalt der strengen, nordischen Frau tröstet, ihm die Angst nimmt, Vertrauen einflößt, damit sie all das zulassen lernt, was sie sich und damit der Gesamtpersönlichkeit noch verwehrt. Dieser Prozeß ist noch im Gang. Die Zukunft wird zeigen, welcher Aspekt ihres weiblichen Wesenspols sich in Camille durchsetzen wird.

14. KAPITEL

DAS INNERE KIND

Vor einiger Zeit kam eine Frau in mittleren Jahren zu mir. Sie, Beamtin im höheren Dienst, machte einen sehr gepflegten Eindruck, trug ein elegantes Kostüm, hatte ein sehr sicheres Auftreten. Ich erinnere mich noch, daß ich bei ihrem festen Händedruck und dem intensiven Augenkontakt zur Begrüßung dachte: Diese Frau weiß, was sie will.

Ihr Problem war, das berichtete sie mir im nachfolgenden Gespräch, daß ihr extremes Verhalten in Partnerschaften immer zum baldigen Bruch führte, worunter sie selbst am meisten litt. Wie sie mir schilderte, wechselte ihr Auftreten in Beziehungen sprunghaft zwischen sklavischer Anpassung und rebellischer Opposition. Einen mittleren Weg kannte sie nicht, ihr eigenes Verhalten war ihr ein Rätsel. Ihr war klar, daß das Problem in einem Teil ihrer Persönlichkeit lag, zu dem sie keinen Zugang fand.

Nach einigen therapeutischen Vorgesprächen vereinbarten wir, in Trance-Sitzungen nach den in ihrem Unterbewußtsein verschütteten Ursachen für ihre heutige Struktur zu suchen. Meine Intuition sagte mir, daß der Ursprung ihres Problems in der frühen Kindheit zu finden sein würde. In der zweiten Sitzung führte ich sie zurück in die Geborgenheit des mütterlichen Leibes, einige Wochen vor der Geburt. Wir waren kaum dort angelangt, als meine bis dahin so beherrschte Patientin von einem heftigen Weinkrampf geschüttelt wurde. Alte Gefühle und Ängste drängten mit Macht in ihr Bewußtsein, und sie erlebte sich wieder als das ungeliebte und unerwünschte Kind. Sie fühlte und durchlebte erneut, wie sehr ihre herzkranke Mutter sich vor der bevorstehenden Geburt fürchtete,

Angst hatte, diese nicht zu überleben, und das Ungeborene dafür verantwortlich machte.

Die Mutter überlebte die schwere Geburt, war aber von da an kränkelnd. In den folgenden Jahren durfte das kleine Mädchen nur dann zu ihr, wenn es ganz „brav" und angepaßt war, die Mutter nicht forderte oder aufregte. Und so erlebte dieses Kind nie diese für unsere Entwicklung so wichtige frühkindliche Zeit der grenzenlosen mütterlichen Liebe, dieses bedingungslose und absolute Angenommensein.

Es „lernte", daß der Erhalt der so dringend benötigten Liebe und Zuwendung von seinem unterwürfigen Verhalten abhängig war, daß man sich das Geliebtwerden nur durch Unterdrückung der eigenen Interessen und Wünsche und somit der eigenen Persönlichkeit erkaufen konnte. Damit war der Grundstein für den „sklavischen" Aspekt ihrer späteren Beziehungsproblematik gelegt.

Mit Einsetzen der Pubertät schlug die Entwicklung in die Gegenrichtung um. In trotziger Selbstbehauptung zerschlug sie nun, in sich und außerhalb von ihr, alle sie versklavenden Bindungen, machte sich mit Gewalt frei von allen emotionalen Fesseln, wurde zur Rebellin. Und sie erlebte, daß in der Unabhängigkeit sehr viel Positivität liegen kann, daß Freiheit nicht nur ihren Preis hat, sondern ihr auch Möglichkeiten und Selbsterfahrungen erlaubte, die sie bisher nicht kannte. Und so „lernte" sie, daß man nur in der Unabhängigkeit frei und man selbst sein könne, und legte damit den Grundstein für den zweiten, den „rebellischen" Aspekt ihres Partnerschaftsproblems.

War sie liebebedürftig, so zeigte sie das später durch entsprechend unterwürfiges Verhalten, erfüllte dem Partner alle Wünsche. Trat in diesem wichtigen und zentralen Bedürfnis, nach dessen Erfüllung wir alle streben, eine vorübergehende Sättigung ein, so zeigte sie die andere Seite ihres Wesens, wurde rebellisch, machte den Partner verantwortlich für ihre sklavischen Muster, bis nach einiger Zeit das

Liebesbedürfnis wieder in ihr erwachte und sie zurückkehrte zu der von ihrer Struktur erzwungenen und einzig möglichen Ausdrucksform. Keiner ihrer Partner hielt diese zwanghaften seelischen Muster und den sprunghaften Wechsel in ihrem Wesen lange aus. Und so gingen ihre Beziehungen immer wieder über kurz oder lang in die Brüche.

Als ihr nun in der therapeutischen Rückschau diese Zusammenhänge bewußt wurden, begannen wir mit der Heilung ihres inneren Kindes. Die Patientin lernte, mit Hilfe suggestiver Techniken sich selbst anzunehmen und zu lieben. Sie erlebte, daß sie, die heutige Erwachsene, ihr inneres Kind in den Arm nehmen, es trösten und ihm alle Liebe und Zärtlichkeit geben konnte. Diese von mir in Trance gegebenen Suggestionen, denen sie leicht folgen konnte, lösten starke emotionale Reaktionen aus. Alte, schmerzhafte Erinnerungen wurden unter vielen Tränen aus ihrem Wesen herausgespült und somit Platz geschaffen für das Neue. Schrittweise wandelte sich ihre Angst in Zuversicht, aus dem ungeliebten, weinenden Kind wurde langsam ein fröhliches und unbeschwertes Mädchen. Die heutige Erwachsene erlebte die innere Metamorphose am deutlichsten in einer neuen Beziehung, die sich auf Grund ihres veränderten Verhaltens ganz anders, viel positiver gestaltete, als dies früher der Fall war. Sie hatte sich selbst befreit und erlöst, und das bestätigte sich nun im Spiegel der neuen Partnerschaft.

Die pränatale und frühkindliche Phase ist für die Persönlichkeitsentwicklung des Menschen viel bedeutender, als die meisten Menschen glauben oder für möglich halten. In diesem Entwicklungsstadium werden wesentliche Grundlagen für das spätere Erleben und Verhalten gelegt. Betrachten wir die Persönlichkeit als ein Haus, so ist diese Lebenszeit sein Fundament, und die Eltern sind der Baumeister. Wie Götter bestimmen Vater und Mutter über das Wohl und Weh des Kindes, das ihnen, wie nie wieder in seinem weiteren Leben, absolut ausgeliefert und auf ihre Fürsorge angewiesen ist.

Unbewußt orientiert sich das Kleinkind ganz am Vorbild der Eltern. Vater und Mutter werden zu Archetypen des Mann- und Frauenbildes in der sich entwickelnden und noch ungeprägten Persönlichkeit des neuen Erdenbürgers. Das Erleben des Vaters in den ersten Lebensjahren bestimmt in hohem Maße mit, ob der erwachsene Sohn sich in seinem eigenen Mannsein sicher und wohl fühlt, ob er sich im Leben durchsetzen kann.

Mütter, die in problematischen Ehen leben, geben ihr negatives Mannbild oft unbewußt an ihre Kinder weiter und legen damit bereits den Keim für das spätere Scheitern ihrer Töchter in deren Beziehungen oder für die Frauenfeindlichkeit der Söhne.

Ich will damit sagen, daß die Qualität des Fundaments die Stabilität und Höhe des Gebäudes bestimmt. Das positive oder negative Vorbild der Eltern während der Schwangerschaft und in den ersten Lebensjahren entspricht einer Programmierung, die den späteren Lebensweg des Kindes in wesentlichen Punkten festschreibt.

So wie wir das Fundament eines Gebäudes nicht mehr sehen können, obwohl es für das Haus von „tragender" Bedeutung ist, so sind die in der frühkindlichen Phase von den Eltern übernommenen und verinnerlichten Vorstellungen und Wünsche in unserem Unterbewußtsein gelagert. Ohne daß es uns bewußt ist oder wir uns darüber Rechenschaft ablegen, bestimmen diese Programme die Qualität unseres Erlebens, wie wir uns verhalten, was wir annehmen oder ablehnen müssen. Die Bewußtwerdung dieser unbewußt übernommenen Glaubenssätze und Bewertungen macht uns frei, entläßt uns aus der Gefangenschaft unserer Struktur. Und wir sind nicht mehr fremd-, sondern selbstbestimmt.

15. KAPITEL

DIE SPIELREGELN DER EVOLUTION

„Ich bin der Herr, dein Gott. Du sollst keine fremden Götter haben neben mir." Dieses zentrale Gebot Gottes ist Ausdruck des immerwährenden Bemühens des Vaters um die rechte Anschauung und Erkenntnis seiner Kinder. Dies war umso notwendiger, als in der frühen Menschheitsgeschichte die Vielgötterei überhandnahm. Die spirituelle Entwicklung der Menschheit drohte in falsche Bahnen zu gelangen. Und so bemühte sich in Ägypten der visionäre Pharao Amenhotep IV., der sich selbst Echnaton nannte, den Monotheismus in Gestalt Atons, des Sonnengottes, einzuführen. Der Versuch scheiterte. Als Echnaton 1347 v. Chr. starb, kehrte die Priesterschaft und das Volk Ägyptens zu den alten Göttern zurück. Bald darauf begann unter der Führung Moses der Auszug der Kinder Israels aus Ägypten. Stimmen die Zeittafeln zur biblischen Geschichte, so müßte Moses die zehn Gebote Gottes vor etwa 3.240 Jahren empfangen haben.

Seitdem hat sich die Welt, haben sich die Menschen sehr verändert. Und es stellt sich die Frage: Haben diese Gebote noch heute Gültigkeit? Wieso brauchen wir sie überhaupt, sind wir nicht nach Gottes Willen freie Menschen? Haben wir nicht genug menschliche Gesetze, die unser Zusammenleben regeln?

Göttliche Gebote dienen zeitlos dem Heil unserer Seele, menschliche Gesetze schützen unsere leiblichen Rechte und sind darüber hinaus, entsprechend dem Zeitgeist, ständiger Veränderung und Anpassung unterworfen. Die göttlichen Gebote haben, über Zeit und Raum hinaus, unsere seelische Entwicklung und Rückkehr ins Licht zum Ziel. Die menschliche Rechtsprechung ist von zeitabhängigen, gesellschaftlichen Interessenlagen geprägt und spiegelt somit immer das begrenzte Bewußtsein des Gesetzgebers, sei dies eine Gruppe oder eine Einzelperson. Erinnern wir uns an Recht und Gesetz in der Zeit des Nationalsozialismus und vergleichen wir es mit unserer heutigen Rechtsprechung. Dann wird deutlich, was ich meine.

Was aber ist, wenn sich göttliches und menschliches Gesetz gegenseitig ausschließen, wie im Fall des Holocaust vor über fünfzig Jahren oder heute im Falle der Abtreibungsfrage? Wem sind wir mehr verpflichtet, Gott oder den Menschen? Was ist uns wichtiger, unser seelisches oder unser körperliches Heil? Und wieder bestimmt unsere Bewußtseinshöhe, welchen der beiden Wege wir einschlagen, die am Ende zu sehr unterschiedlichen Zielen und Konsequenzen führen.

Betrachten wir die zehn Gebote, so stellen wir schnell fest, daß sie zeitlose Gültigkeit haben. Sie sind heute noch so hochaktuell wie damals. Aber was steckt hinter den Geboten, welches ist ihr Sinn und Ziel? Wenn wir uns an die Gottesgebote halten, ist dadurch gesichert, daß wir an der kosmischen Evolution allen Seins teilnehmen. Sie sollen uns vor dem Rückfall in die Unbewußtheit und damit in die Trennung, die Gottferne, bewahren. Daraus folgt, der Bewußte benötigt keine Gebote, er lebt das Gesetz. Menschliche Gesetze wurden erst in dem Maße nötig, wie wir uns von den göttlichen entfernten, dem Ich den Vorzug vor dem Du gaben. Wir würden beispielsweise keine Verkehrsregeln, keine die Vorfahrt regelnden Ampeln und Schilder benötigen, wenn uns das Wohl und Interesse des anderen genauso wichtig und ständig bewußt wäre wie das unsere.

In diesem Sinne antwortet Jesus im Matthäus-Evangelium, als er gefragt wurde, welches Gebot das höchste sei:

„Als die Pharisäer hörten, daß Jesus die Sadduzäer zum Schweigen gebracht hatte, kamen sie bei ihm zusammen. Einer von ihnen, ein Gesetzeslehrer, wollte ihn auf die Probe stellen und fragte ihn: Meister, welches Gebot im Gesetz ist das wichtigste? Er antwortete ihm: Du sollst den Herrn, deinen Gott, lieben mit ganzem Herzen, mit ganzer Seele und mit all deinen Gedanken. Das ist das wichtigste und erste Gebot. Ebenso wichtig ist das zweite: Du sollst deinen Nächsten lieben wie dich selbst. An diesen beiden Geboten hängt das ganze Gesetz samt den Propheten." (Matth. 22, 34-40)

Das Gebot soll uns nicht einengen, sondern verhindern, daß wir aus Unachtsamkeit und Unbewußtheit Fehler begehen, die dann wieder auf uns zurückfallen. Es begleitet uns bis zur Bewußtheit und entläßt uns dann in eine höhere Freiheit.

Im Kindergarten schützen viele Regeln das unwissende Kind vor Schaden. Es darf nur unter Aufsicht spielen und schaukeln, den Raum nicht allein verlassen und viele andere Dinge nicht tun, die in seinem Alter gefährlich sind. Ist die Zeit der Einschulung gekommen, verlieren diese Regeln ihre Gültigkeit - mehr Freiheit, aber auch mehr Verantwortung winken. Und so geht es weiter bis zum Studium, eine Zeit, die, im Vergleich zu der Kindergartenzeit, geradezu frei zu sein scheint von allen Regeln und Geboten. Der Unterschied liegt in der Reife des Bewußtseins und der Fähigkeit und dem Willen zur Verantwortungsübernahme. Und das macht uns frei. Die Gebote sagen: Du sollst..., sie sagen nicht: Du mußt...! Sie raten, aber sie zwingen nicht. Wir bleiben also frei in unserem Willen. Und so sind göttliche Gebote Hilfen und Angebote eines liebenden Vaters, der seine Kinder kennt und nicht will, daß sie Opfer ihrer selbst werden.

Im Sommer 1988 erhielten wir eine Reihe von medialen Botschaften unter der Überschrift: „Die geistigen Gesetze und die ihnen entgegengesetzten Weltgesetze", die wir für Interessierte in einer Broschüre zusammengefaßt haben. An dieser Stelle will ich zur Abrundung des Gesagten das empfangene Vorwort dieses Botschaftszyklus zitieren:

„Die geistigen Gesetze sind die ewig gültigen Gesetze Gottes. Sie sind unumstößlich, sie gelten immer und ewig. Dagegen sind die Weltgesetze ständigen Veränderungen unterworfen, sind nicht einmal haltbar, d.h. aus geistiger Sicht ist niemand daran gebunden. Die Gesetze der Welt sind aus menschlicher Willkür entstanden, deshalb werden sie auch willkürlich von Generation zu Generation verändert.

Die geistig-göttlichen Gesetze beinhalten ewige Werte, sie sind Meilensteine des Lebens. Wer sie befolgt, hat ewiges Leben. Ewig leben aber heißt, den Tod zu überwinden, nie endendes Sein. Man kann auch sagen, Gott ist das Gesetz selbst. Gott aber kennt keine Kompromisse, er läßt sich nicht manipulieren, nicht beeinflussen. Das höchste Gesetz ist die Liebe. Die Liebe erfüllt alle Gesetze Gottes. Wahre Liebe ist makellos, selbstlos, sie fordert nicht, sie rechnet und berechnet nicht, sie ist ihre eigene Erfüllung. Die Liebe ruht in sich selbst, sie sucht nichts außerhalb des göttlichen Lichtes, aus welchem sie besteht.

Was bedeutet überhaupt Gesetz? Gesetz ist Wahrheit, göttliche Wahrheit, die ewig gilt und die alles Gute beinhaltet. Was ist gut und was ist schlecht? Gut und schlecht bestehen nur in der Betrachtungsweise. In den Augen Gottes ist alles rein, schlecht sind nur die menschlichen Gedanken, die ins Unreine abwandern. Wir wollen uns ein Beispiel vornehmen:

Kommt ein Kind zur Welt, kennt es weder Gut noch Böse. Es wächst sorglos wie eine Blume auf. Erst wenn der Oberflächenverstand sich entwickelt, beginnt das Kind nach und nach seinen Lebensablauf in gut und weniger gut einzuteilen. Dabei entscheidend ist der Einfluß der Eltern und Erzieher, ja der Einfluß seiner gesamten Umgebung. Die Umgebung infiziert das zuerst vollkommene, unvoreingenommene Kind mit Ängsten, Befürchtungen, mit Mißtrauen und Ablehnung selbst dem Reinen und Guten gegenüber. Am Anfang lebte das Kind vertrauensvoll in der Führung seines Schöpfers und Erhalters. Allmählich aber, unter der Beeinflussung seiner Mitmenschen, beginnt es, selbst die Geschehnisse seines Lebensablaufes zu regulieren. Es beginnt, in den Urfehler der Menschheit hineinzuwachsen, nämlich dem Willen Gottes seinen Eigenwillen entgegenzusetzen. Der paradiesische Zustand des neuen Menschen ist damit beendet.

Hier beginnen die Weltgesetze für ihn wichtig zu werden. Die Einmündung in den Irrweg hat begonnen. Die Verstrickungen nehmen ihren Lauf, die Würfel für das Welttheater sind gefallen. Hätte man den jungen Menschen nach rein geistigen Gesetzen erzogen und beeinflußt, wäre er immer im Strom der versorgenden Liebe Gottes zufrieden gewesen. Aber nun werden Bedürfnisse geweckt, die zu seinem Heil nicht nötig wären. Gerade diese Bedürfnisse führen zu Leid und Krankheit. Not entsteht erst dann, wenn unnötig geweckte Bedürfnisse nicht mehr befriedigt werden können. Der Mensch ist nicht geboren, um Not zu leiden, sondern um in der Versorgung Gottes alles zu haben, was seinem Frieden und seiner inneren Harmonie dient. Dazu gehören aber keinesfalls ausgefallene Wünsche, die nach Befriedigung suchen.

Da sind z.B. die Wünsche nach exklusiver Kleidung. Der Mensch betrügt sich selbst, wenn er glaubt, daß extravagante Kleidung der Harmonie seiner Seele dient. Sind aber die Bedürfnisse einmal geweckt, dann wähnt der Mensch sich schon in Not, wenn er sich diese Wünsche nicht erfüllen kann.

Die Hauptursache von Krankheiten jeglicher Art ist übermäßiges und unnatürliches Essen. Gott hat dem Menschen die Natur als reichlich gedeckten Tisch dargeboten. Aber der Mensch in seinem Streben nach Erfüllung seiner ausgefallenen Wünsche denaturiert die Früchte der Erde, vermischt sie mit Chemie und macht sie für den empfindlichen Körper unverträglich. Die Organe werden dadurch überfordert und geschädigt.

Wenn der Mensch lange genug die Gesetze der Natur, die ja auch geistige Gesetze sind, verletzt hat, dann hadert er mit Gott, der ihm angeblich schmerzhafte Krankheiten geschickt hat. Gott schickt keine Krankheiten, aber Gott ist das Gesetz. Da er dem Menschen ein für allemal einen freien Willen gegeben hat, läßt er ihn bei seinen Gesetzesübertretungen gewähren und verhindert so auch nicht, daß sich Krankheiten bei ihm einstellen.

Die ganze irdische Misere ist durch falsche Anwendung des freien Willens entstanden. Nun versucht der Mensch durch die Festsetzung eigener, also weltlicher Gesetze, die gestörte göttliche Ordnung wieder herzustellen. Das führt zu den aussichtslosen irdischen Kämpfen und Krämpfen. Göttliche Ordnung kann nur wieder entstehen durch die Einhaltung der göttlich-geistigen Gesetze.

Wir sehen bereits den Widerspruch der beiden verschiedenen Gesetze. Sie widersprechen einander seit Menschengedenken. Die Menschheitsentwicklung hat einen Punkt erreicht, da es dringend geboten ist, die weltlichen Gesetze fallen zu lassen und die geistigen zu respektieren und das Leben danach auszurichten. Diese Umkehr lohnt sich immer. Selbst der verfehlteste Mensch kann, sobald er die göttlichen Gesetze in seinem Leben praktiziert, wieder ins Licht und damit zu Gesundheit und Harmonie geführt werden."

AUSKLANG DES ERSTEN TEILS

Ein Buch, das versucht, sehr komplizierte Zusammenhänge verständlich darzustellen, läuft immer Gefahr, entweder als zu vereinfachend oder zu theoretisch empfunden zu werden. Deshalb habe ich eine sehr persönliche Erfahrung an das Ende des ersten Teiles gestellt, die in sich bildhaft all das birgt, was tausend Worte nicht besser erklären können.

Ende 1993 machte ich mit meiner damaligen Frau Ursula eine Trance-Therapie, in deren Verlauf es zu Erlebnissen kam, die sie mit eigenen Worten wie folgt schilderte:

„Schon während ich rhythmisch atmend dalag, kamen die ersten Bilder. Eines hat sich so stark manifestiert, daß es während der Entspannungsphase sehr plastisch bestehen blieb. Es war eine Wolke, die das Licht der Sonne nicht zur Erde durchließ. Als ich nun durch das Tor zu Raum und Zeit trat, durch den Nebel ging, erlebte ich zuerst eine pulsierende Scheibe, die im Wechsel goldenes sowie violettes Licht aussandte. Doch dieses Licht breitete sich so schnell aus, daß nach einigen Augenblicken alles nur noch Licht war. Die Strukturen sowie Formen lösten sich auf, es existierte nur noch Licht. Ich spürte, daß auch ich nur noch Licht war, pulsierendes Licht. Im unendlich weiten Raum war nur noch Licht. Im Vordergrund, dort, wo ich mich fühlte, war das Licht leuchtend hell mit pastellfarbenen Reflexen. Doch in der Tiefe des Raumes war eine ungeheure, gleißende Lichtfülle, bei deren Anblick ich das Gefühl hatte, geblendet zu werden. Der gesamte Raum war erfüllt von dieser unendlichen, vibrierenden Lichtkraft.

Daß es Kraft war, spürte ich sehr genau. Es war, als sei ich mit dem Zentrum dieses Lichtes verbunden und als würde es mich magnetisch anziehen. Ich spürte ein unsichtbares Band. Es war, als wenn auch in mir, im Zentrum meines Herzens, dieses Licht einen Mittelpunkt, einen Funken hätte. Zwar klein, aber die gleiche pulsierende Kraft, das gleiche Licht. Dann, nach dieser Erkenntnis, nach diesem Spüren, das Gefühl, diesem Licht immer näherzukommen. Es war nur noch leuchtendes, gleißendes Licht zu sehen. Ich hatte das Gefühl, dem Zentrum immer näherzukommen, ohne es aber wirklich zu sehen. Plötzlich waren Schwingungen zu spüren, die Informationsimpulse weitergaben. Informationen, die man schlecht in Worte packen kann. Eine Information war klar und deutlich zu vernehmen, die sagte aus, daß all diese Lichtfülle, diese Kraft nur der Widerschein des Absoluten war, daß es die erste Hinausstellung der ungeoffenbarten Gottheit war, die Quelle allen Seins. In diesem Moment spürte ich mehr, als ich sah, daß aus diesem Licht ein Dreieck hervorkam, dessen Endpunkte wie rotierende Chakras aussahen. Die Umdrehungen waren sehr schnell und schleuderten Kaskaden von Licht in den unendlichen Raum. Dieses Licht brach sich in allen Spektralfarben und durchdrang alles. Es war, als sei dieses Dreieck für alles Leben verantwortlich, als ginge von ihm das Leben und die Beweglichkeit, ja die ganze Evolution aus, als wäre ohne dieses Licht, ohne diese Bewegung nichts möglich. Bei diesem intensiven Betrachten spürte ich, daß diese pulsierende Bewegung auch in meinem Herzen stattfindet, dort, wo ich das Zentrum vorher gespürt habe.

Ich spüre, daß ich es bin, dieses sich drehende Chakra. Es ist Kraft in diesem Spüren, die Erkenntnis, daß ich teilhabe an dieser lebensspendenden Bewegung, daß das Schöpfung ist.

Doch dann bin ich dieses aus dieser Drehung geborene Licht, habe das Gefühl des Abstieges, so, als müßte ich die Stufen einer Pyramide hinabsteigen, als müßte mein Licht, das ich nun bin, alle Ebenen durchdringen. Zuerst ist es leicht, noch das Erleben der Freiheit und der Leichtigkeit. Doch je tiefer ich steige, um so schwerer wird es, dieses Gefühl „ich bin Licht" bewußt festzuhalten. Je manifester die Ebenen werden, um so deutlicher begegne ich Gestalten und Situationen, die ich schon durchlebt haben muß. Aber auch eine gewisse Beklemmung befällt mich zu versagen, die Furcht, nicht mehr das Bewußtsein aufrechterhalten zu können, Licht vom Lichte zu sein, meine Aufgabe zu erfüllen. Und doch weiß ich, daß dieser Kampf unausweichlich ist. Ich muß kämpfen, ich muß dieses in mir lebendige Licht in alle Ebenen bringen. Es muß auch mich vollkommen durchdringen. Einige Szenen kommen näher, zeigen mir, warum diese Angst und Befürchtung mich so quält, zeigen, warum ich solche Unsicherheiten im Umgang mit Axel habe, zeigen mir, daß ich sowohl ihn als auch mich schuldig spreche, daß ich ihm seine Menschlichkeit vorwerfe, seine Verknüpfung in die Emotionalität, und erfahre, daß, in einer anderen Situation, ich mich auch in diese Emotionalität verstricke. Erlebe, daß ich mich verurteile, versagt zu haben, nicht so perfekt gewesen zu sein. Glaube, mich bestrafen zu müssen für meinen nicht vollkommenen Ausdruck dieses Lichtes auf dieser Erde. Alle Gestalten des scheinbaren Versagens passieren in Sekundenschnelle mein Bewußtsein. Ich spüre meine eigene Verachtung, meine mangelnde Liebe für mich selbst. Ich bin mir nicht gut genug. Ich beurteile meine Beziehung zu Axel vor dem Hintergrund meiner scheinbaren Erfahrung.

Doch dann die Erkenntnis: „Es gibt keine Schuld, nur Erfahrung." Alles ist geboren aus diesem Licht, und die Erfahrung, dieses Licht zu sein, schafft tiefen Frieden in mir. Ich hoffe, daß es mir gelingt, diese Erfahrung umzusetzen und so angstfrei zu leben. Den Menschen das zu geben, was nottut; das Licht, das die Perspektive in sich trägt, die Sehnsucht im Menschen zu wecken, sich auf den Rückweg zu machen zur Quelle dieses Lichts, nach Hause."

Am Ende des ersten Teiles dieses Buches wollen wir einen Blick zurück auf den Anfang werfen. Genauer gesagt auf das Titelbild.

Bereits Wochen bevor ich mit dem Schreiben begann, hatte ein Mitglied unserer Gemeinschaft während einer Meditation in unserem Zentrum diese detaillierte Vision. Hans Bopp ist von Beruf Grafiker und Maler. Deshalb war er das geeignetste Medium für die Durchgabe dieser Botschaft in Form eines Bildes. Als ich im Januar 1995 Hans bat, mir ein Bild für das Titelblatt zu malen, erzählte er mir erstmals von dieser Vision und daß er bis dahin nicht gewußt habe, warum er sie empfangen hatte und was er damit anfangen sollte. Nun wußte er es.

Ein Bild sagt mehr als tausend Worte. Und das gilt besonders für dieses, das als eine vorweggenommene Zusammenfassung des folgenden Inhalts gelten kann. Zentrales Thema des Buches ist die Beschreibung des Wegs des Menschen durch die duale Schöpfung. Erde, Wasser, Feuer (symbolisiert durch die Fackeln) und Luft (symbolisiert durch die Feder) sind die vier Elemente irdischer Schöpfung und bilden unseren Lebensraum. Die Harmonie zwischen männlichem und weiblichem Pol in uns ist dabei der Gradmesser für den Stand unserer Entwicklung zurück in die Einheit. Wenn beide Pole im Konflikt miteinander sind, wenn unser „innerer Mann" und unsere „innere Frau" sich den Rücken zukehren, dann welken und fallen die Blätter am Baum des Lebens. Wenden sie sich einander zu und bejahen sich in uns beide Wesenspole liebevoll, dann grünt und blüht der Lebensbaum. Verschmelzen beide Pole miteinander wie das Schwert (Symbol des Männlichen) mit dem Kelch (Symbol des Weiblichen), dann kehren wir zurück ins Licht.

TEIL 2

VORWORT

Lange bevor ich mit dem Schreiben dieses Buches begann, hatte man mich bereits dazu von geistiger Seite aus nachdrücklich aufgefordert. Da sich, außer bei meiner Frau und mir, noch bei anderen Mitgliedern unserer Gemeinschaft mediale Fähigkeiten zeigten, ist es nur natürlich, daß ich den Botschaften unserer jenseitigen Freunde in diesem Buch breiten Raum eingeräumt habe.

Was wollen wir - meine geistigen „Mitautoren" und ich - mit diesem Buch erreichen? Betrachtet man die Fülle esoterischer bzw. spiritueller Literatur, so erkennt man schnell die Problematik, mit der der „Neueinsteiger" sofort konfrontiert ist. Ein Berg von Büchern, die unterschiedlichsten esoterischen, spirituellen und religiösen Erklärungsmodelle, eine Vielzahl medialer Werke von sehr unterschiedlicher Qualität. Gurus, Magier, Schamanen, Heiler: Was tummelt sich nicht alles auf dem esoterischen Buchmarkt! Wer will da noch durchblicken und wo soll der interessierte Laie anfangen? Wie und nach welchen Kriterien soll er sich entscheiden, wo er doch dieses breite Feld esoterischer Informationen, Möglichkeiten und Angebote gar nicht überblicken und deshalb das ihm Entsprechende nur schwer finden kann?

Mein Buch soll eine Hilfe auf diesem Weg sein. In den einzelnen Kapiteln führe ich den interessierten, suchenden Leser zum ersten Verständnis zentraler esoterischer und spiritueller Themen, ohne sie in ihrer ganzen Tiefe abzuhandeln, was ja jedesmal ein oder mehrere eigene Bücher erforderlich gemacht hätte. Wer sich von diesem oder jenem Thema angesprochen fühlt und mehr wissen will, der kann sich über den Verlag an mich wenden. Ich habe die Absicht, dem

Sucher einen „Panoramablick" über die seelisch-geistige Landschaft zu ermöglichen, ohne ihn mit der Fülle der für den ersten Kontakt unnötigen Details zu erschlagen. Durch die Wiedergabe eigener Erfahrungen habe ich - dort wo es möglich war - versucht, die oft als abstrakt und abgehoben empfundenen Themen in konkret erlebbare Realität zu übersetzen. Ich hoffe, beides ist mir ein wenig gelungen.

Religionen sind für mich unterschiedliche Erklärungsversuche der gleichen Urwahrheiten. Alle wollen sie uns zu Gott, der Quelle allen Seins, führen. Es ist also letztlich gleichgültig, welchen Weg ich wähle. Entscheidend ist nur, daß ich mich auf den Weg mache. Für mich persönlich ist das Leben und Wirken Jesu Christi Leitbild, und seine zeitlose Botschaft die Essenz dessen, was ich unter wahrer Spiritualität verstehe. Entsprechend ist mein geistiges Weltbild geprägt von der Erfahrung eines kosmischen Christus und meine Interpretation der in diesem Buch behandelten Themen vor diesem Hintergrund zu sehen.

Religionen, Philosophien, esoterische Theorien und Weisheitslehren haben für uns nur dann einen Wert, wenn sie uns letztlich zur konkreten Erfahrung führen. Insofern habe ich mich bemüht, nur über das zu schreiben, was ich selbst in und außerhalb von mir erfahren und erlebt habe. Deshalb sage ich auch zu Beginn: Ich glaube nicht an Gott - ich erlebe ihn, ich habe ihn wiedergefunden, er ist mir zum wichtigsten Partner und Freund geworden. Wenn meine Bücher nur ein wenig dazu beitragen, daß auch Sie, lieber Leser, dies einmal von sich sagen können, dann haben sie ihren Sinn erfüllt.

EINLEITUNG

Im November 1994 feierten wir das zehnjährige Bestehen unserer Gemeinschaft. Ein langer Weg lag hinter uns. Menschen hatten sich gefunden. Kinder waren geboren worden. Brücken der Liebe waren über weite Entfernungen hinweg gebaut worden. Aber warum das alles und zu welchem Zweck? Das werde ich oft gefragt, und es fällt mir schwer, darauf eine kurze Antwort zu geben.

Am Anfang standen innere Stimmen und Visionen, die meiner Frau und mir schrittweise ein geistiges Szenario kosmischen Ausmaßes enthüllten und die uns beauftragten, diese Informationen und dieses Wissen Dritten zu vermitteln und es ihnen zu erklären. So wie wir beide in dieses neue Bewußtsein, in diese Welt hinter der physischen Welt, hineingeführt wurden, gaben wir es an Menschen weiter, die uns zugeführt wurden. Daraus entstand ein spirituelles Lichtzentrum, das Tochterzentren in USA, Peru, Kolumbien und Syrien und einzelne Mitglieder in vielen anderen Ländern dieser Erde hat. Juristischer Sitz unserer Gemeinschaft war Saarbrücken, also eine deutsche Stadt unmittelbar an der französischen Grenze. Das Zentrum selbst lag direkt hinter der französischen Grenze. Und das war kein Zufall, sondern entsprach spirituellen Absichten bzw. hatte geistige Gründe, die ich hier einmal entschlüsseln will.

Zentrales Thema des ersten Teiles meines Buches ist die Beschreibung des Wegs des Menschen durch die duale Schöpfung. Die Harmonie zwischen männlichem und weiblichem Pol in uns und in unseren Beziehungen ist dabei der Gradmesser für den Stand unserer Entwicklung zurück in die Einheit. Einheit, der höchste Bewußtseinszustand, kann also nur erreicht werden, wenn das männliche und das weibliche Prinzip im Ausgleich sind und in Liebe miteinander verschmelzen.

In den folgenden Kapiteln spreche ich u.a. über Gleichnisse und Symbole sowie ihre Funktion, Verborgenes sichtbar und Absolutes faßlich zu machen. Auch die Ortswahl unseres Zentrums hatte gleichnishaften Charakter. Es lag direkt an der Grenze zwischen Deutschland und Frankreich, dort, wo sich zwei Kulturen, zwei Nationen, aber - aus spiritueller Sicht - auch zwei Wesenheiten treffen. In der Esoterik wie auch bei den Naturvölkern ordnen wir nun jedem Volk geistige Persönlichkeiten zu, die die Volksgemeinschaft nicht nur schützen und führen, sondern sie auch symbolisch repräsentieren sollen.

Für Deutschland ist das „der Michel", also der Urerzengel Michael, der die göttliche Kraft und Macht und somit auch das männliche Prinzip vertritt. Frankreich verehrt „Marianne", also Maria, die Mutter Jesu, die den weiblichen Aspekt der Gottheit, das empfangende und lebensspendende Prinzip darstellt. Frankreich und Deutschland sind also auf der übergeordneten Ebene der Nationen Repräsentanten der dualen Schöpfungspole. Wenn Frankreich und Deutschland in Harmonie miteinander leben, so hat das Auswirkungen auf das globale Bewußtsein. War es nicht die Aussöhnung zwischen beiden Staaten nach dem letzten Weltkrieg, die als Keimzelle das neue vereinte Europa und seine wichtige Rolle in der Welt überhaupt erst ermöglichte?

Die Tatsache, daß unser Zentrum also an der Nahtstelle beider Prinzipien liegt, besagt, daß ein Auftrag unserer Gemeinschaft die Schaffung von Einheit durch die Vereinigung der polaren Gegensätze ist. Deshalb sind der Kreis als Ganzes und seine untergeordneten Organisationsstrukturen bezüglich der Geschlechter paritätisch besetzt, waren meine damalige Frau und ich als Initiatoren dieses Kreises ein Paar, wurde die Decke unserer großen Gebets- und Meditationshalle von zwei Säulen getragen.

Ein weiterer zentraler Auftrag unserer Gemeinschaft war es, interessierte und dafür offene Menschen auf die Notwendigkeit des bevorstehenden Paradigmenwechsels und seine Begleiterscheinungen hinzuweisen. Die Bibel nennt sie Apokalypse, was wörtlich aus dem Griechischen übersetzt „Offenbarung" bedeutet. Die Esoterik nennt diesen materiellen und geistigen Umbruch die Geburt eines neuen Bewußtseins sowie die Zeit danach das „Wassermann- oder goldene Zeitalter". Es gibt darüber viele Veröffentlichungen, und auch im ersten Teil meines Buches habe ich dazu Stellung bezogen.

Ich wünsche mir, dieses Buch möge dazu beitragen, daß der Leser die Ereignisse der Jetztzeit wie die der kommenden Tage richtig einordnen und bewußt erleben kann.

1. KAPITEL

DER MENSCH ALS GLEICHNIS GOTTES

„Durch viele solche Gleichnisse verkündete er ihnen das Wort, so wie sie es aufnehmen konnten. Er redete nur in Gleichnissen zu ihnen; seinen Jüngern aber erklärte er alles, wenn er mit ihnen allein war." (Mk 4,33-34)

Die Bibel ist wohl in den letzten zwei Jahrtausenden das wichtigste Buch, ihre Botschaft der prägendste Impuls für die religiöse, kulturelle und zivilisatorische Entwicklung der westlichen Welt gewesen. Der wahre Wert der Bibel liegt aber nicht in ihrer Wortbedeutung, sondern ist verborgen in und hinter den Schilderungen scheinbar rein historischer Ereignisse. So wie wir eine Frucht erst ihrer äußeren Schale entkleiden, um an den süßen Kern zu gelangen, so müssen wir auch die geschilderten vordergründigen Ereignisse als äußere Erscheinungsformen innerer kausaler Wahrheiten erkennen lernen. Die Bibel ist ein Mysterienbuch. Sie erschließt sich nur dem, dessen Bewußtsein hinter dem Wortsinn die ewig gültigen kosmischen Ursachen und Gesetze und damit Gott entdecken will und kann.

Damit kein Mißbrauch mit diesem Wissen getrieben wird und um das göttliche Wort, unser höchstes Gut, vor der Profanisierung zu schützen, wurde die Botschaft gleichsam verschlüsselt, in Bildformen gekleidet, die der Reife und dem Verständnis der Menschen dieses Zeitalters angepaßt waren. Nur der um Erkenntnis ringende Mensch erhielt und erhält noch heute mit seinem sich entwickelnden Bewußtsein den Schlüssel für das rechte Verstehen des Verborgenen. Und so hüllte Jesus, wie im Neuen Testament nachzulesen ist, seine kosmische Botschaft in viele Gleichnisse ein. Einige Gleichnisse, die sofort zu verstehen für die damaligen Zuhörer und ihre Entwicklung wichtig war, deutete er anschließend selbst, die meisten aber blieben unerklärt. Aber nicht nur seine Botschaft, das ganze Leben Christi war Gleichnis, sollte uns den Gottesgeist im Menschen anschaulich vor Augen führen, Gott für uns faßlich machen.

In der Dichtung verstehen wir unter einem Gleichnis eine Ausdrucksform, die eine Vorstellung durch den Vergleich mit einer zweiten - aus einem anderen, meist sinnlich-gegenständlichen Bereich - anschaulicher oder eindringlicher macht. Besonders in den Verkündigungen der Religionsstifter Jesus, Buddha, und Mohammed dienen die Gleichnisse einerseits der Verdeutlichung der Lehre, andererseits aber auch dem Gegenteil, der Geheimhaltung vor der breiten Masse aus den genannten Gründen. Um die das Bewußtsein des Durchschnittsmenschen überfordernden geistigen und seelischen Realitäten faßbar und verständlich zu machen, bedient sich das Gleichnis oft der Analogie (griechisch: Übereinstimmung).

Die Philosophie versteht unter Analogie das Verhältnis der Entsprechung zwischen in bestimmten Punkten ähnlichen, aber nicht identischen Gegenständen und Sachverhalten. „Wie unten so oben" ist eine der bekanntesten esoterischen Analogien, was besagt, daß der Mikrokosmos dem Makrokosmos entspricht. Das Atom findet seine Entsprechung im Sonnensystem, der Mensch entspricht Gott, denn er ist nach seinem Ebenbild erschaffen.

Die meisten Menschen sind Gefangene ihres Körpers und damit der Welt, wie sie uns unsere fünf Sinne erklären. Das Geistig/Seelische liegt aber jenseits der Erfahrbarkeit durch die physischen Sinne. Das Gleichnis übersetzt somit dem Normalbewußtsein Unfaßbares in faßliche und anschauliche Bilder und Formen der Sinnenwelt. Im ersten Teil meines Buches habe ich dies am Beispiel mehrerer Gleichnisinterpretationen verdeutlicht, so daß ich mich an dieser Stelle auf ein Beispiel beschränken kann:

„Er erzählte ihnen ein weiteres Gleichnis und sagte: Mit dem

Himmelreich ist es wie mit einem Senfkorn, das ein Mann auf seinen Acker säte. Es ist das kleinste von allen Samenkörnern, sobald es aber hochgewachsen ist, ist es größer als die anderen Gewächse und wird zu einem Baum, so daß die Vögel des Himmels kommen und in seinen Zweigen nisten."

Das Himmelreich ist wie die Hölle kein Ort im Jenseits, sondern ein Bewußtseinszustand. Wir verstehen unter „Himmel" die Sphäre des Göttlichen, die auch Lichtreich genannt wird. In jedem Menschen finden wir in seinem Herzen einen winzigen Lichtfunken, einen Aspekt des Göttlichen - den Himmel in uns - vergleichbar einem Senfkorn. Das Herz, mythologisch der Sitz des Geistes und damit des Bewußtseins, entspricht im Gleichnis dem Acker. Der Acker und seine Früchte ernähren den Menschen, gewährleisten sein Überleben, bestimmen aber auch die Qualität seines Lebens. Analog ist an den Früchten unseres Bewußtseins und damit unseres Handelns zu erkennen, „wes Geistes Kind wir sind". Und so wachsen in unserem Herzen, also in unserem Bewußtsein, viele Wünsche wie Gewächse auf dem Acker.

Das Senfkorn, auch Symbol unserer Sehnsucht nach dem Göttlichen, unseres Suchens nach Erkenntnis, ist zu Beginn unseres Lebens, bei der Aussaat, klein und scheinbar unbedeutend. Im Laufe des Lebens entwickeln wir uns, das Spirituelle in uns gewinnt immer mehr an Bedeutung, kann heranwachsen zu einem Baum der Erkenntnis, der anderen Wesen Heimat, Schutz und Nahrung bietet. So finden wir im Umfeld eines entwickelten Menschen oft andere Menschen, die von den „Früchten seines Ackers", seiner Bewußtheit profitieren. Selbst göttliche Wesen anderer Ebenen der Existenz, „die Vögel des Himmels", kommen, um sich an dem hell leuchtenden geistigen Licht des Erweckten zu laben und um sich in seiner Aura zu entwickeln, „in seinen Zweigen zu nisten".

Warum wählte nun Jesus in seinem Gleichnis ausgerechnet das kleinste Samenkorn? Dahinter verbirgt sich sein Wissen um das holographische Reproduktionsgesetz. Es besagt, daß sich das Ganze aus seinem denkbar kleinsten Teil reproduzieren läßt. Von psychologischer Bedeutung dabei ist, daß das Ganze sich eben nicht nur durch einen möglichst großen Teilaspekt wiederherstellen läßt, sondern auch und gerade durch sein kleinstes denkbares Teil. Das schließt Gefühle und Argumente der Benachteiligung von vornherein aus.

Lassen wir ein mittels moderner Lasertechnik erstelltes holographisches Bild fallen und nehmen wir den kleinsten Splitter des zersprungenen Bildes auf. Durch dieses winzige Fragment des Bildes lassen wir das gleiche Laserlicht fließen, und es entsteht wieder das ganze ursprüngliche Bild. Anders ausgedrückt: Im Hologramm ist die Information des Ganzen in jedem seiner Teile enthalten. Jeder von uns trägt nun einen solchen winzigen Aspekt Gottes in sich. Schicken wir nun das gebündelte Licht unserer Liebe und Erkenntnis durch diesen Geistfunken, so entsteht nach dem genannten Gesetz in uns das Bild Gottes. Das winzige Senfkorn ist zu einem Baum herangewachsen, der alles andere überragt. Die Gottesschau, das Gotteserleben ist zum zentralen, alles andere überragenden Thema und zur Erfüllung unseres Lebens geworden. Aus einem unbewußten Menschen wurde ein Erleuchteter. Gott ist im Menschen erstanden.

Dem aufmerksamen Leser wird nicht entgangen sein, daß ich hier teilweise das Gleichnis vom Senfkorn mit einem weiteren Gleichnis und der Analogie eines Laserbildes bzw. Hologramms und seiner Eigenschaften erkläre. Tatsächlich begegnet uns gleichnishaftes und analoges Denken, Verhalten und Erleben in allen Bereichen menschlichen Seins. An einem wichtigen Punkt meiner persönlichen Entwicklung beispielsweise hatte ich einen gleichnishaften, mystischen und prophetischen Traum:

Ich erlebte mich in meiner heutigen Gestalt als Mann in der Bank einer alten, ehrwürdigen Kirche sitzen. Als ich im Traum einmal versunken unter mich blickte, sah ich zu meiner unangenehmen Überraschung eine große Blutlache zu meinen Füßen. Ich wußte sofort, daß das Blut von mir stammte. Aber ich entdeckte keine Verletzung, fühlte keine Schmerzen. Ich schaute erschrocken ein zweites Mal hin, und da lag mitten in der Blutlache ein munter strampelndes Baby. Und wieder wußte ich sofort, daß ich dieses Kind geboren hatte. Etwas verwirrt erwachte ich aus dem Traum, und es dauerte einige Tage, bis ich mir seiner Bedeutung voll bewußt wurde: Das Faktum meiner heutigen Gestalt bedeutete, daß es um eine aktuelle Thematik, um dieses Leben ging. Die alte, ehrwürdige Kirche symbolisierte das Feld des Geschehens, meine spirituelle und religiöse Entwicklung. Die Blutlache besagte, daß dem Nachfolgenden schmerzhafte Prozesse vorangehen würden. Ich mußte zuvor etwas verlieren, etwas für mich Wichtiges loslassen. Am Ende wartete die Geburt des Kindes, ein Symbol für Erneuerung bzw. die geistige Wiedergeburt.

Als esoterischer Therapeut arbeite ich viel mit Trance-Techniken und benutze dabei ganz bewußt gleichnishafte und analoge Bilderfolgen in meinen Suggestionen. Um in meinen Patienten eine lichtvolle und entspannte Atmosphäre zu schaffen, ihnen die lichten Reiche ihrer Seele und ihres Geistes nahezubringen, suggeriere ich ihnen z.B. einen Spaziergang, nackt wie im Paradies, auf einer einsamen südlichen Insel. Ich lasse sie die sinnliche Erfahrung von Wind, Wasser und Erde machen und die Wärme und das Licht der Sonne spüren, das durch ihren Scheitel einströmt und sich im ganzen Körper verteilt. Vom Mittelpunkt der Erde kommend fließt, von mir suggeriert, die Kraft von Mutter Erde durch ihre Füße in den ganzen Körper und vereinigt sich im Herzen mit dem Licht von oben. Durch die Vermählung beider Kräfte ist es dem Patienten möglich, zumindest zeitweise Einheit in sich zu schaffen und im weiteren

Verlauf der Therapie geistig-seelische Bereiche bewußt zu betreten. Mit Hilfe des suggerierten physischen Gleichnisses gelingt es dem Patienten meistens, Erfahrungen der übersinnlichen Welt besser zu erfassen und zu verstehen.

Die Hochreligionen dieser Welt beschreiben die Schöpfung als ein Herausstellen göttlicher Aspekte aus der Einheit. Die Einheit wollte sich in der Vielheit erkennen. Gewissermaßen zersplitterte das Einheitsbild Gottes - siehe den Vergleich mit dem Hologramm - in viele Fragmente, die Individualität des einzelnen Menschen. Die Einheit erstirbt in die Vielheit der Form und soll nun durch Bewußtwerdung zurückkehren in die Einheit, also in der Form als „Ich" ersterben und wiedergeboren werden in die Einheit des Höheren Selbst, dem Gott in uns.

Dieses Mysterium der scheinbaren Zerstückelung der Einheit in die Vielheit und der Wiedergeburt in die Einheit finden wir gleichnishaft dargestellt und nachvollzogen in den Botschaften und Ritualen vieler Religionen.

Die ägyptische Religion spricht von dem in die Welt gekommenen Götterpaar Isis und Osiris. Osiris wird von seinem neidvollen Bruder Seth getötet, zerstückelt und die einzelnen Körperteile über die ganze Welt verstreut. Isis macht sich auf den schwierigen Weg, die verstreuten Körperteile ihres Gemahls zu suchen und wieder zusammenzusetzen. Und der ursprüngliche Osiris ersteht wieder in der neuen Gestalt des gottgleichen Horus. Psychologisch ausgedrückt steht Osiris für das Ego, das in einem Transformationsprozeß „sterben" muß, damit es in Horus, als „Höheres Selbst", in uns wiedergeboren werden kann.

Das Gleichnis des Brotbrechens und des Zerbrechens der Hostie in der Eucharistie der christlichen Kirchen symbolisiert und erinnert damit in ritueller Form an dieses Zerstückeln der Einheit in die Vielheit, auf daß Gott in uns wiedergeboren werde.

2. KAPITEL
SYMBOLE ODER DIE BILDERSPRACHE DES BEWUSSTSEINS

Zur Begriffserklärung möchte ich einige Sätze von Manfred Lurker, Autor mehrerer Fachbücher über Symbolik, wiedergeben, die das Themenfeld beleuchten:

„Die Bedeutung des Symbols liegt nicht in sich selbst, sondern weist über sich hinaus. Nach Goethe ist wahre Symbolik überall dort, wo das Besondere das Allgemeine repräsentiert, nicht als Traum oder Schatten, sondern als lebendig-augenblickliche Offenbarung des Unerforschlichen. Für den religiösen Menschen ist das Symbol ein konkretes Phänomen, in dem der Gedanke des Göttlichen und Absoluten in solcher Weise immanent wird, daß er zum deutlicheren Ausdruck gelangt als durch Worte...Heilsgeschichtlich ist das Symbol Ausdruck für die nicht abgebrochene Verbindung zwischen dem Schöpfer und seiner Schöpfung... Wenn aus der Fülle des göttlichen Urbildes die Einzelbilder offenbar werden, dann sind diese im eigentlichen Sinn sym-bolon, Zusammenwurf, Zusammenschlag von Zeit und Ewigkeit...Das Symbol ist Verhüllung und Offenbarung zugleich."

Für uns Menschen sind Symbole ähnlich wie Gleichnisse Hilfen, um sonst Unvorstellbares vorstellbar zu machen. Sie sind Bedeutungsträger, die etwas vermitteln, das über seine bloß banal-äußerliche Form hinausgeht. Alles kann uns zum Symbol werden - ein Gegenstand, ein Bild, eine Handlung oder ein Erleben. Und so stand am Anfang meiner Hinwendung zu Religion und Esoterik eine für mich zutiefst symbolträchtige Erfahrung.

Anfang der achtziger Jahre hatte ich durch die Ausübung der Transzendentalen Meditation und ihrer „Siddhi-Techniken" (Techniken zur Erlangung höherer Bewußtseinszustände und paranormaler Fähigkeiten) begonnen, mich zunehmend mit meinem Unterbewußtsein zu beschäftigen. Meine damalige Frau aus erster Ehe hatte sich ebenfalls initiieren lassen. An einem sonnigen Herbstsonntag saßen wir auf der Terrasse unseres Hauses. Wir hatten einen Meditationslehrer zu Gast, der an diesem Tag mit meiner Frau ihre Erfahrungen und Fragen besprechen wollte.

Ich saß, in ein esoterisches Buch vertieft, etwa zwei bis drei Meter entfernt von den beiden. Meine Beine, wegen der herbstlichen Kühle in eine Decke gehüllt, lagen in einem Sessel mir gegenüber. Unser Besucher war sehr beschlagen in Symboltechniken, wie dem Deuten von Tarot-Karten und der Interpretation astrologischer Horoskope. Wir hatten uns schon öfter über mein Geburtshoroskop unterhalten, und so wußte er, daß ich doppelter Skorpion bin, daß neben der Sonne auch mein Aszendent im Skorpion steht.

Skorpion-Menschen erleben sich häufig sehr polar: Himmelhoch jauchzend oder zu Tode betrübt, lieben oder hassen, heiß oder kalt. Alles „Dazwischen" ist ihnen fremd, „die Lauen sind ihnen ein Greuel". Deshalb wurde beispielsweise der Skorpion-Typ in der Astrologie der Antike auch durch einen Adler, der eine Schlange in den Fängen trägt, dargestellt. Beide Tiere symbolisieren die beiden gegensätzlichen seelischen Pole, die beim Skorpion-Menschen so deutlich zutage treten. Die Schlange steht dabei für den erdgebundenen, in die Materie verstrickten, der Adler für den nach oben strebenden, erlösten Aspekt.

Während ich also auf der Terrasse unseres Hauses in meinem Buch blätterte, hörten wir plötzlich einen lauten Flügelschlag über uns, und im nächsten Augenblick ließ sich eine große Elster auf einer Armlehne des Sessels nieder, in den ich meine Beine gebettet hatte. Irgend etwas in mir ließ mich ganz ruhig und gelassen bleiben. Neugierig beobachtete der Vogel die Bewegung meiner Füße unter der Decke. Unser Gast - auf ungewöhnliche Erfahrungen durch seine Ausbildung vorbereitet - fuhr unbeirrt fort in seinen Erklärungen. Lediglich meiner Frau wurde das Ganze zunehmend unheimlich, zumal die Elster mehrere Minuten in dieser Position verharrte und uns alle drei abwechselnd mit ihren schwarzen Knopfaugen prüfend musterte.

Nach einer Weile sprang sie auf den Boden und flog von dort über die Brüstung in den darunterliegenden Garten. Sie war nun außerhalb meines Blickfeldes, aber ich konnte noch ihr aufgeregtes Gekrächze hören. Aufmerksam geworden erhob ich mich, und wir alle drei blickten hinab in den Garten, wo der große Vogel gerade mit heftigen Schnabelhieben eine etwa vierzig bis fünfzig Zentimeter große Blindschleiche attackierte.

Bei diesem Anblick durchzuckte mich die Erinnerung an die Schlange/Vogel-Symbolik meines Sternzeichens, die ich mit unserem Besucher erst kürzlich diskutiert hatte. Wir schauten uns beide bedeutungsvoll an, und mir wurde bewußt, daß der Vogel mich gerade dort in meinem Buch unterbrochen hatte, wo der Autor erklärte, daß es an einem gewissen Punkt der Entwicklung sinnvoll sein kann, Kenntnisse über vergangene Existenzen zu haben. Ich interpretierte damals das Erlebte als symbolische Aufforderung, mich nun ernsthafter als bisher mit den Schattenseiten meiner Persönlichkeit auseinanderzusetzen. Am folgenden Montag meldete ich mich für eine vierwöchige Reinkarnationstherapie im Institut von Thorwald Dethlefsen in München an, die ich aber erst im Sommer des folgenden Jahres - ich hatte meinen Jahresurlaub bereits hinter mir - antreten konnte. Und damit begann der Weg in mein zweites Leben, wie ich es in den Anfangskapiteln meines ersten Buches beschrieben habe.

3. KAPITEL
ANIMUS UND ANIMA

In der Welt der Dualität erfahren wir uns polar, erleben wir uns in Gegensätzen. Um Licht überhaupt erkennen zu können, benötigen wir seinen Gegensatz, die Finsternis. Gut wäre ohne Böse nicht denkbar. Das Oben bedingt das Unten. Was richtig ist, erkennen wir nur, weil es auch das Falsche für uns gibt. Während unserer ganzen Existenz als physischer Mensch leben wir im Spannungsfeld von Polaritäten und fühlen uns ständig zu Entscheidungen für und damit gleichzeitig gegen etwas gedrängt. Beide Entscheidungspole sind aber in uns gleich stark vertreten. Beide sind möglich. Wer oder was drängt uns? Und warum entscheiden wir uns für dieses und nicht für jenes?

Daß wir uns in dieser unangenehmen Situation befinden, verdanken wir dem Verlust unseres Einheitsbewußtseins, dem Fall aus dem Paradies. Dort entstand in uns der Wunsch nach Erkenntnis. Und ein Erkenntnisprozeß ist immer polar. Er zwingt uns zur Entscheidung zwischen zwei Möglichkeiten und damit zur Bewertung, was für uns „gut" oder „schlecht" ist. Treffen wir eine unbewußte Entscheidung, ist uns nicht klar, welche Auswirkungen sie hat, so sorgt das Gesetz des Karma dafür, daß uns die Folgen unseres Tuns und Lassens durch die Erfahrung der Konsequenzen bewußt werden.

Modern ausgedrückt, leben wir also in einem Feed-Back-System: Wir sind gezwungen zu entscheiden. Die Entscheidung führt zu einer für uns positiven oder negativen Reaktion des Umfelds, die wir als Erfahrung speichern und die uns somit die Freiheit gibt, zukünftig in gleichen oder ähnlichen Situationen - je nach Qualität der Rückmeldung - gleich oder anders zu entscheiden. Dies ist der Weg des Lernens und Erkennens in der Dualität.

Wer drängt uns nun zur Entscheidung? Es ist das dynamische Prinzip der Evolution, das, aus unserem Geist kommend, Seele und Körper zur Entwicklung und Reife führen will. Selbst wenn wir uns verweigern, ist dies eine Entscheidung, führt zur Erfahrung von Konsequenzen und damit zum Lernen. Wir können uns der Evolution letztlich nicht entziehen, da sie das zentrale, der ganzen Schöpfung innewohnende Prinzip ist, das uns zu Gott und damit in die Einheit zurückbringen will. Wofür wir uns entscheiden, ist abhängig von unseren Motiven, und diese sind wieder Ausdruck unseres Bewußtseins. „Sage mir, mit wem du gehst, und ich sage dir, wer du bist", sagt das Sprichwort und bestätigt damit, daß unsere Entscheidungen Spiegel unseres Entwicklungsstandes sind.

Animus und Anima, so nennt die Psychologie unsere beiden Wesenspole, sind Ausdruck der geschlechtlichen Polarität in uns. Die Tatsache, daß Menschen sich wechselweise in beiden Geschlechtern verkörpern, mag manchen verblüffen oder ihm aus unterschiedlichen Gründen inakzeptabel erscheinen. Wie wir aber sehen werden, liegt die Begründung dafür in der diesem Erkenntnisweg zugrunde liegenden Form des Lernens und der sich daraus ergebenden Notwendigkeit der Auseinandersetzung mit beiden Polen der Dualität. Dazu eine erläuternde mediale Botschaft, die das Medium Maria Engel empfangen hatte und die unsere Gemeinschaft zusammen mit vielen anderen Botschaften in Form einer Broschüre zusammengefaßt hatte, die wir Interessenten gegen eine geringe Aufwandsentschädigung zur Verfügung stellten.

Botschaft zum Thema Inkarnation und Geschlechtswechsel:
„Die Seele nimmt bei ihren Verkörperungen im Wechsel männliche und weibliche Körper an. Das ist notwendig, damit sie in beiden Geschlechtern Erfahrungen sammeln kann. Ein Mann erlebt das Erdendasein anders als eine Frau und umgekehrt. Würde die Seele immer nur in einem Geschlecht inkarnieren, dann könnte sie

nicht ausgewogen heranreifen, ihr würden wertvolle Erfahrungen fehlen.

Als Mann macht die Seele die Erfahrungen aus dem Intellekt und als Frau aus dem Gefühl. Beides ist wichtig in gleicher Weise. Nichts ist für das geistige Wachstum besser oder schlechter, jeder Baustein ist wichtig, wenn auch nicht alle die gleiche Form haben. Das Seelenwachstum hängt auch von dem näheren Umfeld ab, das die Seele sich hierfür ausgewählt hat. Alle Menschen sind an unserer geistigen Entwicklung beteiligt. Genauso wie das eine Körperorgan für das Funktionieren des anderen Organs mitverantwortlich ist, sind die Menschen füreinander verantwortlich. Das Zusammenleben von Mann und Frau ist ein ganz wertvoller Prozeß in Bezug auf das Geistige. Weil die Geschlechter so verschieden sind, ergänzen sie einander. So, wie die ganze Schöpfung aus Polarität besteht, so entgegengesetzt sind Mann und Frau in ihrer Wesensart. Gleich welcher Art die Gegensätze bei einer Partnerschaft sind, es sind immer Schleifprozesse zum Guten hin. Das mag sehr belastend und schmerzlich sein, aber wir sollten immer den guten Zweck dabei im Auge haben. Je mehr ein Partner sich gegen die Schwierigkeiten wehrt, um so länger dauert der Lern- und Wachstumsprozeß für die Seele.

Leider wurde in den letzten Jahrhunderten die Menschheit durch Macht und Willkür verschiedener Religionsformen irregeführt. Man wollte die Menschen unterdrücken und gefügig machen, weil man sie beherrschen wollte. Hauptsächlich westliche Religionsformen haben die Wahrheit über die oft wiederholten und für das Mündigwerden der Seele notwendigen Inkarnationen verleugnet bzw. den Glauben daran verboten. Man ließ die Menschen glauben, daß ein Leben in Unterwürfigkeit der Kirche und ihren Machthabern gegenüber zur ewigen Seligkeit führe. Welch ein Irrglaube.

Da wir aber jetzt die Gesetze von Ursache und Wirkung kennen, wissen wir um die Schwere des Karmas für diese Irreführung. Aber alles im Menschheitsgeschehen hat seine Bedeutung für die Gesamtentwicklung, so auch zweifellos dieses Karma; es wirkt immer nach beiden Seiten. So wurde manche Seele über diesen beschwerlichen Weg geläutert und zur Erkenntnis der Wahrheit geführt.

Kriege und Hungersnöte sind auch von großer Bedeutung im geistigen Werden. Die Seele, die erkennt, daß sie andere Menschen willkürlich in Not brachte oder zum eigenen Nutzen die Nahrung entzog, geht bei ihrer nächsten Verkörperung freiwillig in ein Hunger- oder Dürregebiet. Dort kann sie ihre Schuld abbüßen. Genauso verhält es sich, wenn eine Seele sich als Mann an dem weiblichen Geschlecht verfehlt hat, so wird diese Seele als Frau leben wollen, um das auszugleichen, was sie früher als Mann gesündigt hat. Das sind nur ein paar wenige Beispiele, um zu zeigen, wie diese dauernde Wechselwirkungen zu begründen sind.

Die östlichen Religionen haben diese Wahrheiten nie verdrängt und ihre Menschen haben dadurch einen gewissen Vorsprung dem Westen gegenüber. Aber auch dies ist für jede verkörperte Seele begrenzt, sonst wäre unsere Theorie von Ursache und Wirkung nicht reale Praxis. Die Seele verkörpert sich in allen Kontinenten und Religionsformen, um ihrer vollkommenen Reife gerecht zu werden."

1984 machte ich im Institut für Transpersonale Psychologie von Thorwald Dethlefsen in München eine Reinkarnationstherapie, die mich vier Wochen lang, zwei Stunden täglich, in die Innenwelten meiner Seele führte. Unter Anleitung meines ärztlichen Therapeuten, Dr. Robert Hößl, begegnete ich mir dabei auch in verschiedenen weiblichen Lebensrollen, die das Gesagte beispielhaft belegen. Dazu will ich die Niederschrift meines Therapietagebuches über die Sitzung vom 31.7.84 aus Gründen der Authentizität wörtlich zitieren und habe deshalb, wie auch bei Wiedergaben in den folgenden Kapiteln, auf eine inhaltliche wie sprachliche Überarbeitung verzichtet:

11.Sitzung   31.7.84   14-16 Uhr

Wir begannen die Sitzung mit einer ausführlichen Diskussion der Pluto-Aspekte meines Horoskops und zwar speziell der, die durch die Bereiche des Unterleibs symbolisiert werden: Höhle, dunkel, feucht, schwabbelig, eklig, Ohnmacht, Ausgeliefertsein auf der einen und Tiere wie Spinne, Schlange sowie Fabelwesen wie Monster, Dämonen u.ä. auf der anderen Seite sind Symbole für diesen Bereich. Ich erzählte von vielen meiner Eigenarten - ich schaue mir z.B. nie einen Monsterfilm an, ja ich fürchte mich davor - die diesen, bei mir vorhandenen, aber in den Schattenbereich verdrängten Aspekt beleuchten bzw. verräterisch bestätigen. Dazu gehört beispielsweise auch mein anfänglicher Ekel vor den weiblichen Sexualorganen und meine temporale Impotenz beim Erstkontakt mit Frauen. Erst wenn ich diese Frau, ihre Schwächen und Stärken kenne - sie also im Griff habe - verliert sich die Angst vor ihrer Scheide, dem Hingeben, dem Verlorensein.

Wir begannen - nachdem ich in Trance war - wieder bei dem Monster der gestrigen Sitzung. Es verwandelte sich plötzlich in eine riesige Eule, die mit den Augen flackerte und den Kopf hin und her drehte. Beim nächsten Bild saß die Eule bei Nacht und Mondschein auf einem Baum im Wald. Ich lag darunter und beobachtete sie. Auf Wunsch des Therapeuten schaue ich die Eule genau an und versuche, durch sie durch zu blicken. Da verwandelt sie sich in eine alte Hexe, die lockend auf mich einredet. Ich bin ein Mädchen von neun bis zehn Jahren. Sie will, daß ich mit ins Haus komme, ihr helfe und lerne, wie man die Dinge beherrscht. Ich bin ängstlich und gleichzeitig sehr fasziniert, so sehr, daß ich schließlich mitgehe.

Im Haus gibt sie mir eine Schüssel mit süßem Brei zu essen, der sehr gut schmeckt (und das, während ich im Hier und Heute faste, prompt knurrt mir der Magen). Dem Brei war eine Droge beigefügt, mein Kopf wird schwer, sinkt auf den Holztisch.

Die Hexe trägt mich auf ihr Bett, zieht mich nackt aus. Dann reibt sie meinen Körper unter ständigem Kichern von oben nach unten mit einer Salbe ein. Nun malt sie auf meinen ganzen Körper magische Symbole. Ich erkenne einen Raben und ein umgedrehtes Kreuz. Inzwischen ist es Nacht geworden, der Mond scheint hell auf die Waldlichtung vor dem Haus. Die Hexe trägt mich nach draußen, legt mich in einen Kreis aus Steinen und wartet. Sie hat meine Arme kreuzartig ausgebreitet, Kopf und Fingerspitzen berühren den Steinkreis. Meine Beine sind gespreizt, die Zehen berühren ebenfalls den Kreis. Nackt, wehrlos, unfähig mich zu bewegen, liege ich da und nehme alles wahr.

Und dann kommt der Teufel, so aussehend wie im Märchen. Bösartiges, faunisches Gesicht, nackt unter einem Umhang, Unterkörper und Beine mit den Hufen sind dicht behaart. Aus dem Fell droht ein riesiges, gebogenes, aber relativ dünnes eregiertes Glied. Er wirft sich über mich und sticht mit diesem Glied in mich. Es tut sehr weh und ich habe entsetzliche Angst. Dann schwindet mein Bewußtsein. Die Hexe trägt mich, nachdem sie vom Teufel eine Belohnung erhalten hat, wieder aufs Bett, reibt die Zeichen ab und zieht mich wieder an. Dann trägt sie mich in den Wald und legt mich unter einen Baum.

Auf Wunsch von Dr. Hößl gehe ich in der Zeit nach vorne. Finde mich wieder bei der Geburt der Teufelsbrut. Ich bin in einem Stall, das Kind kommt unter vielen Schmerzen. Es ist häßlich und hat verkrüppelte Füße. Ich drücke ihm voller Abscheu den Hals so lange zu, bis es keine Regungen mehr zeigt. Die Nachgeburt kommt, ich verliere zu viel Blut und spüre, daß es mit mir zu Ende geht. Ich schlafe ein und finde mich auf Wunsch von Dr. Hößl im Jenseits wieder.

Ich bin eine erwachsene Frau mit langen, rotblonden Haaren und hellen Augen. Ich sitze in einer Kammer und studiere ein Buch, mein Lebensbuch. Ein Mönch tritt ein, und wir unterhalten uns über das vergangene Leben. Er ist mein jenseitiger Führer und Lehrer. Er unterweist mich, so daß mir klar wird, daß mein Wille nach Macht mich ohnmächtig gemacht hat, daß Herrschenwollen das Beherrschtsein - wie der Körper den Schatten - nach sich zieht. Pol und Gegenpol. - Wir beenden die Sitzung."

Die in München gemachten Therapieerfahrungen führten in der Konsequenz zu meiner veränderten Einstellung gegenüber Anima, meiner inneren Frau. Ich lernte diesen Wesenspol in mein heutiges Mannsein zu integrieren und erlebte eine große Bereicherung. Meine heutige Medialität, meine heilerischen Kräfte und nicht zuletzt meine Intuition verdanke ich diesem Aspekt meiner Gesamtpersönlichkeit. Ich erfahre meine innere Frau inzwischen als sehr selbstverwirklicht, souverän und voll kraftvoller Gefühle, die aber frei von Zwanghaftigkeit sind.

Hätte mich jemand vor dieser Therapie gefragt, in welchem Geschlecht ich gerne wiederkommen würde, so hätte ich ihm im Brustton der Überzeugung geantwortet: „Natürlich als Mann!" Heute hätte ich geradezu Lust darauf, Frau zu sein. Welch ein Wandel! Ich denke, ich bin der Einheit in mir ein großes Stück näher gekommen, und dafür bin ich meiner inneren Frau sehr dankbar. Leider ist die Bereitschaft zu einer solchen Entwicklung in der Mehrzahl der Menschen noch zu wenig vorhanden, und das hat Ursachen, die wir im nächsten Kapitel besprechen wollen.

4. KAPITEL
DER TOD DER GÖTTIN

Es gibt viele Bücher auf dem Markt, viele Diskussionen in den Medien, die sich mit dem Thema „Frauen-Emanzipation" befassen. Als Mann, der das „Weibliche" in der Frau sehr verehrt, kann ich mich oft des Eindrucks nicht erwehren, daß heute viele Frauen versuchen, der „bessere Mann" zu sein. Sie sprechen von Gleichberechtigung und übersehen dabei, daß sie damit nur eine Form des Machtausgleichs anstreben. Die Frau übernimmt dabei vielfach die falschen und längst ausgedienten Herrschaftsmodelle und -instrumentarien des Mannes, anstatt sich auf ihre ureigensten Fähigkeiten zu besinnen.

Wieviel liegt in dem weiblichen Schöpfungspol brach und wartet auf seine Wiederauferstehung? Wo sind die Frauen vergangener Zeiten, die dem Mann Leitbild und Ergänzungshälfte waren, ihn im spirituellen Sinne erst zu dem machten, was er nach dem Plan Gottes sein sollte: Ausdruck der Kraft und Macht Gottes. Aber was geschieht, wenn diese Kraft nicht mehr von der Weisheit, Intuition und dem Zauber der Frau mit sanfter, aber fester Hand gelenkt wird? Sie gerät außer Kontrolle, wirkt zerstörerisch, wo sie aufbauen soll, wird destruktiv, wo sie konstruktiv sein sollte. Als die Frau vor vielen Zeitaltern begann, ihre Würde und Selbstachtung auf dem Altar falscher männlicher Anbetung und schmeichlerischer Akzeptanz zu opfern, starb die wahre Liebe zwischen den Geschlechtern und machte einem gnadenlosen Wettbewerb um vordergründige egoistische Ziele Platz. Jede Seite suchte aus der Schwäche der Gegenseite Kapital und Vorteile für sich selbst zu schlagen. Aus Selbstachtung wurde Verachtung, aus Liebe Verrat am eigenen Sein.

Mann und Frau, das sind die beiden Wesenspole in uns. Und so erlebte ich vor vielen Jahren das eben Beschriebene beispielhaft im Rahmen meiner eigenen Reinkarnationstherapie in einem Leben als Frau:

2. Sitzung   17.7.84   16.30 - 18.30 Uhr

...Dr. Hößl (mein Therapeut) begann die Therapiesitzung mit sehr starken Atemübungen, gegen die ich zeitweise eine starke Abneigung entwickelte. Zusammen mit der Musik zeigten sich dann aber extrem starke Körper- und Geist-Empfindungen. Sie führten bis zur absoluten körperlichen Starre und, wie es mir schien, zu minutenlangem Aussetzen des Atems. Noch jetzt, zwei Stunden nach Therapieende, habe ich beim Schreiben Koordinierungsschwierigkeiten zwischen Denken und schreibender Hand. Die genannten Erfahrungen waren die tiefsten, die ich auf der nicht-emotionalen Ebene je gemacht habe. Gleichzeitig war ich aber immer auch im Hier und Jetzt, hatte nie das Gefühl für die Eigenkontrolle verloren.

Dann erlebte ich plötzlich mein Bewußtsein auf der Reise durch meine Adern und - wie ich glaube - das Herz oder die Lunge. Es war zwar ein relativ kurzer Eindruck, aber sehr beeindruckend. Und schon kam mein Zweifel hoch: Hatte ich nicht schon mal einen solchen Film gesehen? Die Zweifel verließen mich nicht mehr bis zum Ende der Sitzung - auch was die nachfolgenden Erfahrungen betraf - obwohl die Eindrücke der „Adernreise" sehr spontan und überzeugend waren.

Dann wechselte die Musik zu einem östlichen Thema, und plötzlich sah ich das Bild einer indischen, ceylonesischen, zumindest aber fernöstlichen Tempeltänzerin. Und einen intensiven Moment lang war ich diese Tänzerin. Wiegte mich in der Musik, lächelte und scherzte mit den Tempelbesuchern, machte mich innerlich über sie lustig - ja verachtete sie. Mein Gesicht allerdings mit langen Haaren - erinnerte mich mit frappierender Ähnlichkeit an T.P. Das heißt, im Verlauf der Sitzung war ich mir ständig der Gegenwart bewußt und fragte mich wieder, ob ich das alles nicht phantasiere. Nach Beendigung des Tanzes sammelte ich die mir zugeworfenen Geldstücke ein und verschwand hinter einem Vorhang. Dort wartete ein glatzköpfiger Priester im gelben Gewand auf mich, der das Geld nahm. Es kam zum Streit zwischen uns über meinen Anteil und er schlug mich. Während dieser Szene war ich mir im klaren, daß ich den Priester bewußt provozierte und manipulierte, die Schläge waren vorauszusehen. Ich fand diesen Mann dumm, wie ich alle Männer für dumm hielt.

Ich warf mir den Umhang um und verließ den Tempel über die große Treppe hinunter zum Marktplatz. Ich schlenderte aufreizend über den Platz, mir meiner Wirkung sehr bewußt und die lauten, bewundernden Zurufe der Händler und Marktbesucher genießend. Gleichzeitig empfand ich aber eine tiefe Verachtung für diese Männer. Ich manipulierte sie durch ihre Gier, sie waren wie dumme Tiere.

Da kam mir ein vornehm gekleideter Mann entgegen. Sein Gesicht war umrahmt von einem grauen Bart und strahlte Güte und Menschlichkeit aus. Es war ein besonderes Gesicht. Er sprach mit mir, und ich antwortete ihm auf eine achtungsvolle und bewundernde Art, wie ich es noch nie mit einem Mann getan hatte. Er nahm mich mit in sein Haus. Wir setzten uns in den üppig mit Pflanzen bewachsenen Hof. Ein Sklave brachte Getränke und Obst. Ich begann mein altes Spiel, flirtete mit ihm und schmiegte mich verlangend an ihn.

Er stieß mich zwar von sich, aber zu spät. Ich hatte die in ihm auflodernde Flamme der Lust gespürt. Und wieder - aber nur kurz - überfiel mich die Verachtung für Männer. Die Nacht brach herein, ich mußte noch einmal in den Tempel. Nach meinem Tanz erwartete er mich mit einer Fackel vor dem Tempel auf den Stufen. Er umarmte mich, legte seinen Arm um mich und brachte mich nach Hause. Uns beiden war klar, daß wir nun ein Liebespaar würden.

Wir zogen uns aus, legten uns aufs Bett und ich begann, ihn

zärtlich zu streicheln. Seine Haut war zart und jugendlich, und ich empfand sie sehr angenehm. Meine Zärtlichkeiten weckten seine Lust, die mich wiederum ansteckte. Er zog mich über sich und ich erschrak zutiefst. Dort, wo sein Gesicht sein sollte, war Leere, das absolute Nichts. Ich verließ schreiend das Haus und rannte zum Tempel. Dort legte ich mich auf eine Steinbank zum Schlafen. Im Sonnenlicht des nächsten Tages sah alles wieder wie immer aus. Ich gefiel den Männern und lebte gut von ihrer Dummheit. Ich beschloß, meinen Geliebten zu vergessen.

Nun bat mich Dr. Hößl, mein Leben zu überblicken und nach weiteren Begegnungen mit dem Gesichtslosen zu forschen. Da sah ich mich als etwa siebenjähriges Mädchen, auf einer Dorfstraße spielend. Die Straße war völlig aufgeweicht durch die Räder der Karren und teilweise schlammig. Eine Eselkaravane mit reichen Kaufleuten zog vorbei, und einer dieser Männer war mein späterer „Gesichtsloser". Er hatte ein maskenhaftes, sehr jugendliches, glattes Gesicht und erinnerte mich an eine Statue; Marmor kam mir in den Sinn.

Auf Bitten von Dr. Hößl suchte ich nach einer weiteren Begegnung und sah mich plötzlich als alte, fett gewordene Hure an der Straßenecke sitzen, schmutzig und heruntergekommen. Da stand mein Geliebter vor mir, schaute mich - jetzt wieder mit Gesicht - voller Mitgefühl und Bedauern an. Ich schämte mich so sehr, daß ich die Hände vor das Gesicht hielt. Er ging und ich legte mich zum Sterben nieder. Ich war dieses Leben und vor allem mich selbst leid. Voller Abscheu über meine eigene Dummheit starb ich ohne jegliche Angst und mitten auf der Straße liegend.

Das war das Ende der zweiten Sitzung. Dr. Hößl diskutierte noch mit mir Sinn und Botschaft dieser Inkarnation und meine Zweifel. Ich sah anfänglich den Sinn dieser Inkarnation darin, daß ich mich engagieren und zu etwas stehen lernen mußte, daß ich vor meinen Aufgaben und Gefühlen nicht flüchten durfte. Inzwischen ist mir bewußt geworden, was dieses Leben mir heute spiegelt: Damals mißbrauchte ich das Geschenk meiner Schönheit und meines Sex-Appeals, um mich über andere zu erhöhen, sie abhängig zu machen. Diese Frau ist noch total in mir, ich kann geradezu noch fühlen und empfinden wie eine Frau und bin mir aller ihrer Techniken bewußt. Heute - als Mann - durchschaue ich zwar augenzwinkernd dieses Spielchen, reagiere aber auf solch offensiv zur Schau getragene Weiblichkeit geradezu zwanghaft, wie die „dummen" Männer von damals. Mein eigenes Ich hat mich eingeholt.

Heute, fünfzehn Jahre danach, hat sich meine Einstellung gegenüber meiner inneren Frau und damit auch gegenüber der Frau im Äußeren entscheidend verändert. Ich habe erkannt, daß meine anfängliche männliche Herablassung, mein Macho-Gehabe vergangener Tage, sich letztlich gegen mich selbst richtete. Genauso wie das Buhlen um männliches Begehren und Bewundern mich als Frau in dieser weiblichen Inkarnation hat meine Selbstachtung verlieren lassen, was dazu führte, daß sich mein innerer Mann abwandte und ich in Folge männlichen Lebensrollen den Vorzug gab. Und das hat nicht gerade zu meinem inneren Gleichgewicht beigetragen.

Seitdem der innere Mann und die innere Frau wieder vorsichtig in mir aufeinander zugehen, sich neu lieben lernen, erlebe ich mich als sehr viel „runder" und in meinem Tun wesentlich effizienter. Das „Hand-in-Hand-Gehen" meiner beiden Wesenspole bereicherte mein Leben auf allen Gebieten. Meine Sexualität hat an Innigkeit und zärtlicher Intensität beglückend gewonnen, die Intuition und Kreativität in meiner therapeutischen Arbeit hat sich bedeutend gesteigert, in allen Bereichen meines Lebens erlebe ich eine höhere Qualität und größere Erfüllung. Und so wünsche ich mir, daß die Göttin in jedem Menschen, ob Mann oder Frau, aufersteht und den ihr gebührenden Platz zum Wohle des Ganzen wieder einnimmt.

5. KAPITEL
DIE EHE

Wir leben, um zu lernen. Und so beinhaltet alles, was uns im Leben begegnet - sei es nun „gut" oder „böse" - eine Chance, uns zu entwickeln. Ich habe die Begriffe „gut" und „böse" bewußt in Anführungszeichen gesetzt, um damit zu verdeutlichen, daß unsere Bewertung immer subjektiv, nie objektiv ist. Die Instanz, die dieses Werturteil fällt, ist meistens unser Ego, und das hat seine im wahrsten Sinne des Wortes „egoistischen" Interessenlagen. Das Vermögen, hinter allem, was uns begegnet, etwas Gutes, für uns in evolutionärem Sinne Positives zu sehen, setzt bereits eine spirituelle Lebenssicht voraus. Wir müssen also lernen, über den Gartenzaun unseres Egos hinwegzuschauen, um den wahren Wert der Dinge und Ereignisse zu erkennen, die uns im Laufe unseres Lebens begegnen.

„Ehen werden im Himmel geschlossen" ist ein von vielen mißverstandenes Sprichwort. Verbinden sie damit doch die Erwartung, nun im „siebten Himmel zu sein". Die anfänglich rauschhafte Verliebtheit wird als Grundlage und Garant einer dauerhaften Beziehung vermutet. Tatsächlich ist die Ehe aber eines der wichtigsten und schwierigsten Lernfelder menschlichen Lebens. In Wirklichkeit meint das Sprichwort, daß bereits vor der Inkarnation Absprachen in Bezug auf das Eingehen und die Inhalte einer Ehe getroffen werden; daß es kein Zufall, sondern Planung ist, wenn sich zwei Menschen nach reiflicher Überlegung zu einem solchen Schritt entschließen.

Zu diesem Thema erhielt unsere Gemeinschaft eine mediale Botschaft, die ich hier wiedergeben möchte:

„Wie viele Menschen heute Schwierigkeiten haben in einer Ehe, das ist euch zum einen allgemein bekannt. Zum anderen ist es euch aus eigener Erfahrung zur Gewißheit gelangt. Die Menschen haben insbesondere in der heutigen Zeit den rechten Sinn über die Bedeutung der Ehe verloren. Was bedeutet euch die Ehe heute noch? Seht ihr sie noch als eine Lebensaufgabe, als Prüfung und als Spiegel, in dem ihr euch selbst erkennen könnt? Wohl die allerwenigsten Menschen sind heute noch bereit, in einer Ehe zu verharren, die sie mit vielerlei Problemen und Auseinandersetzungen konfrontiert. Der Mensch wählt heute allzu leicht die Flucht vor den sich in der Ehe aufzeigenden Problemen, indem er die Scheidung einreicht. Doch wählt er damit in der Regel den falschen Weg. Er kann der Problematik und der Lernaufgabe, der er sich in der Ehe stellen soll, nicht einfach aus dem Wege gehen. Er sollte vielmehr versuchen zu erkennen, was er gerade durch diese Ehe an Erfahrung und Erkenntnis für sich gewinnen kann. Ihr solltet wissen, daß eine unter dem Segen Gottes geschlossene Ehe tatsächlich nicht durch den Menschen und seine irdischen Gesetze aufgelöst werden kann. Auch im Falle einer nach eurer Gesetzgebung rechtsgültigen Ehescheidung bleiben die Ehepartner weiterhin auf einer höheren Ebene miteinander verbunden. Sie werden ihre Aufgabe zu einem anderen Zeitpunkt - wenn ihr so wollt - zu erfüllen haben. Es führt also nur zur Verschiebung der Thematik und hindert euch in eurer geistigen Entwicklung, wenn ihr allzu schnell die Augen vor den Problemen, die eine Ehe mit sich bringt, verschließt und euch trennt. Erkennt den spirituellen Sinn und Wert der Ehe. Seht den Partner an als euren Gegenpol und gleichzeitig als einen Spiegel, in dem ihr euch selbst erkennen und erfahren sollt.

Eine wahre spirituelle Ehe muß jedoch nun gewiß nicht immer eine gute und glückliche Ehe nach eurem heutigen Verständnis sein. Jedoch werden sich in einer solchen Ehe die Partner jederzeit dessen bewußt sein, daß sie gewissermaßen aneinander und voneinander zu lernen haben. In aller Regel steht für euch daher bereits vor eurer

Inkarnation die Wahl des Ehepartners fest. Ihr seht, wo sich für euch die notwendigen Voraussetzungen darbieten, um gewisse Dinge zu lernen. Also bemüht euch darum, den Sinn eurer Ehe zu erkennen und nutzt nun die Gelegenheit, die Lernerfahrung zu machen, die zu machen ihr noch nötig habt. Erkennt die Ehe als eine Hilfe für eure eigene spirituelle Entwicklung an. Seht sie als Chance für euch und nicht als Belastung. Wir verkennen nicht, daß allzuoft das Verbleiben in einer Ehe mit wirklich großen Opfern verbunden ist. Doch ist ja gerade dies etwas, was ihr in diesem irdischen Leben erfahren und lernen sollt. Die Bereitschaft zu dienen, zu lieben und Demut zu üben. Oft bietet sich hierfür in der Ehe die allerbeste Gelegenheit.

Also nehmt die Ehe an als etwas Gottgewolltes, das euch für gewisse Lernprozesse das beste Betätigungsfeld bietet. Seht euch als eine Verbindung, als eine Einheit, die so und nicht anders sein soll und sein konnte. Euer Partner ist euch in der Regel vertrauter, als ihr zu erkennen in der Lage seid. Nehmt dies an und seid darum bemüht, eine Ehe unter spirituellen Gesichtspunkten zu sehen und zu führen. Ihr sollt dies nach Gottes Wille zu eurer eigenen Bewußtseinserweiterung so und nicht anders erfahren. Mit der Gewißheit, daß auch eine „schwierige" Ehe also ihre Berechtigung hat, sollt und müßt ihr leben.

Dies bedeutet nun jedoch nicht, daß ein jeder Zeit seines Lebens in einer einmal geschlossenen Ehe unter allen erdenklichen Umständen verbleiben muß. Es gibt in der Tat Gegebenheiten, die es erlauben, eine Ehe aufzulösen. Doch muß ein jeder hier den Willen Gottes erforschen. Er sollte sehen, worin seine Motivation liegt, die zur Auflösung der Ehe führt. Nicht Bequemlichkeit und Verdrängung sollten ausschlaggebend sein, sondern einzig und allein die Gewißheit, daß man in dieser Beziehung seine Aufgabe erfüllt hat und nun bereit ist zum nächsten Schritt. Nur das innere Wissen, daß man in dieser Ehe seiner Bestimmung gemäß gelebt, gehandelt und gedacht hat und daß man seine diesbezügliche Problematik in der Verantwortung hat, läßt den Weg frei werden aus der Ehe. Also erkennt dies und seht eure Ehe entsprechend.

Wollt ihr also eine wahrhaft spirituelle Ehe führen, so solltet ihr nicht aus niederen Beweggründen und leichtfertig eine Ehe eingehen. Ihr sollt erkennen, daß es Sinn und Zweck der Ehe oder der Partnerschaft ist, den männlichen und den weiblichen Schöpfungsaspekt in Harmonie zu vereinen. Die daraus entstehende Einheit wird nur im Gleichklang, in der Ausgewogenheit, die Fähigkeit haben, ihrer Bestimmung gerecht zu werden. Es ist die Aufgabe dieser ehelichen Einheit, dem Kosmos zu dienen und zu helfen. Dies wird euch nun schwer verständlich sein. Doch ist es in der Tat so. Daher solltet ihr euch, sofern ihr noch nicht verheiratet seid, mit der Wahl eures Partners, der nicht unbedingt Ehepartner werden muß, so lange Zeit lassen, bis ihr aus eurem inneren Wissen heraus erkennt, daß ihr den rechten Partner gefunden habt. Laßt euch hierbei lenken und helfen.

Niemand sollte die Ehe eingehen mit einem Partner, der ihm nicht vorbestimmt ist, d.h. den er sich nicht bereits vor dieser Inkarnation dazu auserkoren hat. Sei es nun darum, an diesem Partner Karma abzutragen oder um mit ihm eine Ehe zu führen, die der göttlichen Schöpfung als Ganzes dient. Ihr seht nun, daß die Gründe, aus denen in heutiger Zeit überwiegend Ehen geschlossen werden, oft nur sehr vordergründig sind. Wahre Liebe werdet ihr erst im Verlaufe einer wahrhaft spirituellen Ehe oder Partnerschaft erfahren und erkennen. Das, was heute im allgemeinen unter Liebe verstanden wird und was schließlich zur Eheschließung führt, sind in aller Regel nur ureigene Bedürfnisse, also wieder einmal Egoismus. Daher werden auch die Folgen einer Ehescheidung dann unerheblich sein, wenn man erkennt, daß man eigentlich nie füreinander bestimmt war.

Doch gilt auch dies nur dann, wenn aus der Ehe keine Kinder

hervorgehen. Von dem Augenblick an, wo aus der ehelichen Beziehung Kinder entstehen, sollten die Ehepartner einander in jedem Fall verbunden bleiben, wollen sie kein weiteres Karma schaffen. Ihr alle tragt für eure Kinder eine ungeheure Verantwortung, die vor den eigenen Wünschen und Bedürfnissen absoluten Vorrang haben muß.

Bemüht euch also, den Anforderungen, die an eine spirituelle Ehe gestellt werden, gerecht zu werden. Erkennt, daß ihr, vorausgesetzt ihr habt den euch bestimmten Partner, diesen nicht gewählt habt, um euer Ego zu befriedigen, sondern um eurer gemeinsamen Bestimmung gemäß diese Ehe im Dienste Gottes zu führen. Der Sinn und die Bedeutung geht also, wie ihr nun unschwer erkennen könnt, weit über das hinaus, was heute von den Menschen diesbezüglich gesehen wird. Wahrhaft spirituelle Ehen dienen Gott und damit seiner gesamten Schöpfung. Sie leben die wahre, reine Liebe und lehren die Demut.

Es sollte euch dies nun vieles zu bedenken geben. Vielleicht verhilft es denen, die in einer Ehe leben, zu einem besseren Verständnis. Denen aber, die noch unverheiratet sind, wird es eine Hilfe dabei sein, den ihnen bestimmten Partner zu erkennen und anzunehmen. Das, was heute in überwiegendem Maße zur Ehe führt, nämlich die Leidenschaft - oft verwechselt und gleichgesetzt mit Liebe - der reine Egoismus, Bequemlichkeit und einiges andere mehr, zeigt sich im Laufe einer solchermaßen geschlossenen Ehe von ganz anderer Seite. Denn im ehelichen Alltag hat nur die wahre, reine Liebe Bestand und diese wird dann auch im Laufe der Ehe stetig wachsen. Seht also die Ehe in ihrer rechten Sinngebung und laßt euch, wie gesagt, von uns helfen.

Wir hoffen, dies wird euch dazu bewegen, euch mit dem Thema Ehe auseinanderzusetzen und grüßen euch in alter Liebe. Alle Liebe in Gott."

Die Tatsache, daß in diesen Tagen in Deutschland bereits jede dritte Ehe wieder geschieden wird, etwa 150.000 im Jahr, zeigt, wie wenig sich die heute lebenden Menschen der Bedeutung des Ehebundes bewußt sind, wie leichtfertig Ehen geschlossen und nach einer Phase der Desillusionierung wieder gelöst werden.

Nicht zuletzt wegen dieser Botschaft fiel es mir sehr schwer, mich am Ende dieses Lebensabschnitts wieder von Ursula zu trennen. Erst nach jahrelangem Ringen und vor dem Hintergrund einer lebensbedrohlichen Erkrankung und ihrer Botschaft fand ich die Kraft zu diesem Schritt. Doch dazu mehr im 21. Kapitel.

6. KAPITEL
BEWUSSTWERDUNG

Viele Menschen streben nach Erkenntnis, ohne sich je bewußt zu werden, daß alles, wonach sie strebten, bereits zu Anbeginn und zur Gänze in ihnen war. Normalerweise sprechen wir von Erkenntnis und Entwicklung im Sinne einer von der Zeit abhängigen qualitativen Verbesserung unserer Persönlichkeit und setzen das in der heutigen Zeit zumeist mit der Zunahme von Information, also Wissen, gleich. Wir suchen im Äußeren, was uns scheinbar im Inneren fehlt.

Gleichzeitig glauben wir an einen Gott, den wir als allwissend, allmächtig und vollkommen bezeichnen. Das Vollkommene kann aber nur Vollkommenes schaffen, spiegelt doch das Werk seinen Schöpfer. Wieso ist dann der Mensch so unvollkommen? Ist er es wirklich, wieso entsteht dieser Eindruck, und was ist dafür verantwortlich?

Bereits das Wort „Entwicklung" gibt uns erste sprachliche Hinweise. Ähnelt doch der Mensch als Geschöpf und damit Ausdruck Gottes einer aufgespulten, kompakten Information, die nun im Laufe vieler Existenzen auf allen Ebenen des Seins „entwickelt", abgespult wird. Die Einheit wollte sich in der Vielheit erkennen. Die Dreifaltigkeit entfaltete sich in ihre Schöpfungen. Und die Schöpfungen „entwickeln" weiter das in ihnen Verborgene, offenbaren die unendliche Vielfalt des der Schöpfung innewohnenden Göttlichen. Also ist die menschliche Entwicklung Teil des göttlichen Selbsterfahrungsprozesses, kann man die gesamte Schöpfung als Spiegel Gottes ansehen, in dem er sich selbst betrachten und erkennen will.

Nun wissen wir ja bereits, daß jeder Schöpfungsakt dual abläuft. Der Schöpfer und sein Werk sind Pole dieser Dualität. Auf der irdischen Ebene bringt diese Dualität Rahmengesetze wie Zeit und Raum mit sich, die den Ablauf des göttlich-menschlichen Selbsterfahrungs-prozesses festschreiben. Das bedeutet beispielsweise, daß wir seeli-schen wie körperlichen Raum benötigen, um darin einen kausalen, linearen und zeitlichen Erkenntnis-Prozeß zu machen, der uns schein-bar von der Leere zur Fülle, von der Unwissenheit zur Erkenntnis, von der Unvollkommenheit zur Vollkommenheit bringt. Tatsäch-lich ist aber Evolution der Weg auf der Suche nach dem schon im-mer vorhandenen, nie verlorenen Wesen und führt in ihrem letzten Ziel zur Offenbarung des Göttlichen auf Erden, der Einheit in der Vielheit.

Der Geist im Menschen gleicht einer Videokassette, auf der bei-spielsweise das Monumentalwerk „Die Bibel" aufgenommen ist. Wir wissen, daß der Film bereits beim Kauf in seiner Gänze, von der Schilderung der Genesis bis zur Kreuzigung Christi, auf dieser Kas-sette vorhanden ist. Und doch benötigen wir mehrere Stunden Zeit, um uns den Film anzuschauen, uns seines Inhalts bewußt zu wer-den. Wie uns bereits die Bibel in der Geschichte vom Fall aus dem Paradies erzählt, wird Erkenntnis immer mit dem Fall aus der Ein-heit bezahlt. Der lange Marsch durch die Schöpfungen der Dualität ist also der Preis für unseren Wunsch nach Bewußtwerdung.

Jede Schöpfung hat nun als äußere Gestalt eine Form. Dies gilt auch für immaterielle Schöpfungen. Und so spricht die Wissenschaft von Licht- und Energieformen in Gestalt von Wellen, reden Esote-riker von Geist- und Seelenformen. Im materiellen Bereich nennen wir die Form einen Körper. Damit eine Form, ein Körper Bestand hat, müssen die ihn bildenden anziehenden und abstoßenden Kräf-te im Ausgleich sein. Bindungskräfte sorgen für den Zusammenhalt und damit den Erhalt und die Dauerhaftigkeit der Form.

Auch hier offenbart sich wieder das göttliche Trinitätsprinzip, das sich in den Naturgesetzen der Materie spiegelt. Anziehung, dau-erhafte Bindung und Abstoßung sind die Prinzipien, die die indische Mythologie als die drei Gunas benennt, das aufbauende, das bewahrende und das zerstörende Prinzip, die in ihrem Zusammenspiel Grundlage jeglicher Schöpfung sind. Im Seelischen entsprechen diese Prinzipien dem Männlichen und dem Weiblichen sowie der Einheit, die bei harmonischem Ausgleich zwischen beiden Polen entsteht.

Prinzipiell wäre aber danach jede einmal eingenommene Form „ewig" und somit statisch. Evolution ist aber Veränderung und damit dynamisch, was besagt, daß die alte Form zerbrechen, daß die Einheit verloren gehen muß, um in einer neuen und höheren Form wieder neu zu erstehen. Und so könnte man sagen, daß jegliches Sein auf allen Ebenen der Existenz Tod und Wiedergeburt erlebt, daß Sein ein ewiges Spiel um Verlust und Wiedererlangung der Einheit ist. Die Raupe erstirbt in der Puppe, um in der höheren Form des Schmetterlings wiedergeboren zu werden. Der Schmetterling stirbt nach seiner Fortpflanzung und Eiablage. Ein neuer Kreislauf der Formen beginnt, die sich auf diesem Wege immer mehr verfeinern, sich den Bedürfnissen des innewohnenden Geistig/Seelischen immer mehr anpassen.

Wer oder was ist nun dafür verantwortlich, daß Einheit immer wieder verloren geht, daß Formen keinen ewigen Bestand haben? Wir nennen den Prozeß Evolution. Esoterisch betrachtet verbirgt sich dahinter als Antriebskraft ein jedweder Schöpfung permanent zufließender göttlicher Licht- und Energieimpuls zur Vervollkommnung: die Liebe Gottes zu seinen Kindern. Alles soll wieder zurück in die absolute und letzte Einheit. Und so strömen uns aus der göttlichen Quelle in bestimmten Rhythmen geistig-energetische Impulse zu, die uns in Schwingung versetzen, unsere Frequenz anheben wollen, damit die alte Seelenform, unser Ego, zerspringt, um als neues Bewußtsein wiedergeboren zu werden. Unsere Geist/Seele-Persönlichkeit gleicht damit einem Kind, das heranwächst und neue, seiner veränderten Größe angepaßte Kleidung benötigt. Verantwortlich für diesen Prozeß der Evolution ist unter anderem das geistige Gesetz der Resonanz.

Das Gesetz der Resonanz besagt, daß alles schwingt und Schwingungen einer bestimmten Frequenz Objekte mit der gleichen Frequenz zum Mitschwingen anregen bzw. sie in ihrer Eigenschwingung verstärken. Es wird also auf diesem Wege Energie übertragen. Soldaten einer Kompanie, die im Gleichschritt über eine Brücke marschieren, können diese durch Mitschwingen bis zum Einsturz bringen, d.h. die Struktur des Objektes ist an eine bestimmte Frequenz gebunden. Wird diese durch Resonanz erhöht und die der Struktur innewohnende Toleranz überschritten, kommt es zur Instabilität und damit zum Bruch der Struktur und der Form.

Eine Sängerin bringt mit ihrem „hohen C" Gläser in ihrer Umgebung hörbar zum Mitschwingen. Verstärkt sie den Klang ihrer Stimme, werden die Kristallstrukturen der Gläser so zum Mitschwingen angeregt, daß diese Schwingungskräfte stärker werden als die Formbindungskräfte der Gläser, so daß diese zerbrechen. Damit sich dieses Gesetz offenbaren kann, müssen also mehrere Voraussetzungen erfüllt sein. Nur Gleiches kann Gleiches zum Mitschwingen anregen, und es muß eine Schwingungsquelle geben, deren Impulse bei Empfängern mit gleicher Frequenz Resonanz wecken.

Mit Hilfe dieses Gesetzes sorgt also die göttliche Quelle dafür, daß wir durch Resonanz und Energieübertragung aus dem Lichtreich immer stärker ins Mitschwingen kommen, bis unsere für die innere Geistpersönlichkeit zu kleine Ego-Form zerspringt und unser Geist frei wird zur Offenbarung in einer höheren Form. Unser Ego entspricht dem Prinzip der Bewahrung und Verharrung, es will sich nicht ändern, will so bleiben, wie es ist. Und deshalb erleben die meisten von uns diesen evolutionären Druck zur Veränderung als so schmerzvoll.

7. KAPITEL

SIND WIR, WEIL WIR DENKEN,
ODER DENKEN WIR, WEIL WIR SIND?

Anstoß für dieses Kapitel gab mir ein Artikel des Magazins FOCUS in seiner Ausgabe Nr. 16 vom 15.4.95. „Die Suche nach der Seele" betitelten die Redakteure ihr Werk, um mit dem Untertitel: „Werden Hirnforscher die letzten Fragen beantworten?" bereits die Tendenz des unter der Rubrik „Forschung & Technik" angesiedelten Artikels vorzuzeichnen. Und tatsächlich folgte dann mehrheitlich eine Fülle von rationalen, wissenschaftlichen Erklärungsmodellen, die sich alle mit dem Zitat von Manfred Zimmermann, Neurophysiologe an der Universität Heidelberg, überschreiben ließen: „Es gibt verschiedene Dimensionen der Wahrnehmung. Dennoch bin ich davon überzeugt, daß alles, was wir erleben, sich im Gehirn abspielt."
In einem farbig hervorgehobenen Interview des Artikels kommt als einziger wissenschaftlicher Verfechter, der einen „Weltgeist" oder Gott und eine vom Körper getrennt existierende Seele annimmt, Sir John Eccles, 92, zu Wort, der 1963 den Nobelpreis für Medizin erhielt. Im Artikel selbst wird dann deutlich gemacht: „Bei den meisten seiner Fachkollegen stößt Eccles' Spätwerk auf deutliche Ablehnung: Es scheint, als wolle er in seinen Theorien Platz für Gott schaffen"(!), urteilt der Schmerzforscher Manfred Zimmermann vom Physiologischen Institut der Universität Heidelberg. „Letztlich bietet er (= Eccles) aber nur Spekulationen an."
Der ganze Artikel vermittelt den Eindruck, daß wohl die Redakteure wie die Mehrheit der zitierten Hirnforscher den Menschen als Bio-Roboter und sein Gehirn als dessen Zentralcomputer ansehen. Und aus dieser Perspektive betrachtet ist dies nicht einmal so falsch!
Die spirituellen Weisheitslehren gehen von altersher davon aus,

daß der Geist sich seine Körper schafft, die sein Ausdruck auf der betreffenden Ebene der Existenz sind. Die Geist/Seele-Persönlichkeit verhält sich bei der Nutzung des Gehirns genauso wie der Mensch, der einen Computer entwickelt, um mittels dessen seinen Erfahrungsbereich und Handlungsspielraum zu erweitern. Aber ohne das originäre Wissen und Verständnis des Menschen gäbe es keinen Computer, und ohne die kreative göttliche Intelligenz des Geistes gäbe es keinen Körper und damit auch kein Gehirn. So wie der menschliche Verstand über Jahrzehnte immer leistungsfähigere Computer entwickelte, so schuf sich der uns innewohnende Geist im Lauf der Evolution immer kompliziertere Körper und damit auch Gehirnstrukturen, um seine Potenz, die unendliche Vielfalt des göttlichen Seins, immer umfassender offenbaren zu können.

Die heutige wissenschaftsgläubige Welt erinnert mich fatal an das Szenario eines Sience-Fiction-Romans, den ich vor vielen Jahren einmal gelesen habe. Dort wurde eine Welt von hochentwickelten, menschenähnlichen Robotern geschildert, deren Zentralcomputer unter anderem auf Evolution programmiert war, sie lernten also durch Erfahrung und erweiterten und vervollständigten damit ständig ihr „Bewußtsein".

Dieses hochentwickelte „Technik-Bewußtsein" ließ sie irgendwann mathematisch und rational das Gesetz von Ursache und Wirkung erkennen. Ihr Programm enthielt Erinnerungsspeicher, damit sie gegebenenfalls auf bereits gemachte Erfahrungen, also Daten und Informationen vergangener Abläufe, in neuen Situationen zurückgreifen konnten. Das Programm dieser Roboter war auch auf Reproduktion angelegt. In einigen speziellen „Geburtsfabriken" bauten sie immer perfektere Nachfolgegenerationen. Und in einer dieser Generationen kam technisch-kühl und ohne jegliche Emotion die Frage nach dem Anfang und dem „Warum" auf. Aber sie fanden in ihren Datenspeichern keine Antwort.

Ein Erdbeben sorgte für die Freilegung der uralten Anlage einer längst vergangenen humanoiden Zivilisation. Und die Roboter begegneten den Hinterlassenschaften ihrer Schöpfer. Sie entdeckten den Prototypen ihrer Art, fanden Zeichnungen und Pläne seiner Elektronik und Mechanik und begegneten ihrer „Seele", ihrem inneren Antrieb zum Sein in Form ihrer damals von ihren Schöpfern konzipierten Programme. Sie erfuhren, daß der Wille höherer Wesen sie vor langer Zeit ins Dasein gerufen hatte und dieser ursprüngliche Schöpfungsimpuls sie sich auch heute noch technisch immer weiter entwickeln ließ.

Erst als sie ihre Programmseele entdeckten, wurde ihnen bewußt, daß sie Ausdruck und Entfaltung eines höheren Seins waren. Einigen spezialisierten Robotern wurde vom planetarischen Zentralcomputer der Auftrag erteilt, alle gefundenen Artefakte und Informationen zu sammeln, auszuwerten und zu analysieren. So erfuhren sie immer mehr über ihre Schöpfer. Deren Wesen blieb ihnen aber ein Geheimnis. Da den Robotern Intuition und Gefühl fehlte, konnten sie die Motive ihrer Schöpfer und deren Handlungen nur in den rationalen Aspekten nachvollziehen. Und es entstand aus ihrem programmierten Drang, zu erfassen und zu verstehen, ein technischer Mythos und aus dem Mythos eine mathematisch-physikalische Religion.

Kommen wir zurück zur Frage der Kapitelüberschrift. Was also ist die Aufgabe und Funktion des Gehirns? Aus spiritueller Sicht ist es der Ort, wo die Energieimpulse unserer Geist/Seele-Persönlichkeit über- und umgesetzt werden sollen in physische Realität. Durch unsere Sinne empfangen wir nun die Daten der physischen Welt, die zur Erfassung und Bearbeitung ebenfalls an das Gehirn und damit indirekt an die Seele weitergeleitet werden. Im Gehirn begegnen sich also Impulse und Daten aus zwei Seinsbereichen.

Im Idealfall soll es zur Symbiose und wechselseitigen Befruchtung und Durchdringung kommen. Wir erfahren und interpretieren dann die Welt der Formen im Licht des Geistes und beginnen, analog zu denken. Linke und rechte Hirnhemisphäre sind im Ausgleich. Wir erweitern das Feld unserer Erfahrungen und damit unseres Bewußtseins und erkennen die Entsprechungen zwischen beiden Welten, verstehen, daß Seele und Materie nur zwei unterschiedliche Erscheinungsformen des gleichen Geistes sind.

Seele und Körper kann man auch als zwei unterschiedlich alte Kinder des gleichen Vaters betrachten. Sie sollen sich brüderlich helfen und dienen, wobei die Seele als „Ältere" den Körper liebevoll anleiten soll. Gleichzeitig lernt sie mit an den Erfahrungen des „Jüngeren". Der Ort, wo dies alles geschieht, wo dieser Erfahrungsaustausch stattfindet, ist das menschliche Gehirn, die Begegnungsstätte von Seele und Welt.

8. KAPITEL
DAS ICH - SPIELFORM DES BEWUSSTSEINS

Wer oder was ist das „Ich" und wie entsteht es? Vordergründig betrachtet ist das „Ich" alles das, wozu wir ja sagen, womit wir uns identifizieren. „Ich bin gut, aber nicht böse, ich bin fleißig und nicht faul, ich liebe Musik und mag keinen Sport, ich bin Soldat und kein Pazifist, ich liebe Gemüse und mag kein Fleisch." Jeder von uns könnte eine lange Liste solcher „Ich bin" und „Ich bin nicht" aufstellen. Es wird deutlich, daß das „Ich" in hohem Maße das Ergebnis von Entscheidungen zwischen zwei Wahlmöglichkeiten bzw. Gegensätzen zu sein scheint. Woher kommt das?

Aus der Einheit kommend, leben wir in der Dualität, der Welt der Zweiheit. Kennzeichen der Dualität ist ihre Polarität. Plus und Minus, Mann und Frau, Tag und Nacht. Unser menschliches Bewußtsein, dem ganzheitliche Wahrnehmung verlorenging, das nun seinen Standort und damit seine Sicherheit in diesem dualen Feld sucht und sich dort zu definieren trachtet, sieht sich gezwungen, sich ständig für oder gegen etwas entscheiden zu müssen.

Diese Entscheidung fällt, bewußt oder unbewußt, vor dem Hintergrund von Bewertungen, die wiederum die Folge von Erfahrungen sind, die wir in der Vergangenheit gemacht haben. Ein Beispiel: Ein Vater geht mit seinen beiden kleinen Kindern erstmals zum Schwimmen. Beide sind neugierig und diesem neuen Element gegenüber unvoreingenommen. Während das eine Kind, getragen von seiner Schwimmweste, vergnügt in den Wellen planscht, rutscht das andere plötzlich aus seinem Schwimmring, verliert den Boden unter seinen Füßen und hat, bevor der Vater es packen kann, eine Menge Wasser geschluckt. Beide Kinder müssen aus dem Becken, das eine unter lautem Protest, weil es nicht genug hat, das andere, weil es voller Panik abwechselnd hustet und schreit und sich dabei verzweifelt an seinen Vater klammert. Zu Hause, von der Mutter gefragt ob sie kommendes Wochenende noch einmal mit Papi schwimmen gehen wollen, sagt das erste voller Begeisterung „Ja" und das andere entschieden „aber ich nicht".

Haben Erfahrungen eine gewisse Intensität, verdichten sie sich zu Strukturen, wie Glaubenssätzen, Überzeugungen und Neigungen, die wiederum in ihrer Summe unsere Persönlichkeit ausmachen und sich in unseren emotionalen und rationalen Willensentscheidungen niederschlagen. Und so mag aus dem einen Kind unseres Beispiels später ein begeisterter Schwimmer und Surfer werden und aus dem anderen ein Mensch, der - ohne sich an dieses traumatische Ereignis bewußt zu erinnern - um dieses Element einen weiten Bogen macht.

Gemachte Erfahrungen und unsere innere Bewertung sind also wesentlich mit dafür verantwortlich, ob wir etwas Bestimmtes mögen oder nicht, ob wir es ablehnen oder annehmen. Die Erinnerungen an diese Erfahrungen sind unserem Tagesbewußtsein meistens entzogen. Geblieben ist unsere Bewertung, die als Neigung oder Gefühl, als „ich bin eben so", aus unserem Unterbewußtsein aufsteigt und sich in unserem Tun und Lassen als scheinbare freie Willensentscheidung ausdrückt. Ich habe bewußt „scheinbar frei" geschrieben, da ich der Meinung bin, daß, solange wir unbewußt sind, von einer tatsächlich freien Entscheidung nicht die Rede sein kann. Wir alle sind, mehr oder minder, Sklaven unserer unbewußten Muster und Strukturen und damit „in grauer Vorzeit" getroffener Erfahrungsauswertungen, die uns heute immer noch bestimmen. Freiheit bedeutet also, frei zu sein von der Diktatur der mehrheitlich unbewußten inneren Strukturen. Und dies erreiche ich nur, indem ich mir diese Muster bewußt mache.

Menschen, die äußere Freiheit so vehement suchen und verteidigen, übersehen dabei, daß diese fast schon zwanghafte Sucht nach äußerer Freiheit oft ein Indiz für die eigene innere Unfreiheit ist. So kann ein Sklave freier sein als sein König. Freiheit, so betrachtet, ist also Ausdruck der Bewußtheit im Menschen. Das „Ich" ist solange die Gefängniszelle unseres Bewußtseins, bis wir ihre Wände - gebaut aus unbewußten, statischen Überzeugungen und Glaubenssätzen - niedergerissen haben.

Das Leben ist der beste Lehrmeister, und so haben wir immer wieder Gelegenheit, falsche und schädliche Muster zu korrigieren. Wir tun oder lassen etwas und erfahren die Konsequenz durch die Reaktion unseres Umfeldes. Damit haben wir die Möglichkeit, die Strukturen und Muster, also die Motive, die uns bewegten, zu überprüfen und gegebenenfalls zu verändern. Solange wir leben, arbeiten wir an der „Veredelung" unseres Ichs, besser gesagt an seiner Überwindung. Wir befreien uns von den Zwängen unseres Egos und erreichen die Freiheit des Höheren Selbstes. Menschen, die diese Entwicklung bewußt anstreben, bedienen sich dabei verschiedener, im weitesten Sinne psychotherapeutischer Techniken und Hilfen, zu denen ich neben den modernen Formen der Psychotherapie auch Meditation, die Beschäftigung mit Philosophie und Religion und eine Vielzahl esoterischer Praktiken wie Alchemie, Astrologie, Numerologie und viele andere zähle. Techniken also, die unser Unterbewußtsein „aufschließen" und somit Verborgenes sichtbar bzw. erfahrbar machen.

Derjenige, der sich so auf den Weg macht, erlebt nun, daß sich das Feld seiner Betrachtung scheinbar ins Uferlose ausdehnt. Diese Erfahrung ist nicht nur verblüffend, sondern kann auch zuerst einmal mutlos machen. Entdeckt doch der Sucher, z.B. mittels Reinkarnationstherapie, daß er plötzlich einer Vielzahl von „Ichs" in sich gegenübersteht: Dem Mann, als Soldat im Sezessionskrieg der USA, der Frau, die im Mittelalter als Hexe verfolgt wurde oder dem Arzt aus dem antiken Griechenland. Und jedesmal erfährt sich unser

Suchender ganz anders, entscheidet und handelt aus ganz anderen Motiven als heute, bewertet seine Handlungen und ihre Ergebnisse aus einem völlig anderen Blickwinkel. Am verblüffendsten für viele ist dabei die Erfahrung, daß etwas, wozu sie heute „nein" sagen, in einem vergangenen Leben positiv beurteilt wurde, während etwas, womit sie sich heute identifizieren, in einer früheren Lebensrolle anders interpretiert oder gar abgelehnt wurde. Dazu ein Beispiel aus meiner Praxis als Reinkarnationstherapeut:

Vor einigen Jahren suchte mich eine sehr hübsche, zierliche junge Frau auf, mit langen, bis tief in den Rücken fallenden blonden Haaren und kindlich unschuldigen blauen Augen. Entsprechend ihrer „engelsgleichen" äußeren Form war damals ihre Einstellung zum Leben: Lebhaft und lebenslustig, aber ängstlich gegenüber allen Formen der Aggression und möglichst auf Harmonie und Ausgleich bedacht, um nur ja nicht verletzt zu werden.

In ihrer ersten Sitzung erlebte sie sich als junger Offizier im preußisch-österreichischen Krieg. Die ersten in Trance aus ihrem Unterbewußtsein aufsteigenden Bilder zeigten sie mitten in einem mit viel Leidenschaft und Siegeswille geführten Degenduell, und sie fühlte ganz deutlich und erlebte fast rauschhaft, wie sie ihren Gegner „mit Genuß" durchbohrte. Eine, durch die Brille des damaligen Ichs gesehen, sehr positive Erfahrung. Die Szene wechselte, und die junge Frau erlebte sich wieder als der gleiche Offizier im späteren Verlauf dieses Krieges. Sie sah, wie sie im Schlafzimmer eines eroberten Gutshofes hinter den Vorhängen eines mittelalterlichen Bettes lauerte, als eine junge Frau im langen weißen Nachthemd den Raum betrat. Der junge Offizier fiel über sie her und vergewaltigte sie mehrfach mit viel sexueller Befriedigung, die die junge Frau von heute wieder sehr deutlich fühlte.

Zurück aus der Trance, war unser heutiger „Engel" ganz entsetzt darüber, wie sie so schlimme Dinge tun und es auch noch gut finden konnte; daß sie keinerlei Skrupel bei ihren Taten empfunden hatte.

Diese Reaktion war vor dem Hintergrund ihres heutigen Ichs zwar verständlich, ging aber an Botschaft und Bedeutung der inneren Bilder vorbei. Ging es doch nicht um die nachträgliche moralische Beurteilung vergangener Handlungen, sondern um die Erkenntnis des Gesetzes der Dualität, das besagt, daß jede Medaille ihre zwei Seiten hat und dem „Guten" auf der einen das „Böse" auf der anderen Seite entspricht. Wir sind immer beides und werden nur durch die Anerkenntnis und Integration beider Pole ganz, rund und eins. Das Verleugnen und Verdrängen des ungeliebten Pols führt diesem immer mehr Energie zu, bis gesetzmäßig das Unterdrückte, aber nicht Bearbeitete, in Form eines neuen Ichs, in Form eines neuen Lebens ans Licht drängt.

Das seelische Konzept der vielen „Ichs" dient also der Offenbarung und Bewußtwerdung des Geistig/Seelischen in der Materie im Sinne eines Ausgleichs, einer Versöhnung beider Wesenspole. Licht und Schatten sind duale Pole des gleichen Seins.

Der Mensch ist eine Trinität, eine Einheit aus Geist, Seele und Körper. Die bisher besprochenen Ich-Formen ordnen wir dem menschlich-seelischen Bereich zu. Aber auch der Körper ist Träger von Informationen. Baut er sich doch aus Bausteinen auf, die wir über den Atem sowie Essen und Trinken aufnehmen. Damit ist die „Einheit Mensch" auch verbunden mit den vier Naturreichen, dem Erdreich oder Mineralischen, dem Wasser-, dem Pflanzen- und Tierreich. Über Essen und Trinken und unseren Atem nehmen wir aber auch das Seelische dieser Reiche in uns auf und integrieren es in unserer Persönlichkeit. In uns verfügen wir auch über Erfahrungen dieser Naturreiche in Gestalt von Erinnerungen in Ich-Form. Dazu ein Beispiel aus meiner eigenen Reinkarnationstherapie im Institut von Thorwald Dethlefsen. Ich zitiere die damalige Niederschrift der betreffenden Sitzung:

12. Sitzung 1.8.84   9-11 Uhr

Zu Beginn jeder Sitzung stelle ich auf der Couch fest, daß ich einen Kloß im Hals habe und dauernd schlucken muß. In der Trance gingen wir nun zu diesem Kloß, und er verwandelte sich in eine Kröte. Auf Wunsch von Dr. Hößl schaute ich sie mir genau an, schilderte meine Empfindungen. Ich hatte ein relativ neutrales Verhältnis zu ihr, ich wollte nur, daß sie mich nicht mehr behinderte.

Dann sollte ich mich in die Kröte verwandeln, fühlen, wie sie fühlte, und ich schmeckte, wie es ist, eine Fliege zu fressen. Das Thema „Fressen" wurde auf dem Meßgerät (ein Hautwiderstandsmeßgerät, mittels dessen die Therapie gesteuert wird) als emotional geladen erkannt, und wir folgten dieser Spur. Ich sah mich an einer überladenen Tafel sitzen, voller Freßgier und gleichzeitigem Überdruß und angeekelter Enthaltung. Ich war innerlich zerrissen, und wir gingen zu einer weiteren Situation, wo sich diese Gier manifestierte. Ich erlebte mich als Bär, der ein Tier erbeutet hatte und nun voller Gier große Stücke aus seinem Fleisch riß, der Blutgeruch und Geschmack machten mich immer gieriger und wilder. Meine Schnauze, mein Fell waren blutverschmiert und verkrustet. Es war ein sehr angenehmes Gefühl, zu fressen und zu schlingen.

Wir gingen zu einer anderen Situation, und ich erlebte mich als großen Baum an einem Sumpf. Hatte meine Wurzeln tief eingegraben und saugte die Umgebung leer, wurde dabei immer mächtiger und dicker, spürte zutiefst meine Kraft. In der nächsten Episode sah ich mich als Fels, ruhig, mächtig, schwer. Dann wurde ich zu einem Gebirge und hörte das Singen meiner Kraft. Die Szene wechselte, und ich war flüssiges Magma, Pflanzen und Felsen verschlingend, glühend vor Energie. Dann plötzlich tiefe Schwärze, und ich sah mich als schwarze Wolke in der absoluten Finsternis. Die Wolke brach auf und gleißende Energie kam zum Vorschein, überhell und blendend. Und es entstand eine Idee in mir: Ich bin ein Gedanke und aus mir entsteht alles.

Inzwischen hatte sich in mir ein starker Widerstand gegen diese Sitzung aufgebaut. Ich wollte mir nicht mehr erneut die Kröte anschauen, in Trance bat ich um Ende der Sitzung, um das Erlebte zu diskutieren. Dr. Hößl machte mir klar, daß ich die Kröte nicht vollkommen integriert hatte, sondern mir über die Kehrseite dieses Pluto-Aspekts durch die verschiedenen Existenzformen wieder Macht und Energie „angefressen" hatte, um die Ohnmacht nicht genau anzuschauen. Wir werden morgen bei der Kröte weitermachen müssen. Ich erkenne, daß ich davor flüchte und am liebsten aufhören würde.

Wie diesem Erfahrungsbericht zu entnehmen ist, benutzt unsere Gesamtpersönlichkeit diese innere Datenwelt in vielfältiger Weise. Einerseits dienen uns diese Erfahrungen zur Vervollkommnung, aber sie spiegeln uns auch die Bereiche, die wir noch nicht integriert haben, zu denen unser heutiges Ich noch nein sagt: „Das oder so bin ich nicht!" Einheit in uns entsteht aber erst, wenn wir die in den „Schatten" verdrängten Aspekte annehmen, „ja" zu ihnen sagen.

Eigenschaften unseres heutigen Ichs resultieren also nicht unerheblich auch aus Erfahrungsprozessen in den genannten Naturreichen, die uns mit zu dem machen, was wir heute unsere Persönlichkeit, unser „Ich" nennen.

Die bis zu diesem Punkt besprochenen Ich-Formen gehören scheinbar einer vertikalen, kausalen und linearen Entwicklung an, sind im Rahmen der Dualität in der Zeit angesiedelt, reichen von der Vergangenheit über die Gegenwart in die Zukunft. Nun gibt es krankhafte Formen der Ich-Bildung, die, im Vergleich dazu, horizontal angelegt sind. Im Verlaufe eines Lebens bilden sich in einem Menschen unter bestimmten traumatischen Erfahrungen viele eigenständige „Ichs", die alle den gleichen Körper als Träger und Ausdrucksform haben. Man spricht dann von einer multiplen Persönlichkeit. In dem Buch „Ich bin viele" von J.F. Casey schildern eine Patientin und ihre Therapeutin Entstehungsgeschichte, Leidensweg und den langjährigen Therapieprozeß, der schließlich glücklich zu der Integration von ursprünglich vierundzwanzig Einzelpersönlichkeiten in einer Gesamtpersönlichkeit führte. Daß dies kein Einzelfall ist, belegt eine Aussage von Dr. med. Frances Howland, der im Nachwort zu dem oben genannten Buch sagt: „Es gibt Schätzungen, die besagen, daß ein Prozent der Bevölkerung (bezogen auf die USA) an MPD (Multipler Persönlichkeit als Krankheit) leidet". Das wären in den USA zwei, weltweit fast sechzig Millionen Menschen.

9. KAPITEL

DIE STRUKTUR DES BEWUSSTSEINS

Im Zusammenleben mit einem Menschen erfahren wir die Struktur seiner Persönlichkeit und sprechen dann von seinem Charakter. Wie kommt es zu dieser Struktur und können wir etwas an ihr ändern?

Betrachten wir eine sogenannte „alte" Seele vor ihrer Inkarnation. Sie gleicht einem Studenten, der sich ein bestimmtes Studienziel gesetzt hat und nun „Lebenskurse" besucht, um das ihm noch Fehlende zu lernen. Er geht bereits mit einem gewissen Vorwissen in jeden dieser Kurse, d.h. er startet in sein Leben nicht als unbeschriebenes Blatt, sondern bringt bereits - wenn auch noch nicht ausgereift - einen individuellen Persönlichkeitskern mit. An zweieiigen Zwillingen beispielsweise kann man diese Tatsache häufig beobachten. Obwohl die Rahmenbedingungen, in die sie hineingeboren werden, gleich sind, offenbart doch jedes dieser Kinder einen ganz eigenen Charakter, bringt sozusagen jedes von beiden seinen speziellen Erfahrungshintergrund mit. Und so sind sie meistens in Temperament, Neigungen und Talenten so unterschiedlich wie Tag und Nacht.

Unsere Rollen- oder Lebenspersönlichkeit läßt sich mit einem Haus vergleichen. Der in dieses Leben mitgebrachte Persönlichkeitskern und alle frühkindlichen Erfahrungen einschließlich der fötalen werden zum Fundament. Das Fundament und der sich darauf aufbauende Keller entsprechen dem Unterbewußtsein. Hier lagert alles Vergessene und Verdrängte, eben alles, was zwar zu unserer Persönlichkeit gehört, aber nicht ohne weiteres in unser Tagesbewußtsein zu heben ist. Der Volksmund spricht von unseren „Leichen im Keller" und meint damit, bezogen auf unsere Seele, vor allem die Erinnerungen bzw. Erfahrungen, die zu betrachten und zu integrieren für uns zu angstbesetzt oder schmerzhaft sind, die wir deshalb nur noch vergessen bzw. verdrängen können.

Im Erdgeschoß ist unser Tagesbewußtsein zu Hause. Das ist der Bereich, den wir überschauen, der uns bewußt ist und in dem sich, seelisch betrachtet, der größte Teil unseres alltäglichen Lebens abspielt. Unter Überbewußtsein verstehen wir das bewußte Leben und Erleben in den folgenden Geschossen des Astralen, Mentalen und Kausalen. Gekrönt wird das Ganze von dem Dachgeschoß, der Sphäre unseres Geistes.

Die Analogie von dem Haus der Persönlichkeit mag zwar recht anschaulich sein, hat aber, wie alle Vergleiche, Schwächen. Das Bild des Hauses impliziert streng von einander abgegrenzte Stockwerke, die linear von unten nach oben aufeinander aufbauen. Tatsächlich wissen wir, daß dies eine Illusion ist, daß die höheren Ebenen bzw. Bereiche die niederen durchdringen und wechselseitig beeinflussen. „Dach" und „Keller" liegen also weder über- noch hintereinander, sondern nehmen den gleichen Raum ein. Sich diese Tatsache vor Augen zu halten, ist für das richtige Verständnis unseres „Ichs" wichtig. Unser Ich ist wie der Bewohner dieses Hauses, der normalerweise im Erdgeschoß lebt, ab und zu notgedrungen in den Keller geht, Stippvisiten in den Obergeschossen macht und oftmals von der Existenz des Dachgeschosses keine Ahnung hat. Das Ich ist also mehr und umfassender als unser reines Tagesbewußtsein, beinhaltet auch un- und überbewußte Aspekte unseres Persönlichkeitshauses.

„Ich bin sehr sensibel", beschreiben wir beispielsweise unser Wesen, ohne deshalb auch automatisch erklären zu können, woher diese Sensibilität kommt, wie sie entstanden ist. Irgend etwas läßt uns einfach so sein, wie wir sind. Welche Einflüsse, aus welchen Ebenen des Hauses kommend, dafür verantwortlich sind, ist uns meistens nicht bewußt. Dennoch ist die „Macht", die sie über uns haben, groß. Versuchen Sie einmal, lieber Leser, ganz bewußt gegen ihr Ich und seine Bedürfnisse zu handeln und erleben Sie, wie stark sein Widerstand ist, und wie schnell Sie wieder in die gewohnten Verhaltensmuster, die Diktatur der Struktur, zurückfallen.

Also können wir doch eigentlich gar nicht von einer Willens- oder Wahlfreiheit sprechen! Wie oder was wir tun oder lassen entscheiden in hohem Maße Instanzen, „graue Eminenzen" in uns, die sich der bewußten Kontrolle durch die „Regierung" unseres Tagesbewußtseins entziehen.

Als ich an diesem Punkt der Erkenntnis über mich selbst angelangt war, regte sich Opposition in mir. Ich wollte nicht mehr Marionette und Spielball von Kräften sein, die ich nicht beherrschte. Ja, die geradezu mich beherrschten. Ich wollte Herr im eigenen Hause werden, und so begann ich, mich vor vielen Jahren auf den Weg zu machen, die Diktatur der Struktur zu erforschen und zu durchleuchten, um sie verstehen und dann abschütteln zu können.

Wie so etwas gemacht wird? Das ist der lange Weg der Selbsterkenntnis, der letztlich nie endet. „Was will es mir sagen?" ist die auf den kürzesten Nenner gebrachte Wegbeschreibung. Ich bemühte mich, alles, was ich scheinbar leidvoll erlebte, dahingehend zu reflektieren, was das Erlebte wohl mit mir zu tun hatte, was seine Botschaft für mich war. Sehr schnell merkte ich, daß diese Ursachenforschung zwar der entscheidende erste Schritt, aber noch lange nicht der ganze Weg war. Das Erkannte wollte ja auch umgesetzt werden und sollte mein Ego transformieren. Und so stieß ich rasch auf die Widerstände meiner Struktur, die sich massiv jeden Veränderungsversuchen entgegenstemmten. Phasenweise kam ich mir geradezu schizophren vor: Ein Teil von mir sagte zu meiner Metamorphose freudig „ja", ein anderer Wesensteil wies alle Wandlungsimpulse empört von sich. Ich erlebte einen verbissenen Kampf in mir, und erst als mein veränderungswilliger Aspekt seinen widerspenstigen „Zwilling" geduldiger und verständnisvoller zu behan-

deln lernte, kam Bewegung in die Sache, und ich machte erste Fortschritte.

In der Außenwelt besuchte ich zu dieser Zeit - Anfang der
achtziger Jahre - einige Kurse und Seminare, die diesen Prozeß wesentlich beeinflußten. Von psychologischen Crash-Kursen für Ma-
nager über Dehypno-Seminare bis hin zu Meditationstechniken und
Reinkarnationstherapien beschritt ich viele Wege, die mich zu meinem Unter- und Überbewußtsein und seinen Strukturen führen
sollten. Speziell die Dehypno-Therapie machte mir bewußt, welch
großen Einfluß das bereits im Mutterleib und in den ersten Lebensjahren Erfahrene auf unsere Persönlichkeit hat. Ein klassisches Beispiel dafür erlebte ich später in meiner eigenen therapeutischen Arbeit durch eine Patientin, deren Fall ich im Kapitel „Das innere Kind"
im ersten Teil meines Buches schildere.

In dieser Therapieform werden dem Patienten in Trance Strukturen, die sich in diesem Leben bildeten und unter denen er heute
leidet, bewußt gemacht und Erlösungswege aufgezeigt. Diese
Dehypno- oder Enthypnotisierungs-Therapie geht davon aus, daß
die Ursache für viele leidvolle Muster in hypnotischen Zuständen
erfolgte. Das heißt, unter Umgehung des kontrollierenden, abwä-
genden und filternden Verstandes unseres Tagesbewußtseins bildet
sich sofort eine unbewußte Struktur, die - wenn das Thema angesprochen wird - ganz bestimmte Reaktions- und Verhaltensweisen
erzwingt. Dies geschieht besonders leicht bei Ungeborenen und
Kleinkindern, die noch kein schützendes Ichbewußtsein und noch
keinen Verstand entwickelt haben. Das Erlebte wird von ihnen wie
eine Suggestion in Hypnose sofort unkritisch übernommen und
beispielsweise in Form eines Glaubenssatzes („Mami sagt immer:
Ich sei böse, also bin ich böse.") als Struktur in ihr sich entwickeln-
des Ich mit eingebaut.

Hier ein Beispiel, wie und unter welchen Umständen so etwas
auch bei Erwachsenen geschehen kann: Ein Ehepaar fährt gemein-

210

sam in die Stadt. An einem Bahnübergang müssen sie wegen der geschlossenen Schranken neben dem roten Warnlicht halten. Ins Gespräch vertieft, bemerken sie sehr spät, daß sich ihnen von hinten ein LKW mit viel zu hoher Geschwindigkeit nähert. Ein Ausweichen oder eine Flucht aus dem Wagen ist nicht mehr möglich, und so kracht der LKW in ihr Heck und schleudert sie durch die geschlossenen Schranken auf die Gleise.

Nach langem Krankenhausaufenthalt und erneuter Rückkehr ins Berufsleben erlebt der Mann nun jedesmal panische Ängste, starkes Zittern und Schwitzen, wenn er in seinem Auto von einer roten Ampel zum Halten gezwungen wird, im Stau steckt oder nur zu eng eingeparkt wird. Ohne sich dessen bewußt zu sein, hatte der damalige Unfall ein seelische Trauma des „Eingeschränkt- und Gefangenseins", des „Nicht-flüchten-Könnens" zur Folge. Die rote Ampel wie am Bahnübergang, die räumliche Enge im Stau oder die einengende Parksituation ließen das Trauma immer wieder neu aufleben, ohne daß sich der Mann des Zusammenhangs mit dem viele Monate zurückliegenden Unfall bewußt wurde. Mit Hilfe von Dehypno-Therapien läßt sich ein solches Trauma aufdecken und mit weiteren positiven hypnotischen Impulsen neutralisieren bzw. erlösen. Also nicht das Auftauchen weiterer LKWs in seinem Rückspiegel wirkte traumatisch. Diese Situation hatte er ja bewußt erlebt und bearbeitet, sondern das in Sekundenbruchteilen empfundene Gefühl des Gefangen- und Ausgeliefertseins, an das er sich schon im Krankenhaus nicht mehr erinnerte, hatte tiefe, aber unbewußte Spuren in seiner Seele hinterlassen.

Aber auch längst Vergangenes aus anderen Existenzen kann in diesem Leben Verhalten und Erleben bestimmen, wie die Reinkarnationstherapie immer wieder belegt: Da wäre z.B. die Frau, die als Schamanin ihr Bewußtsein mit dem eines Falken verband, der, vom Pfeil eines Jägers getroffen, aus großer Höhe abstürzte, was in der Seele der Frau zu einer tiefsitzenden Höhenangst führte. Oder der heutige Selbständige, der in diesem Leben zwanghaft alle Abläufe mehrfach kontrollieren mußte, weil er in einem früheren Leben als Steiger in einem Bergwerk durch Leichtsinn und schludrige Kontrollen ein Schlagwetter, bei dem er selbst umkam, nicht hatte kommen sehen. Und auch der von Geburt Blinde, der im Mittelalter als Henker Menschen blenden mußte und der sich seine eigene Blindheit als Sühne auferlegt hat.

So erlebte beispielsweise eine Frau in mehreren Reinkarnationstherapien mit mir nur Vorexistenzen im Pflanzenreich und eine Existenz als Naturgeist dieses irdischen Schöpfungsbereichs. Das erklärte, warum sie in diesem menschlichen Leben ein so extrem ausgeprägtes Interesse an den Blumen und Pflanzen ihres Gartens hatte, was zu massiven Problemen mit ihrem Mann führte, der diese starken Neigungen weder teilte noch verstand und sie deshalb auch nicht akzeptieren konnte. Die Liste solcher lebensübergreifender Ursache/ Wirkungszusammenhänge ließe sich endlos verlängern.

Nur die Bewußtwerdung solcher Zusammenhänge läßt die Erlösung in Form von Integration und Akzeptanz zu. Zwanghafte Muster lösen sich auf, Krankheiten können geheilt werden und auch der Blinde sieht nun hinter seiner Behinderung einen Sinn, fühlt sich nicht mehr als Opfer eines blindwütigen Schicksals, hat nun mehr Freude am Leben.

10. KAPITEL

BESESSENHEIT

Es gibt zwei Ursachen, zwei grundlegend unterschiedliche Positionen und Motive, die zu dem Phänomen der sogenannten „Besessenheit" führen. Generell verstehen wir darunter, daß ein Mensch von einer oder mehreren fremden, unverkörperten Persönlichkeiten „besetzt" wird, wie ein Autofahrer, der von uneingeladenen Beifahrern zeitweise oder permanent vom Steuer seines Wagens verdrängt wird. Entgegen seinem persönlichen „Fahrstil", seinem Wesensausdruck, verändern sich bei einem solchen Menschen schlagartig Mimik, Gestik, Sprachstil, ja sein ganzer Ausdruck und offenbaren damit, daß ein „anderer Fahrer" das Steuer übernommen hat, daß ein fremder Wille diesen Menschen lenkt.

Bei unserem ersten Besuch in Kolumbien bat uns der spätere Leiter unserer dortigen Gemeinschaft, ein in medizinischen wie esoterischen Kreisen seiner Heimat allseits geachteter Arzt, eine seiner Patientinnen anzuschauen, die seit mehreren Jahren unter zeitweiser Besessenheit litt. Es handelte sich um eine damals etwa siebzehnjährige Schülerin, die auf ihr Abitur zuging und in den Anfallsphasen deutlich unter einem fremden Willen stand, und die in diesem Zustand auch paranormale Phänomene, wie beispielsweise das Schweben von Gegenständen, bewirkte.

Zum Zeitpunkt unseres Kennenlernens hatte man mit der jungen Frau bereits alles Erdenkliche versucht. Von konventioneller psychiatrischer Betreuung unter Einbezug von Psychopharmaka, über homöopathische Behandlungsformen, bis hin zu in Südamerika weit verbreiteten indianisch-schamanistischen Praktiken. Arzt oder Urwaldhexe, nichts hatte geholfen. Inzwischen hatte man sogar einen Videofilm über die junge Frau und die von ihr produzierten Phänomene gedreht, der auf einem Kongreß gezeigt werden sollte. Sie selbst erlebte dieses andere „Ich" in ihrem Körper in Gestalt eines Mönchs, der sie beispielsweise häufig zwang, mitten im Unterricht die Klasse zu verlassen, um irgendeinen unsinnigen Ort aufzusuchen.

An dem Tag, als wir sie im Rahmen eines Treffens unserer Gemeinschaft erstmals kennenlernten, war sie in Begleitung ihrer etwas älteren Schwester, die - wie sich später herausstellen sollte - ebenfalls anfällig war für solch unerwünschte Besucher. Beide saßen sieben bis acht Meter entfernt meiner Frau und mir gegenüber. Anfänglich verhielt sich die Patientin ganz normal. Als ich aber aufstand, auf sie zutrat und in den Bereich ihrer Aura kam, versteifte sie sich und wurde unter Keuchen und heftigen Zuckungen ganz starr. Ihre Augen waren nach hinten verdreht, so daß nur noch das Weiße sichtbar war. Während ich ihr die Hände auflegte, um Heilenergie in sie einströmen zu lassen, suggerierte ich ihr, da ich nicht Spanisch spreche, über einen Dolmetscher einen Lichtstrom, der von innen her alles Dunkle auflösen und vertreiben sollte. Die Starrheit nahm zu, alles an und in ihr schien auf Abwehr eingestellt. Mit vereinten Kräften trugen wir sie in das Untergeschoß, legten sie auf ein Bett und ich fuhr unbeirrt fort in meiner Behandlung. Nach etwa zwanzig Minuten begann sich die Abwehr aufzulockern, die Starre löste sich, bis sie ganz verschwunden war. Ihr Blick klärte sich, und sie wurde wieder sie selbst.

Anschließend schilderte sie mir über den Dolmetscher ihre Erfahrungen und daß sie ganz deutlich gespürt habe, wie gegen Ende der Therapie eine Art dunkler Nebel, ein Schatten, sie durch die Füße verlassen habe und sie sich nun „frei" und „leer" fühle wie seit langem nicht mehr. Als sie diese Erfahrungen vor der gespannt lauschenden Gruppe wiederholte, zeigte plötzlich die neben ihr sitzende Schwester alle die Symptome, die wir vorher bei der Patientin beobachtet hatten, allerdings in abgeschwächter Form. Nach kurzer Therapie kam die Schwester wieder zu sich und erzählte unter Tränen, daß der ausgetriebene Geist versucht habe, nun von ihr Besitz zu ergreifen und daß er ihr das auch über eine innere Stimme angedroht habe. Große Betroffenheit in der Runde, die so etwas erstmals erlebte. Wie es sich aber später herausstellen sollte, blieben beide - abgesehen von einem kurzfristigen Rückfall der ursprünglichen Patientin - von da an anfallsfrei.

Für viele Menschen hören sich solche Geschichten oft wie der Rückfall ins finsterste Mittelalter an. Leben wir doch in einer „aufgeklärten Zeit", in der kein Platz mehr ist für Wesen, vor denen uns alle Religionen dieser Welt seit Anbeginn warnten. Leider scheint niemand die Dämonen darüber informiert zu haben, denn wie sonst ist das steigende Interesse an „Satanskulten" auf der ganzen Welt zu erklären. Meine Ironie soll verdeutlichen, daß das seit der Zeit der Aufklärung mit Vehemenz betriebene Leugnen und Wegrationalisieren aller Formen nicht-physischen Seins eine gefährliche Vogel-Strauß-Politik ist und den Kräften der Finsternis geradezu in die Hände spielt. Haben sie doch nun freie Bahn zur Ausdehnung ihres Herrschaftsbereichs.

Sollte es uns nicht stutzig machen, daß sich ausgerechnet seit dieser Zeit vieles, global betrachtet, dramatisch verschlechtert hat? Übervölkerung, Hungersnöte, katastrophale globale Klimaveränderungen und Umweltverschmutzungen, Dutzende regionale und zwei Weltkriege, das Aufleben alter und das Hinzukommen neuer Seuchen, weltweite Kriminalität und Terroranschläge...Sind das nicht alles Indizien dafür, daß unser Stolz, unser Hochmut und unsere Ignoranz uns zunehmend ins Verderben stürzen? Nun rächt es sich, daß wir das alte Wissen über das Jenseitige auf dem Altar der Wissenschaftsgläubigkeit geopfert haben. Der Preis ist unter anderem eine dramatische Zunahme satanischer Riten und Praktiken in vielen Schichten unserer Gesellschaft. Besingen und verherrlichen doch beispielsweise einige Rock-Bands in ihrer Musik und ihren Texten ganz hemmungslos den Gegenspieler Gottes. Und die unwissende und verführte Jugend jubelt und klatscht Beifall, sieht darin nur einen Ausdruck ihres berechtigten Widerstands gegen die Alten, die ihnen doch diese zerstörte Welt beschert haben. Die wenigsten erkennen aber die wirklichen Drahtzieher und Nutznießer.

Die Medizin hat mit der Psychiatrie eine eigene Disziplin geschaffen, um Phänomene, die weise Priester vergangener Jahrhunderte dank ihrer Ausbildung in vielen Fällen sofort als Angriffe dämonischer Wesen erkannt hätten, letztlich als Funktionsstörungen unseres Stoffwechsels zu interpretieren und entsprechend „materiell" zu behandeln. Wagt ein ausgebildeter Priester heute einen Exorzismus, steht er sofort am Pranger einer aufgehetzten Öffentlichkeit, die nichts oder wenig weiß von den Dingen, die sich im Verborgenen abspielen. In seinem Buch „Dreißig Jahre unter den Toten" beschreibt der Arzt Dr. med. Carl Wickland sehr anschaulich, wie er jahrzehntelang mit Hilfe seiner medialen Frau sogenannte „Irre" von ihrer Besessenheit heilte.

Bisher sprachen wir nur über den Bereich satanischer Besessenheit, d.h. von böswilligen unverkörperten Wesen, die Freude und Interesse daran haben, lebende und für sie erreichbare Menschen zu beherrschen und zu drangsalieren. Ein anderer Bereich sind die sogenannten „verlorenen Seelen", denen man mit Hilfe von Bewußtseinsprozessen und Reinigungsriten, die unter dem Begriff „Clearing" zusammengefaßt werden, zu helfen versucht. Was ist unter „verlorenen Seelen" zu verstehen?

Es leben zur Zeit viele Menschen, die keinen Glauben, keinerlei Vorstellung davon haben, was nach ihrem Tod mit ihnen geschieht. Sie sind vollkommen auf ihr irdisches Leben konzentriert und in keiner Weise auf eine wie auch immer geartete jenseitige Existenz vorbereitet. Im Kapitel „Der Tod als Übergang" erklärte ich, daß sich der Mensch nach seinem Tod so erlebt, wie es seinem Bewußtsein entspricht.

Übertragen auf den eben geschilderten Menschentypus bedeutet das, daß der Verstorbene auf sein vergangenes Leben, seine Rahmenbedingungen und Mitmenschen fixiert bleibt. Er wandert durch die Räume seines alten Hauses, besucht alle Stätten seines früheren Wirkens und versucht, mit den noch Lebenden Kontakt aufzunehmen. Verstört erlebt er, daß er nicht wahrgenommen wird, nicht mehr teil hat an dieser Welt. Das Spiel läuft ohne ihn, und von einem anderen weiß er nichts.

Also irrt er verzweifelt durch die grauen und düsteren Bereiche der Astralwelt, immer auf der Suche nach einer Möglichkeit, wieder in sein altes Leben einsteigen und es fortsetzen zu können. Sein Sehnen nach körperlichem Ausdruck ist so groß, daß er zielstrebig nach einer „Mitfahrgelegenheit" Ausschau hält, um wenigstens auf diese Art wieder am irdischen Spiel teilnehmen zu können. Und so dringt und nistet er sich in das Seelische eines anderen - oft eines ihm im vergangenen Leben nahestehenden - Menschen ein.

Sehr häufig sind plötzlich und unerwartet eintretende Tode auf Grund eines Unfalls, eines Mordes oder einer sich überraschend schnell verschlimmernden Krankheit Ursachen für solche Erscheinungsformen. Es sind nicht Bösartigkeit, sondern Unwissenheit, starke Bindung an das Materielle und Verzweiflung die Motive für diese Fehlentwicklung im Seelischen.

Entsprechend zeigt der solcherart Besetzte meist andere Ausdrucksformen als im Falle einer satanischen Besessenheit. Er kann sich dieses zweiten „Ichs" zwar störend bewußt sein, aber durchaus doch Bindung und eine Form von Beziehung zu ihm aufbauen, wie zu einem siamesischen Zwilling. Deshalb kommt es oft nach oder während eines Clearings zu Verlustängsten beider „Ichs" und zu einem Trauerprozeß des Zurückbleibenden, wenn der „Besatzer" liebevoll vom Therapeuten ins Licht entlassen wurde. Die Besetzung hat oft viele Jahre gedauert, man hat sich aneinander gewöhnt, sich arrangiert, vielleicht gegenseitig benutzt oder unterstützt, und nun ist der Patient einsam in „seinem Haus" und muß wieder lernen, allein seinen Lebensweg weiter zu gehen.

Ich war einmal mit einem solchen Fall befaßt, der die ganze Problematik eines solchen Geschehens beispielhaft beinhaltete. Auf Bitten eines Mitglieds unserer Gemeinschaft besuchte ich eine Familie, die eine vierjährige Tochter hatte, die nach seiner Ansicht und der Befürchtung der Mutter besessen sei. Die Geschichte begann, als die Mutter im sechsten Monat mit diesem, ihrem zweiten Kind schwanger war. Eines Tages spürte sie plötzlich aus heiterem Himmel etwas, was sie wie einen Faustschlag in den Unterleib empfand. Es geschah allerdings in den nächsten Stunden und Tagen nichts Weiteres, aber das Erlebnis war so außergewöhnlich gewesen, daß die Frau es nicht vergaß. Einige Monate nach der Geburt ihrer Tochter zeigte das Kind zunehmend anormale Verhaltensweisen, und es begann ein langer Weg medizinischer Untersuchungen, die alle zu keinem endgültigen Ergebnis kamen.

Das Kind verhielt sich immer extremer. Obwohl körperlich gesund, wollte es weder krabbeln noch laufen, es lag nur da und schrie oft stundenlang Tag und Nacht ohne erkennbaren Grund. Das tat es so monate-, ja jahrelang, und die Eltern waren nervlich am Ende. Als ich es kennenlernte, hatte es seit einiger Zeit begonnen, unter großem Kraftaufwand sein Kreuz durchzudrücken und sich auf Fußsohlen und Schulterblatt ständig im Kreis zu drehen. Dabei schrie es gellend, trommelte mit den Füßen auf den Boden und bohrte sich die Finger in die Augen, so daß nur noch das Weiße sichtbar war.

Das Mädchen zeigte wenig Reaktion auf sein Umfeld und schien erblindet zu sein. Bei meinem ersten Besuch war ich in Begleitung eines ausländischen katholischen Priesters, der zu Besuch bei uns war und der Interesse an dem Fall hatte, weil er in seiner Heimat bereits mit Besessenheit und Exorzismus konfrontiert worden war. Im Gespräch mit der Mutter, die aus einem südeuropäischen Land kam, erzählte sie uns ihre und des Kindes Leidensgeschichte, und daß sie vermutete, alles hänge mit diesem Erlebnis in ihrer Schwangerschaft zusammen. Im Verlaufe der Unterhaltung berichtete sie uns auch, daß es in den letzten drei Generationen der weiblichen Linie ihrer Familie mehrere Fälle von zeitweiliger Besessenheit mit lebensbedrohlicher Erkrankung gegeben habe. Darüber hinaus sei es in dem Haus, in dem sie jetzt mit ihrer Familie lebte, mehrfach zu Poltergeist-Phänomenen gekommen. All das schien auf Besessenheit hinzudeuten, aber das war ein Irrtum, wie sich später herausstellen sollte.

Ich behandelte das Kind, öffnete blockierte Chakras und gab ihm eine Energietherapie. Es wurde zunehmend ruhiger und schlief schließlich nach unserem Weggehen in einer ganz normalen Körperhaltung entspannt ein, was Vater und Mutter zutiefst überraschte und beeindruckte, da das Kind sonst in den wenigen Stunden seines Schlafes auch eine krampfartige, spastische Körperhaltung einnahm. So begann eine mehrmonatige Behandlungsreihe, die auch deutlich Besserung brachte. Das hübsche kleine Mädchen reagierte zunehmend positiv auf seine Umgebung und verhielt sich in diesen lichten Momenten auch erkennbar „normaler". Nach wie vor wollte oder konnte es allerdings weder allein sitzen noch gehen, auch blieben die schlimmen Anfälle sporadisch bestehen.

Da ich das Kind nicht befragen konnte, suchte ich in Gesprächen mit der Mutter Ursachen für dieses Geschehen zu finden. Als sie mir ihre Lebensgeschichte erzählte, wußte ich, daß ich der Sache auf der Spur war. Sie berichtete mir, daß sie ihren Vater, den sie über alles liebte und der ihr offensichtlich vor allen seinen anderen Kindern den Vorzug gab, auf Grund eines tödlichen Arbeitsunfalls als junges Mädchen verloren hatte. Sie weinte, als sie dies erzählte und sagte, daß sie ihn nach so vielen Jahren immer noch sehr vermisse und sich wünschte, daß er zurückkäme. Da wußte ich, daß genau das geschehen war, aber auf eine andere Weise, als sie sich das gedacht hatte. Ich sagte ihr zu diesem Zeitpunkt noch nichts von meiner Überzeugung, um nicht neue Probleme zu schaffen, bevor ich einen Weg gefunden hatte, das Grundproblem an seiner Wurzel zu packen und zu bearbeiten.

Im Rahmen eines Clearings wird der Patient in Trance versetzt und der Therapeut versucht, mit dem „anderen Ich" in Kontakt und in einen Dialog zu kommen. Das setzt aber voraus, daß ein entwickeltes persönliches Ich existiert, das als Mittler zwischen Therapeut und „fremdem" Ich auftritt, sein Fühlen und Denken und sein Sprechvermögen zur Verfügung stellt, damit eine solche Kommunikation überhaupt stattfinden kann. Und genau da lag mein Problem. Die Besetzung des Kindes war ja bereits im Mutterleib erfolgt, bevor sich überhaupt ein eigenes Ichbewußtsein entwickeln konnte; und sprechen hatte es deshalb nie gelernt.

Ich mußte nach einem anderen Weg suchen. Inzwischen hatte ich die Mutter besser kennengelernt und intuitiv wahrgenommen, daß sie über schlummernde heilerische und mediale Kräfte verfügte, die vielleicht der Schlüssel zur Lösung dieses komplizierten Falles sein konnten. Behutsam begann ich mit esoterischen Unterweisungen und bereitete sie langsam auf ihre Initiation als Heilerin und Medium vor, die ich aber von dem Mitglied unserer Gemeinschaft durchführen ließ, das sie mir zugeführt hatte.

So vorbereitet und durch mediale Botschaften ermutigt, erklärte sie sich bereit, in Trance medialen Kontakt zu der Wesenheit aufzunehmen, die ihre Tochter besetzt hielt. Ich suggerierte ihr eine psychologische Ebene, auf der diese Begegnung stattfinden konnte und sie erlebte, wie diese fremde Persönlichkeit an der Hand der Seelenpersönlichkeit ihrer Tochter auf sie zukam. Die Haltung beider drückte ihre enge Verbindung aus. Keiner von beiden war bereit, den anderen loszulassen, ihn freizugeben. In dieser „fremden Persönlichkeit" erkannte die Mutter bald ihren verstorbenen Vater, und einer der bewegendsten Momente der Therapie war der Augenblick, als ich mit Hilfe eines Engels beide „Patienten" trennte und die Mutter voller Mitleid erlebte, wie groß die Verlustängste und Trauer in den beiden nun Getrennten war.

Wir benötigten sechs Sitzungen, um beide Seelen, die der Tochter und die des Vaters, endgültig von der Notwendigkeit getrennter Entwicklungswege zu überzeugen. Der Widerstand in beiden war groß, aber schließlich verabschiedete sich „der Besatzer" und ging an der Hand des Engels weiter ins Licht.

Das kleine Mädchen ist nun dabei, seinen Körper selbst und unabhängig erfahren und beherrschen zu lernen und nun all die Schritte nachzuholen, die einer normalen kindlichen Entwicklung entsprechen.

11. KAPITEL
HIMMEL UND HÖLLE

Alle uns bekannten Hochreligionen sprechen von Himmel und Hölle als Ausdruck eines ethischen Dualsystems, das als polaren Gegensatz zum „guten" Himmel eine „böse" Hölle postuliert. Der Himmel wird dabei als der Wohnort Gottes und seiner himmlischen Heerscharen und damit auch als Aufenthaltsort der von ihnen auserwählten verstorbenen guten Menschen beschrieben. Die Hölle, in der Antike auch Hades genannt, wurde als Strafort für verstorbene Sünder angesehen, in der diese endlose Qualen erleiden müssen.

Sind also Himmel und Hölle im räumlichen Sinne Orte? Das ägyptische Totenbuch beispielsweise sagt über den Himmel „Du lebst im Herzensfrieden. Es gibt aber dort kein geschlechtliches Vergnügen! Ich habe dir Verklärung gegeben anstelle von Wasser, Luft und Geschlechtslust, und Herzensfrieden anstelle von Brot und Bier."

Damit wird gesagt, daß den irdischen Freuden in Form materieller Genüsse im Himmel „Herzensfrieden" und „Verklärung", also geistige Freuden, folgen. Diese erleben wir aber nicht leiblich, sondern in unserem Bewußtsein. Die Hölle wird in allen Religionen als „freudlos" geschildert, als negativer Gefühls- und Bewußtseinszustand. Aus den Beschreibungen über die Ebenen der Existenz wissen wir, daß die höhere Ebene die niedere immer durchdringt und sich in jedem „Punkt" der Schöpfung alle Qualitäten finden lassen.

Auch in diesem Zusammenhang verweise ich wieder auf das holographische Prinzip, das besagt, daß die Information des Ganzen in jedem seiner Punkte zu finden ist. Das bedeutet, daß Himmel und Hölle räumlich nicht getrennt sein können, daß sie keine „Orte", sondern Bewußtseinszustände sind. Und so können zwei Menschen auf der gleichen Bank sitzen, der eine bewußtseinsmäßig im Himmel, der andere in der tiefsten Hölle. Himmel und Hölle sind also andere Begriffe für die beiden Pole unserer Seele, den Lichtpol und den dunklen Pol.

Welche Realität haben dann beide? Was ist konkret von den Schilderungen über das Erleben himmlischer oder dämonischer Wesen und ihrer Taten zu halten? Über die Existenz und das Auftreten himmlischer Wesen ist viel gesagt und geschrieben worden. Deshalb will ich mich an dieser Stelle auf die Wiedergabe einer medialen Botschaft an unsere Gemeinschaft beschränken, die das Thema „Engel" einmal aus anderer Sicht beleuchtet:

Botschaft vom 16.6.88: „Laß uns heute etwas sagen über Musik".

„Erinnern wir uns einmal, was Musik eigentlich repräsentiert. Musik, Klänge, Töne sind Schwingungen, das ist euch ja alles bekannt, so wie letztendlich alles in der Schöpfung Schwingung ist. Musik ist eine bestimmte Schwingungsfrequenz, Schwingungsform - Od einer bestimmten Qualität. Musik repräsentiert somit eine bestimmte Schöpfungsrealität. Wie alle Realitäten, so kann auch diese näher zu Gott, zum Ursprung angesiedelt sein oder sehr weit weg von ihm sein oder irgendwo dazwischen. Ich will ein Beispiel sagen: Es gibt Harfenmusik. Die Harfe hat eine ganz bestimmte Frequenz, ein bestimmtes Klangbild, das sie ausstrahlt. Und nicht umsonst ist schon sehr früh die Harfe als Instrument immer mit den Engelwelten in Verbindung gebracht worden. Dies ist teilweise sehr richtig. Wenn dann noch ein irdischer Komponist, der sehr hohe Prinzipien empfunden und umgesetzt hat, wie Bach, hinzukommt, dann ist diese Musik fast ideal, um einen Menschen, besonders einen, der seinen Körper sehr gut loslassen kann, den Engelwelten nahezubringen.

Was charakterisiert diese Engelwelten zum großen Teil? Es ist das Fehlen jeglicher Affinität zu den sogenannten bösen Welten, zu den Einflüssen in der Schöpfung, die separat von Gott existieren möchten und mit aller Gewalt und Kraft versuchen, auch Teile der Schöpfung Gottes von ihm zu trennen. Nennt diese Wesen Dämonen, abgefallene Geister, böse Geister, wie immer ihr wollt. Hauptsache, ihr seid euch im klaren, daß es diesen Teil der Schöpfung gibt. In Gott ist alles letztendlich, doch ab da, wo Gott etwas aus sich herausgestellt hat, gibt es das Prinzip des „Zurück-zu-Gott-Wollens" und des „Getrennt-bleiben-Wollens".

Die niederen Engelwelten sind dadurch charakterisiert, daß diese Engelwesen in sich absolut keine Affinität zu Versuchungen und Reizen der bösen Geisterwelt haben. Sie sind, wenn ihr so wollt, immun gegen diese Versuchungen. Sie sind so direkt von ganz hoher Odkraft gespeist, von Gott selber versorgt, daß diese Realität ihnen in all ihren Sinnen vollkommen gegenwärtig ist. Nicht, daß sie Gott dauernd erfahren oder ihm oft begegnen würden, um es in menschlichen Dimensionen auszudrücken. Aber sie sind sozusagen ununterbrochen gefärbt von der Qualität Gottes. Diese, wie ihr schon wißt, besteht aus Liebe und sie ist klar, ohne Falsch. Es gibt Musik, wie ich schon erwähnte, von Bach, speziell auch als Harfenmusik umgesetzt, aber auch Orgel- und Klaviermusik, auch konzertante Musik, die in sich so deutlich diese klaren Ordnungsprinzipien der höheren Welten, der höheren guten Welten muß ich hinzusagen, beinhaltet, daß sie sehr förderlich ist für euch Menschen, um diese Welten euch näherzubringen.

Nun, warum habe ich das überhaupt erwähnt? Zum einen, weil es für euch von Vorteil ist, solche Musik zu hören und sehr wohl unterscheiden zu lernen, welche Einflüsse aus welcher Musik heraus zu euch sprechen. Zum anderen aber auch, um euch dieses Prinzip der Engelwelten, wie ich es beschrieben habe, verständlich zu machen, insbesondere der unteren, daß dort jede Affinität zu Versuchungen der bösen Welt fehlt. Beziet diese Situation auf euch! Ihr könnt euch nicht darauf verlassen, daß ihr so direkt gefärbt und versorgt seid von Gottes unmittelbarer Liebe, sondern ihr wißt ja mittlerweile, daß ihr euch diese Qualitäten, das „Gott-ganz-nahe-Sein", bewußt erarbeiten müßt. Von eurer Herkunft her könnten einige diesen Zustand ja kennen, doch in der Verkörperung ist er nicht mehr zugänglich.

In den hohen Engelhierarchien sieht das Ganze ein bißchen anders aus. Hier ist natürlich die Gewißheit vorhanden, daß Gott ganz nahe ist, die Qualitäten seines Wesens sind erfahrbar und machen diese Wesen sehr stark. Aber gleichzeitig sind diese Wesen in so hoher Verantwortungsposition, daß es keinen Sinn hätte, wenn sie nur einfach das „Gott-nahe-Sein" empfinden würden. Diese Wesen haben schon die Möglichkeit, das Böse wahrzunehmen, es zu erkennen und gerade in Bezug auf Lehrfunktionen zu verstehen, wie es arbeitet und wie es euch und andere Wesen in anderen Welten beeinflußt. Doch ist die Gotterbenheit und Klarheit der Aufgaben des eigenen inneren Wesens bei diesen Engeln sehr stark, so daß sie eigentlich der Gefahr, irgendeiner Versuchung der bösen Geisterwelt zu erliegen, nicht unterstehen. Nun wäre es für euch ein sehr erstrebenswertes Ziel, absolut keine Affinität zu Versuchungen und Reizen der bösen Geister zu haben, jedoch ist dies bekannterweise nicht der Fall.

Führt euch also vor Augen, daß diese Impulse ständig da sind. Sie durchsetzen euch zu ganz großen Prozentanteilen, täglich, nächtlich, rund um die Uhr, immer noch. Es werden eure Impulse, eure inneren eigenen Impulse, zu Gott zu streben, immer stärker. Und dies wird mit der Zeit - das wünsche ich euch von Herzen - ein inneres Unterscheidungsvermögen schaffen zwischen den Impulsen, die aus der guten Geisterwelt Gottes und denen, die aus der schlechten Geisterwelt kommen.

Möge es euch bald gelingen, daß ihr immer mehr die Impulse, die nicht Gott genehm, auf Gott gerichtet sind, erkennt und ablehnt, daß ihr diese zerstörerischen Impulse ausscheidet und klar abwehrt im Gebet zu Gott und so euer Wesen immer mehr geläutert wird, daß der Anteil an Ergebenheit an die niederen Instinkte, an böse Impulse und Einflüsse, immer geringer wird. Und daß euer inneres Wesen und euer Wunsch, zu Gott zu kommen, immer klarer und stärker in euch auftauchen, euch ganz erfüllen möge. Es wird euch nicht erspart bleiben, bewußt daran zu arbeiten. Aber lehnt nicht grundsätzlich diese ganze Idee von „gut" und „böse" ab. In eurer Welt existiert sie in vollem Umfang. Und da gibt es keine Skrupel von Seiten der Zerstörung. Betet auch für diese Geisterwelt, daß auch die Dämonen sich bekehren mögen zu Gott, daß auch sie beten sollten, daß Gott ihnen verzeiht, denn Glück werden sie niemals finden auf dem Wege, den sie beschritten haben."

Was sind Dämonen und wie entstehen sie?

„Der Geist prägt die Form", ist eine alte esoterische Weisheit, die besagt, daß die Qualität des Schöpfers die Güte seiner Schöpfung und damit auch ihre Form bestimmt. Das Äußere spiegelt das Innere. Stellen wir uns nun einen durch und durch satanischen Menschen in einem der augenblicklichen regionalen Kriege vor. Er findet ein perverses Vergnügen am möglichst qualvollen Töten seiner Gegner. Er beteiligt sich an allen möglichen Greueln, die wir ja aus der aktuellen Berichterstattung unserer Medien hinreichend kennen. Er vergewaltigt und foltert wehrlose Frauen und massakriert unschuldige Kinder. Dann setzt eine Kugel seinem elenden Treiben ein Ende.

Bereits seine menschlichen Taten offenbaren den in ihm herrschenden Geist, belegen, daß dieser Mensch sich ganz mit dem satanischen Pol seiner Seele identifizierte und seine Energien willentlich nur ihm zuführte. Entsprechend dem Gesetz „Gleiches zu Gleichem" findet sich diese Seele nach ihrem leiblichen Tod in den tiefsten Bereichen der astralen Sphäre wieder, die wir als „Hölle" bezeichnen. Die auf allen Ebenen geltende Gesetzmäßigkeit bringt es mit sich, daß die Gedanken und Gefühle, daß der Wille dieser Seele sich in ihrer äußeren Gestalt ausdrückt. Und so wird z.B. aus diesem satanischen Menschen ein Wesen, halb Mensch, halb Tier, das durch den speziellen Tieraspekt seiner Form seinen Charakter spiegelt.

Wie wir wissen, durchläuft der gefallene Geist auf dem Weg seiner Rückentwicklung auch das Tierreich, und so sind viele der sogenannten „höllischen Dämonen" gefallener Geist, der seine Bewährung als Mensch nicht im Sinne einer Weiterentwicklung nutzte, sondern bewußtseinsmäßig in die Tierstufe zurückfiel. Da dieses Wesen bereits über einen, allerdings verdunkelten, göttlichen Geistfunken verfügt, kann es normalerweise nicht mehr in die Tierklasse zurück, sondern bildet mit anderen Wesen gleicher Qualität die höllische Gattung der Dämonen.

Jede Tiergattung lebt und entwickelt einen ganz bestimmten Bereich seelischer Qualitäten. Denken wir beispielsweise an die Friedfertigkeit von Lamm und Taube oder an die Aggressivität von Raubtieren und ihre Zielstrebigkeit bei der Verfolgung ihrer Beute. In dieser Entwicklungsstufe gibt es noch kein Bewußtsein für „gut" oder „böse", keine Wahlfreiheit. Dies bleibt der menschlichen Evolution vorbehalten. Erst der Mensch ist sich seines Tuns und Lassens grundsätzlich bewußt, trägt die Verantwortung und damit auch die sich daraus ergebenden Konsequenzen. Das deutsche Medium Eva Braun schildert in ihrem zweibändigen Werk „Von Drüben" sehr anschaulich den Rückfall eines Bruders aus einer früheren Inkarnation in einen dämonischen Zustand und seinen leidvollen Weg zurück ins Licht.

12. KAPITEL

SCHULD UND SÜHNE

Schuld und Sühne sind zwei Begriffe, die in der christlichen Religion und Mystik eine große Rolle spielen. Die Schuld entstand aus der Ur-Sünde des Abfalls der Geister von Gott und des Falls aus dem Paradies. Der Verlust der Einheit hatte die Dualität zur Folge, deren Wesen ich ausführlich im zweiten Kapitel des ersten Teiles beschrieben habe. In der Dualität erleben wir uns immer im Spannungsfeld zweier Pole und sehen uns gezwungen, uns für einen zu entscheiden. Die Entscheidung für etwas ist jedoch gleichzeitig immer auch die Entscheidung gegen etwas. Der Weg zurück in die Einheit ist aber zuerst einmal der Ausgleich zwischen den dualen Polen und dann die Überwindung und Verschmelzung der Gegensätze.

Schuld und Sühne sind nun Ausdrucksformen des Pols der „Finsternis" in der Dualität von Licht und Dunkel. Wenn ein Pol übermächtig zu werden droht, dann sorgt das göttliche Gesetz für den Ausgleich, und so kam mit Jesus Christus das Licht in das Dunkel dieser dualen Welt. Nun erst war es den Menschen wieder grundsätzlich möglich, die Gegensätze in der Welt der Zweiheit zu vereinen und zurückzukehren in die Einheit mit dem dreifaltigen oder dreieinigen Gott. Wie das geschehen kann? Jesus selbst gibt uns im Rahmen der Bibel in Johannes 14,1-14 die Antwort: *„Euer Herz lasse sich nicht verwirren. Glaubt an Gott, und glaubt an mich. Im Haus meines Vaters gibt es viele Wohnungen. Wenn es nicht so wäre, hätte ich euch dann gesagt: Ich gehe, um einen Platz für euch vorzubereiten? Wenn ich gegangen bin und einen Platz für euch vorbereitet habe, komme ich wieder und werde euch zu mir holen, da-*

mit auch ihr dort seid, wo ich bin. Und wohin ich gehe - den Weg dorthin kennt ihr.

Thomas sagte zu ihm: Herr, wir wissen nicht, wohin du gehst. Wie sollen wir dann den Weg kennen? Jesus sagte zu ihm: Ich bin der Weg und die Wahrheit und das Leben; niemand kommt zum Vater außer durch mich. Wenn ihr mich erkannt habt, werdet ihr auch meinen Vater erkennen. Schon jetzt kennt ihr ihn und habt ihn gesehen. Philippus sagte zu ihm: Herr, zeig uns den Vater, das genügt uns. Jesus antwortete ihm: Schon so lange bin ich bei euch, und du hast mich nicht erkannt, Philippus? Wer mich gesehen hat, hat den Vater gesehen. Wie kannst du sagen: Zeig uns den Vater?

Glaubst du nicht, daß ich im Vater bin und daß der Vater in mir ist? Die Worte, die ich zu euch sage, habe ich nicht aus mir selbst. Der Vater, der in mir bleibt, vollbringt seine Werke. Glaubt mir doch, daß ich im Vater bin und daß der Vater in mir ist; wenn nicht, glaubt wenigstens aufgrund der Werke!

Amen, amen, ich sage euch: Wer an mich glaubt, wird die Werke, die ich vollbringe, auch vollbringen, denn ich gehe zum Vater. Alles, um was ihr in meinem Namen bittet, werde ich tun, damit der Vater im Sohn verherrlicht wird. Wenn ihr mich um etwas in meinem Namen bittet, werde ich es tun. "

Um diese Botschaft richtig verstehen und in ihrer Bedeutung voll erfassen zu können, ist es notwendig, ihren zentralen Kern, der in Form einer Analogie gegeben wurde, über den Wortsinn hinaus in seiner spirituellen Dimension zu begreifen.

Was hat er also gemeint, als er sagte: „Ich bin der Weg und die Wahrheit und das Leben; niemand kommt zum Vater außer durch mich." Eine geradezu ungeheuerliche Behauptung, wenn man nur den „Menschen Jesus" betrachtet. Entsprechend hatten auch viele seiner Zeitgenossen, besonders die Schriftgelehrten, größte Schwierigkeiten mit diesem messianischen Anspruch. Betrachten wir das Gesagte aber unter einem anderen Blickwinkel, sehen wir das Leben und die Botschaft Christi als gleichnishafte Wegbeschreibung zurück ins Licht, dann bestätigt sich die Richtigkeit dieser Behauptung.

Wer oder was ist Jesus Christus? Wie wir wissen, ist der Mensch eine Trinität von Körper, Seele und Geist. Der Geist in uns ist ein Aspekt des Göttlichen, vergleichbar einem Licht vom Urlicht. Dieses Licht ist umhüllt von Seele und Körper wie von einem Gefäß, das das Geisteslicht durchdringen und transformieren will. Der unentwickelte Mensch entspricht in seinem Seelisch/Körperlichen einem Gefäß aus Lehm, das nichts von diesem inneren Licht nach außen dringen läßt. Suchende, die sich bereits auf den Weg gemacht haben, gleichen schon halbtransparenten Gefäßen, wie z.B. aus gefärbtem Glas, die ihr inneres Licht zwar bereits sichtbar, aber noch „strukturgefärbt" und begrenzt abstrahlen. Erst wenn wir Seele und Körper so entwickelt und damit durchsichtig gemacht haben, daß wir Kristallgefäßen gleichen, strahlen wir das innewohnende göttliche Licht ungefiltert in seiner ganzen Potenz ab und offenbaren die ganze Fülle der Gottheit. Dies geschah vor 2000 Jahren. Das Gefäß und das Licht wurden eins. Der Mensch wurde zum Gott-Menschen. Aus Jesus wurde Christus.

Nun verstehen wir, was Jesus mit dieser Aussage meinte. Er war der erste Mensch in diesem Zyklus, der, aufgrund der Verschmelzung der Polarität in sich, Einheit mit Gott erlebte. Nur er hatte diesen Grad von Vollkommenheit und damit Gottesoffenbarung erreicht. Insofern ist er „der Weg und die Wahrheit", sein beispielhaftes Leben und seine Botschaft die Beschreibung des Rückwegs in die Einheit mit Gott. Wahres Leben ist nur ein Leben, das sich seiner Göttlichkeit bewußt ist. Diesen Bewußtseinszustand nennen wir Christus-Bewußtsein.

Entsprechend dieser geistigen Gesetzmäßigkeit vermochte Jesus zu sagen: „Niemand kommt zum Vater außer durch mich" und konnte versprechen: „Wer an mich glaubt (also seinem Beispiel und seinem Entwicklungsweg folgt), wird die Werke, die ich vollbringe, auch vollbringen, und er wird noch größere vollbringen, denn ich gehe zum Vater." Er bestätigt damit auch, daß der „Christusweg", also der Weg der Bewußtwerdung der eigenen Göttlichkeit, kein Privileg für wenige, sondern allen Gott suchenden Menschen offen steht.

„Alles, um was ihr in meinem Namen bittet, werde ich tun, damit der Vater im Sohn verherrlicht wird. Wenn ihr mich um etwas in meinem Namen bittet, werde ich es tun." Die Anerkenntnis des erlösenden Christus-Prinzips, dokumentiert durch die bittende Anrufung, führt zu seiner Offenbarung bzw. Freisetzung in uns und bezeugt damit das Vorhandensein des göttlichen Geistes im Menschen. Die Anrufung Jesu Christi bedeutet also, daß wir gegenüber unserem himmlischen Vater unseren eigenen Weg, unsere eigene Sohnschaft anerkennen und dem Beispiel unseres „älteren Bruders" in Liebe folgen wollen.

Der Mensch, der aber in falschen religiösen Vorstellungen von Schuld und Sühne verstrickt bleibt und die Hand des Erlösers nicht ergreift, bleibt in der Dualität und damit dem Leid verhaftet. Besinnen wir uns auf unseren Geist, so macht uns das frei und gestattet uns, uns zunehmend mit dem Unbegrenzten und Absoluten zu verbinden. Wir lernen, uns und anderen zu verzeihen, die Last der Schuld und die Angst vor der Sühne loszulassen. Als Geistwesen sind wir Schöpfungen Gottes, und das Vollkommene kann nur Vollkommenes schaffen, da das Werk immer seinen Schöpfer spiegelt. Uns obliegt es, zu entdecken, was wir bereits seit Anbeginn sind und ewig bleiben werden - Söhne und Töchter Gottes und damit seine Ebenbilder.

13. KAPITEL

TRANSFORMATION ODER
DAS MYSTERIUM DER AUFERSTEHUNG

Im christlichen Glaubensbekenntnis wird bekannt, daß Jesus am Kreuze starb und am dritten Tage wieder auferstanden ist. Wie haben wir uns diese Auferstehung vorzustellen?

In der Bibel wird erzählt, daß man den Leichnam Jesu im Felsengrab des Josef von Arimathäa beisetzte, das durch einen schweren Stein verschlossen und von römischen Soldaten bewacht wurde. Als die Frauen seines engsten Kreises am dritten Tag zum Grab gingen, um den Leichnam traditionsgemäß einzusalben, war das Grab leer. Zwei Engel traten zu ihnen und erinnerten sie daran, daß Jesus selbst seine Auferstehung angekündigt hatte. Obwohl es in den Evangelien Unterschiede in der Darstellung des Ablaufs dieser Ereignisse gibt, sind die Kernaussagen bezüglich der Auferstehung weitgehend identisch.

Über dem eigentlichen Geschehen im Grab während der drei Tage liegt ein Schleier des Geheimnisses. Niemand hat den eigentlichen Prozeß der Auferstehung miterlebt. Mehrere Male bis Pfingsten begegnete der Auferstandene seinen Jüngern. Er aß und trank mit ihnen, und der ungläubige Thomas durfte seinen Körper berühren, um sich von den Wundmalen überzeugen zu lassen. Ganz offensichtlich hatte also Jesus in diesen Momenten einen physischen oder physisch erfahrbaren Körper, der sich allerdings nach den Begegnungen wieder auflöste bzw. für seine Mitmenschen unsichtbar wurde.

„Und als er mit ihnen bei Tisch war, nahm er das Brot, sprach

den Lobpreis, brach das Brot und gab es ihnen. Da gingen ihnen die Augen auf und sie erkannten ihn; dann sahen sie ihn nicht mehr."

(Lk 24,30-31)

Eine Ausnahme machte der Abschied nach seiner letzten Erscheinung. *„Dann führte er sie hinaus in die Nähe von Betanien. Dort erhob er seine Hände und segnete sie. Und während er sie segnete, verließ er sie und wurde vom Himmel emporgehoben; sie aber fielen vor ihm nieder. Dann kehrten sie in großer Freude nach Jerusalem zurück."*

(Lk 24,50-52)

Wie im christlichen Glaubensbekenntnis (...aufgefahren gen Himmel...) wird von einer Aufwärtsbewegung, einem Emporgehobenwerden berichtet. Eine vergleichbare Form der Himmelfahrt wird beispielsweise auch vom Propheten Elijas erzählt. *„Während sie miteinander gingen und redeten, erschien ein feuriger Wagen mit feurigen Pferden und trennte beide voneinander. Elija fuhr im Wirbelsturm zum Himmel empor."*

(2 Kön 2,11-12)

In der Bibel ist dann nur noch einmal die Rede, und zwar von der zukünftigen leiblichen Auferstehung der beiden Endzeitpropheten. *„Wenn sie ihren Auftrag als Zeugen erfüllt haben, wird sie das Tier, das aus dem Abgrund heraufsteigt, bekämpfen, besiegen und töten. Und ihre Leichen bleiben auf der Straße der großen Stadt liegen....Aber nach den dreieinhalb Tagen kam von Gott her wieder Lebensgeist in sie, und sie standen auf. Da überfiel alle, die sie sahen, große Angst. Und sie hörten eine laute Stimme vom Himmel her rufen: Kommt herauf! Vor den Augen ihrer Feinde stiegen sie in der Wolke zum Himmel hinauf."*

(Offb 11, Das Zeugnis der beiden Propheten)

Von Karfreitag bis zu Christi Himmelfahrt sind es 42 Tage. Das Tibetische Totenbuch geht von 49 Tagen aus, wenn es die Wanderung der Seele zwischen Tod und Wiedergeburt beschreibt und nennt somit eine vergleichbare Zeitspanne für einen gefahrvollen Weg auf

Zwischenebenen, bevor die Seele endgültig den ihr entsprechenden jenseitigen Platz einnimmt bzw. nach buddhistischem und hinduistischem Verständnis ein neues diesseitiges Leben beginnt.

In der westlichen und östlichen esoterischen Literatur gibt es eine Fülle von Beschreibungen, daß Verstorbene Lebenden in leiblicher Form erschienen. Es existieren veröffentlichte dokumentierte Berichte aus der spiritistischen Szene vom Anfang dieses Jahrhunderts, wo sich im Rahmen von Seancen jenseitige Wesen verkörperten, deren Körperfunktionen, wie Herzschlag, Darm- und Atemtätigkeit, während ihrer Erscheinung von anwesenden Ärzten attestiert wurden. Letztendlich sind auch die Engel-Erscheinungen am Grabe Jesu und bei vielen anderen Gelegenheiten Belege für Materialisationen geistiger Persönlichkeiten.

Das Besondere an der Auferstehung Jesu bleibt die Transformation, das „Mitnehmen" seines physischen Körpers in das Jenseits. Sein Geistiges hatte Seele und Körper so durchlichtet, daß eine Anhebung der materiellen Aspekte seiner Person in höhere Seinsebenen, in eine höhere Schwingungsfrequenz, möglich war. Der normale Transformationsprozeß der Verwesung und damit die gesetzmäßige Freisetzung und Wiedereingliederung der in der Körpermaterie gebundenen Geistteile seines Körpers wurde Kraft seines Geistes ersetzt durch eine direkte Umwandlung von Materie in Energie. Er hatte „sein Fleisch erlöst".

Auch die moderne Physik hat inzwischen anerkannt, daß Energie und Materie nur unterschiedliche Manifestationen der gleichen Ur-Sache sind. Die Alchemisten des Mittelalters sprachen vom Weltenäther, der durch Verdichtung die vier körperlichen Grundelemente irdischer Schöpfung entstehen läßt - Luft, Feuer, Wasser und Erde. Der Neo-Konfuzianismus der chinesischen Naturphilosophie spricht vom Ch'i, was wörtlich „Gas" oder „Äther" bedeutet, und meint damit den Lebensatem oder die Energie, die den Kosmos belebt:

„Wenn sich das Ch'i verdichtet, wird seine Sichtbarkeit augenscheinlich, so daß es dann die Formen (der individuellen Dinge) gibt. Wenn es sich verdünnt, ist seine Sichtbarkeit nicht mehr augenscheinlich, und es gibt keine Formen. Kann man bei seiner Verdichtung etwas anderes sagen, als daß dies nur zeitweilig ist? Aber kann man bei seiner Zerstreuung vorschnell sagen, daß es dann nicht existiert?" (Chang Tsai, chinesischer Weiser, zitiert in Fung Yu-Lan, A Short History of Chinese Philosophy, New York)

Die Kreuzigung Jesu und seine Auferstehung sind eine Demonstration dafür, daß der Geist im Menschen in der Lage ist, die Materie zu überwinden, sie in rein Geistiges zu verwandeln.

Was geschah nun bei der Auferstehung in den drei Tagen? Eine der wichtigsten Reliquien der Katholischen Kirche ist das Grabtuch Jesu, das im italienischen Turin aufbewahrt wird. Immer wieder gab es Streit um seine Echtheit. Vor einiger Zeit ließ der Vatikan es nach der Carbon-Methode untersuchen. Diese Methode stellt den Grad des Verfalls der Kohlenstoffatome in einem Körper fest, und man kann danach die Lebensdauer bestimmen. Das Ergebnis war für viele Gläubige ein Schlag: Das Tuch war einige Jahrhunderte alt, aber - nach dieser wissenschaftlichen Analyse - niemals 2000 Jahre.

Später wurde in der Presse berichtet, daß Biologen im gleichen Tuch Sporen und andere pflanzliche Bestandteile gefunden hatten, die auf Pflanzen hinwiesen, die nur zu Lebzeiten Christi um Jerusalem herum existiert hatten. Großes Rätselraten bei allen Interessierten. Wie konnte das sein?

Es existiert ein Foto von Jesus. Einem amerikanischen Wissenschaftler der Raumfahrtbehörde NASA wurde erlaubt, das Turiner Grabtuch mit Hilfe spezieller Verfahren zu fotografieren. Jeder, der es sieht, ist zutiefst beeindruckt von der Liebe, Weisheit, aber auch Kraft, die dieses Gesicht, dieser Blick ausstrahlen.

Wie löst sich nun das Rätsel? Aus der Biophotonenforschung ist bekannt, daß es kurz vor bzw. während des Absterbens von Pflanzen zu einer starken Photonenemission kommt. Eine Sonne stirbt in Form einer Supernova, d.h. unter starker Aufblähung und vervielfachter Energie- bzw. Lichtabstrahlung. Bei einer Dematerialisation, einer Umwandlung der Materie in höhere Frequenzen, wird also sehr viel Energie in Form von Licht freigesetzt. Denken wir an den Lichtblitz einer Atombombe und machen wir uns bewußt, daß dieser Sprengkopf nicht viel mehr Masse als ein menschlicher Körper hat.

Der Vergleich stimmt aber nur bedingt, da der Mensch und seine Technik bisher Materie nur in eine sehr grobe und damit zerstörerische Energie umwandeln kann. In Jesu Grab geschah aber keine Zerstörung, sondern reine Wandlung in feinste Lichtenergie-Frequenzen, vergleichbar dem Blitz beim Fotografieren.

Das über dem Leichnam liegende Tuch wirkte nun wie ein Foto-Negativ und speicherte die Informationen des Transformationsmoments. Nun wissen wir bisher wenig über diesen Prozeß der Transformation und die Qualitäten der Energien, die dabei im Spiel sind. Eine Wirkung dieser Energien ist z.B., daß alles im näheren Umkreis ebenfalls in seiner atomaren und molekularen Struktur beeinflußt wird, sozusagen eine energetische Auffrischung erfährt, und damit im wahrsten Sinne des Wortes „verjüngt" wird. Dieses geschah möglicherweise auch mit dem Grabtuch.

Das Wissen, daß Geist verjüngt, ist nicht neu. Schaut in die Gesichter wahrhaft Weiser! Wirken sie nicht auch im Alter jung? Die mittelalterliche Malerei wiederholt häufig das Bild vom „Jungbrunnen". Alte Menschen steigen in ein Wasserbecken und verlassen es auf der anderen Seite, um Jahrzehnte verjüngt. Wasser ist - wie bei der Taufe - ein Symbol für den Geist und sein Wirken.

14. KAPITEL

DER SÜNDER UND DER HEILIGE

Das Gefühl und der Glaube, sündig zu sein, ist für viele christliche Menschen eine große Last, die sie niederdrückt und ihnen Kraft und Hoffnung raubt. Aber gerade als Christen müßten sie wissen, daß eine der Säulen christlichen Glaubens, der Apostel Paulus, beispielhaft für die Wandlung von einem Sünder zu einem Heiligen steht und dies nicht nur gottgewollt war, sondern auch ganz generell der Entwicklungsweg jedes Menschen ist. Es ist der Weg vom seelischen Pol der Finsternis und von Unbewußtheit zum Lichtpol des Christus-Bewußtseins.

Saulus aus Tarsus nahm aktiv an der Christenverfolgung teil: *„Saulus wütete immer noch mit Drohung und Mord gegen die Jünger des Herrn"*, berichtet uns die Bibel in der Apostelgeschichte 9,1-22. Daraufhin begegnete ihm auf dem Weg nach Damaskus das Christuslicht, das ihn zu Boden warf und ihn drei Tage blendete. Hananias, der ihm auf Gottes Geheiß hin die Hände auflegen und ihn heilen sollte, antwortete dem Herrn: *„Herr, ich habe von vielen gehört, wieviel Böses dieser Mann deinen Heiligen in Jerusalem angetan hat. Auch hier hat er Vollmacht von den Hohenpriestern, alle zu verhaften, die deinen Namen anrufen. Der Herr aber sprach zu ihm: Geh nur! Denn dieser Mann ist mein auserwähltes Werkzeug: Er soll meinen Namen vor Völker und Könige und die Söhne Israels tragen. Ich werde ihm auch zeigen, wieviel er für meinen Namen leiden muß."*

Und so wurde aus Saulus Paulus, aus einem Sünder ein Heiliger.

In dem großen „Evangelium Johannes", das dem österreichischen Mystiker Jakob Lorber Mitte vergangenen Jahrhunderts medial diktiert wurde, heißt es in Band II: „Es geht hier nur um einen Sünder,

der das Unrecht in sich frei erkennt, dem göttlichen Gesetz zuwider gehandelt zu haben, sich nach der erkannten Ordnung Gottes neu zu bestimmen anfängt und zu einem Menschen wird, dem keine Schule des Lebens fremd geblieben ist. Solch ein Geist wird in Meinem Reiche dereinst endlos Größeres zu leisten imstande sein als einer, der stets aus sklavischer Furcht nie um eine Handbreit vom Geist abgewichen ist."

Im Band VI wird dies bekräftigt: „Ein Mensch, der nicht die vollste Fähigkeit hat, ein vollendeter Teufel zu werden, kann auch nie ein völlig gottähnliches Kind Gottes werden, denn mit irgendeiner Beschränkung darin wäre der Mensch nur ein intelligentes Tier."

Daß dies nicht nur schöne philosophische Worte sind, belegte meine tägliche Praxisarbeit. Nur das Wissen und Annehmen des Sünders in mir ließ mich Verständnis und Akzeptanz für die Schwächen meiner Patienten haben. Und so erkannte ich in jedem ein Stück von mir selbst. Bin ich mir selbst meiner Unzulänglichkeiten bewußt und bereit und bemüht, sie zu wandeln, muß ich nicht in die Projektion einsteigen und die Sünden der anderen geißeln. Aus der Integration unseres Schattens erwächst die Befähigung zur Toleranz und Nächstenliebe. Sünder und Heiliger, das sind somit nur andere Begriffe für die beiden Wesenspole in uns. Und nur wenn beide innerlich transformiert werden, ist Einheit möglich.

15. KAPITEL

BIOPHOTONEN - DAS LICHT DES LEBENS

Betrachten wir einmal die physische Schöpfung als ein Haus. Dieses Haus wurde aus vielen unterschiedlichen Bausteinen errichtet. Zerschlagen wir einen Mauerstein, so zerfällt er in Sand oder Ton, also in die Bestandteile, aus denen er hergestellt wurde. Aus der Grundform des Sandes entsteht also durch unsere Willens- und Schöpfungskraft eine höhere Organisationsform, die höhere Struktur der Steine, die in einer noch höheren Organisationsform letztlich das Haus bilden.

Untersuchen wir nun eine physische Körperform - sei es die eines Felsens, eines Baumes, eines Tieres oder Menschen - so entdecken wir die gleichen Organisationsprinzipien und -strukturen. Grundbausteine jeglicher Körperform sind die Atome. Ähnlich einem Sonnensystem bestehen sie aus einem zentralen Kern, einer „Sonne", und den das Zentrum auf unterschiedlichen Kreisbahnen umrundenden „Planeten", den Elektronen. Der Atomkern selbst setzt sich aus Nukleonen zusammen, den Protonen und Neutronen, die sich wiederum aus jeweils drei Quarks, den subatomaren Atomteilchen, bilden, sozusagen „dem Sand", aus dem sich die „atomaren Steine" jedes physischen Körpers aufbauen.

Betrachten wir ein solches atomares „Sonnensystem", so stellen wir fest, daß die „Planeten", also die Elektronen, zeitweise ihre Kreisbahn verlassen, um in der nächsten, vom Kern noch weiter entfernten Bahn ihre Kreise zu ziehen. Dabei absorbieren bzw. verbrauchen sie Energie. Gleichzeitig verlassen andere Elektronen ihre Kreisbahn, um in die nächst tiefere, dem Kern nähere Bahn herabzusinken. Dabei wird Energie in Form von Photonen freigesetzt, die wir bei lebenden Organismen Biophotonen nennen. Diese Lichtteilchen, vergleichbar einem kohärenten Laserlicht, dienen der Kommunikation zwischen allen Organisationsstufen im betreffenden Körper. Mit Lichtgeschwindigkeit werden so zwischen allen Teilen und auf allen Organisationsebenen des Körpers Informationen ausgetauscht und damit ein ganzheitliches Informationsniveau geschaffen, das wir die Einheit des Körperbewußtseins nennen.

In verschiedenen Programmen des deutschen Fernsehens lief 1994 ein Film unter dem Titel „Aura - Heilkraft oder Schwindel", in dem auch von ersten wissenschaftlichen Untersuchungen bezüglich dieser Photonenemission berichtet wurde. Es wurden Versuche mit verblüffenden Ergebnissen vorgestellt. Ich verweise in diesem Zusammenhang auf das Buch „Biophotonen. Das Licht des Lebens", von Marco Bischof.

In dem genannten Film wurde beispielsweise erstmals der wissenschaftliche Beweis geliefert, daß Heiler willentlich diesen Photonenfluß verstärken und im elektromagnetischen Feld ihrer Umgebung große, in Volt meßbare Veränderungen hervorrufen können. So wurden u.a. Experimente der bekannten Menninger Klinik in den USA vorgestellt. Wissenschaftler dieser Klinik haben zwischenzeitlich das „Life Sciences Institute of Mind-Body Health" gegründet und beschäftigen sich mit meßbaren menschlichen Energien. In einem publizierten Versuch, der den Titel trägt „Anomale elektrostatische Phänomene an besonderen Personen", wird eine alte tibetische Meditationsanweisung auf ihre wissenschaftliche Nachweisbarkeit hin untersucht, die besagt, daß die Selbstwahrnehmung von Meditierenden sich verstärkt, wenn sie auf einem elektrisch-isolierten Untergrund und unter einem Magneten sitzen und dabei in eine polierte Kupferwand schauen. Für den Test wurde eine Kupferkammer konstruiert, die die Versuchspersonen vom Boden isolierte und von allen Seiten mit Kupferwänden umschloß. Um elektrostatische Energien feststellen zu können, waren der Körper der Versuchsperson und die Wände an Elektrometer angeschlossen. Videokameras registrierten alle Körperbewegungen.

Zwei Gruppen wurden getestet: 10 Personen, die regelmäßig meditieren und 9 NCTT-Heiler (NCTT = Non-Contact Therapeutic Touch = Fernheilung). In 45-minütigen Meditationssitzungen erreichte keiner der Meditierenden eine körperliche Stromspannung von 4 Volt. Bei den Heilern dagegen wurden Spannungen von 4 bis 221 Volt (im Schnitt 8,3 Volt) mit einer Dauer von 0,5 bis 12,5 Sekunden (im Schnitt 3,6 Sekunden) gemessen.

Wie ist das möglich? Wie sind diese Phänomene zu erklären? Und wieso wirken sie heilend?

Je weiter z.B. die Quantenphysik in die subatomaren Bereiche vordringt, um so mehr nähert sie sich Sphären, in denen die uns bekannten Naturgesetze nur noch bedingte oder gar keine Gültigkeit mehr haben. Die Wissenschaft steht an der Grenze des sinnlich Wahrnehmbaren, des wissenschaftlich Meß- und Interpretierbaren. Deshalb sind diese Phänomene nur dann zu verstehen und zu erklären, wenn man die wissenschaftlich beobachteten Abläufe analog in spirituellen Kategorien und Erklärungsmodellen zu interpretieren lernt, bzw. wenn man uralte Erkenntnisse und Beschreibungen der Mystik und Esoterik als Wegweiser für zukünftige wissenschaftliche Erkenntnisse zu nutzen versteht, wie das z.B. Erfolgsautor F. Capra ins seinem Buch „Das Tao der Physik" tut. Wie die Esoterik lehrt, verbirgt sich hinter jeder Manifestation ein geistiges Geschehen, ist jede materielle Erscheinungsform Ausdruck einer geistigen Absicht.

Unter diesem Blickwinkel betrachtet, stellen sich die Bahnsprünge der atomaren Elektronen in einem ganz anderen Licht dar. In meinem ersten Buch habe ich das „Gleichnis vom verlorenen Sohn" gedeutet. Es schildert den Abfall des gefallenen Geistes und daß dieser Weg, weg von der Quelle, den verlorenen Sohn viel Kraft und Licht kostete. Erst der Rückweg ließ ihn wieder lichtvoll und strahlend werden. Elektronen, die vom Atomkern wegstreben, entsprechen also im Mikrokosmos diesem Abfall und damit einem „egoistischen Energieverbrauch". Auf eine niedere Kreisbahn herabsinkende Elektronen nähern sich wieder der Quelle, die sie speist, und so können sie Energie in Form von Licht abgeben.

Ein Heiler ist bemüht, sein ganzes Sein auf seinen inneren Geistkern, den Aspekt des Göttlichen in uns, auszurichten und zu ihm hinzustreben. Unser seelischer Wille zwingt aber alle Teile und Organisationsebenen unseres Körpers - also auch alle Atome - unter seine Herrschaft. Und so streben beim Vorgang des Heilens im Körper des Heilers vermehrt Elektronen auf niedere Kreisbahnen, näher zu ihrem Atomkern hin und geben dabei entsprechend mehr Photonen als im normalen Bewußtseinszustand ab.

Diese freigesetzten Biophotonen sind nicht nur Träger von Informationen. Sie sind darüber hinaus Ausdruck des Wollens und Strebens des Heilers nach Einheit mit der göttlichen Quelle. In Gott ist alles vollkommen, lebt alles in Harmonie miteinander. Krankheit ist aber Ausdruck des Herausfallens aus dieser Harmonie allen Seins. Und so wirken die vom Heiler ausgehenden Lichtimpulse und Energien, entsprechend der inneren Ausrichtung ihres Erzeugers, im Körper des Kranken harmonisierend und damit heilend. Sie tragen sozusagen die geistigen Gesetze in sich, die alles wieder in die göttliche Ordnung und somit auch in die Gesundheit zurückführen wollen.

16. KAPITEL

FERNHEILUNG

In Deutschlands Presse und Fernsehen wurde in den vergangenen Jahren häufiger von Fernheilungsexperimenten berichtet. In der früheren Sowjetunion und auch noch im heutigen Rußland sind regelmäßige Sendungen, in denen Heiler Massenheilungen via TV durchführen, an der Tagesordnung. In China kommen oft viele hundert Menschen in einem Saal zusammen, um von einem oder mehreren Heilern vom Podium aus heilende Energien zu empfangen. Wie funktioniert Heilung auf Distanz, wobei es gleichgültig ist, ob die Entfernung mehrere Meter oder Tausende von Kilometer beträgt? Wie sind solche Heilungen zu beurteilen und welchen Bestand haben sie?

Im vorigen Kapitel hörten wir von Biophotonen, dem Licht des Lebens, das Heiler willentlich verstärkt abstrahlen können. Dieses biologische Licht macht aber nur einen geringen Teil der Energiefrequenzen aus, die ein Heiler aussendet. Ein größerer Teil kommt aus höheren Ebenen der Existenz, der wissenschaftlich noch nicht erforschbar und daher noch nicht nachweisbar ist.

Das uns bekannte Licht - also auch die Biophotonen - hat im Vakuum eine Geschwindigkeit von ca. 300.000 Kilometer pro Sekunde. Breitet sich die Lichtwelle jedoch in einem Medium, wie z.B. Luft, aus, so ist die Lichtgeschwindigkeit abhängig von den physikalischen Eigenschaften dieses Mediums und von der Frequenz der Welle. Das heißt, das Medium wirkt „bremsend", was bezogen auf das Medium „Luft" allerdings nur eine sehr geringfügige und daher zu vernachlässigende Beeinträchtigung bedeutet.

Aber zwischen dem Heiler als Lichtquelle und dem Kranken als

Empfänger liegen nicht nur eine, wie groß auch immer seiende „Luft-linie", sondern auch Hauswände, also physische Körper, die das Licht bekanntlich absorbieren, so daß die ausgesandten Biophotonen den Kranken im Zweifelsfall gar nicht erreichen können. Und doch wird immer wieder seitens der Patienten von für sie fühlbaren Energie-erfahrungen und letztlich Heilungen, also Wirkungen berichtet.

Das Rätsel löst sich, wenn man die zu Beginn genannten „nicht-physischen" Energieformen anderer Ebenen in Rechnung stellt, die den Gesetzmäßigkeiten unserer physischen Welt nicht unterworfen sind. Erste Hinweise gibt uns die wissenschaftliche Entdeckung der „Neutrinos", kleinster Elementarteilchen, die unsere Erdkugel mit Lichtgeschwindigkeit durchdringen, ohne von der Materie, der Erdgravitation oder dem elektromagnetischen Feld in irgendeiner Weise beeinflußt zu werden.

Bei direktem Kontakt zwischen Heiler und Patient spielen diese Biophotonen ihre ganz bestimmte, begrenzte Rolle, aber nicht bei der Fernheilung. Das erklärt auch, warum die Energieerfahrungen von Heiler wie Patient im Falle einer Ferntherapie häufig anders erlebt und geschildert werden als bei der direkten Kontakttherapie. Und dies erklärt teilweise, warum die Energieabstrahlung der heilerischen Hände im Falle von Kontakttherapien über unbeklei-deten und damit die Biophotonen nicht absorbierenden Zonen, wie z.B. Kehle und Kopf, und hier besonders im Stirnbereich, vom Pati-enten und Heiler meistens am stärksten empfunden wird.

Wie kommt es nun zu den von Patienten immer wieder erlebten Wärme-, ja Hitzeempfindungen? Einerseits werden im Kontaktfall die vom Heiler ausgehenden Biophotonen vom Körper des Patien-ten teilweise absorbiert und in Wärme umgewandelt. Andererseits wirken die höheren Schwingungsfrequenzen der heilerischen Ener-gie auf die spirituellen, subatomaren und atomaren Strukturen des Patientenkörpers und erhöhen deren Schwingungsfrequenz, was ebenfalls zur Freisetzung von Wärmestrahlung führt.

Die Biophotonen gehören nach unserem esoterischen Verständnis bereits zum Ätherischen, sind der schwingungsmäßig niedrigste Aspekt unserer Aura, die ja durch unsere astralen, mentalen und kausalen Schwingungen komplettiert wird. Diese Aura umgibt jeden Menschen, und jeder strahlt diese Energiefrequenzen unterschiedlich stark ab, wie eine Sonne ihr Licht. Damit diese Energien im Falle einer Heilung aber nicht in alle Richtungen, sondern zielgerichtet auf den Körper bzw. den zu behandelnden Organbereich des Kranken einwirken können, ist eine Fokussierung der heilerischen Energien, also ein „Lichtleiter", vonnöten. Vordergründig und auf der körperlichen Ebene sind das die Hände und ätherischen Hand-Chakras des Heilers. Auf den höheren Seinsebenen und im Falle der Ferntherapie sind es unser Wille und die ihn bestimmenden Motive, Gedanken und Gefühle, die bündelnd, formgebend und richtungsweisend diese „Lichtleiterfunktion" übernehmen und jenseits von Zeit und Raum für eine treffsichere Übermittlung dieser Energien in imaginativer Weise sorgen.

Eine weitere wissenschaftliche Studie des „Life Sciences Institute of Mind-Body Health" rundet das Gesagte ab. In dieser Fallstudie wurde die EEG-Amplitude, die Gehirnverbindung und Synchronizität in und zwischen einem bioenergetischen Therpeuten bzw. Heiler und seinem Patienten untersucht. Während einer Heilsitzung wurden simultane EEG-Messungen an Heiler und Patient unter vier verschiedenen Bedingungen vorgenommen - in der Ruhephase, in der Meditation, bei Fern- und Kontaktheilung. Genaue klinische Beobachtungen wurden bezüglich beider Personen vorgenommen.

Die Hirnströme des Therapeuten zeigten durchgängig eine starke, rechts-hemisphärische Aktivität. Fern- und Kontaktheilungen waren beim Heiler verbunden mit Hochfrequenzen, hohen Schwingungen im Beta- und Gamma-Spektrum des rechten Stirnbereichs, zusammen mit tiefen Schwingungen im linken Hinterkopf und zentralen Theta-Schwingungen. Beta-, Alpha-, Theta- und Gamma-

Synchronizität waren beim Therapeuten unter allen vier Bedingungen höher und gleichmäßiger als beim Patienten. Die Messung war am höchsten und stabilsten während der Fernheilung. Zwischenmenschliche Synchronizität war beim Heilen am höchsten, besonders in den Alpha-Frequenzen im linken Hinterkopf bei Therapeut wie Patient.

Fernheilung kann, je nachdem, um welches Problem bzw. welche Krankheit es sich handelt, sehr schnelle Ergebnisse zeigen. Dies erlebte ich beispielhaft im Falle eines Leukämiepatienten, der eine Rückenmarktransplantation erhielt und deshalb mehrere Wochen auf der Isolierstation seines Krankenhauses bleiben mußte und mich daher nicht aufsuchen konnte. In solchen Fällen lasse ich mich vom Hilfesuchenden anrufen, höre mir seine Beschwerden an und bleibe während der anschließenden Ferntherapie in telefonischem Kontakt, d.h. ich bitte den Patienten, mir sofort Rückmeldung über eintretende Veränderungen in seinem Befinden zu geben.

Auf diese Weise habe ich schon oft erlebt, daß ich krankheits- wie behandlungsbedingte Zustände innerhalb weniger Minuten beheben konnte. Kopf- und Organschmerzen lösten sich auf, hohes Fieber ging binnen einer Stunde auf Normalwerte zurück. Das eigentliche Krankheitsbild einer solch schwerwiegenden Krankheit positiv zu beeinflussen, ist über Ferntherapie ebenso möglich wie durch Kontakttherapie.

Aber Heilung ist, wie im ersten Teil des Buches ausführlich begründet, letztendlich das Ergebnis einer Bewußtseinsveränderung und nur dann von Dauer. Unter diesem Blickwinkel betrachtet, halte ich wenig von sogenannten Massenheilungen und bleibe, was ihre Qualität betrifft, sehr skeptisch. Es wird zwar immer wieder von spontanen Heilungen berichtet, nur prüft niemand, wie lange diese ersten positiven Veränderungen angehalten haben. Erkrankung wie Heilung sind intimster Ausdruck persönlicher Prozesse und sollten daher auch nicht über egozentrierte Publicity- Eitelkeit und sensationsgierige Medienvermarktung in die Öffentlichkeit gezerrt werden.

17. KAPITEL
GEBEN UND NEHMEN

In den beiden letzten Kapiteln wurde immer wieder davon gesprochen, daß wir Energie abgeben. Es stellt sich nun die Frage, woher kommt diese Energie, die wir ein Leben lang abstrahlen? Und müssen wir - wie bei den irdischen Ressourcen - damit rechnen, daß unsere Reserven einmal aufgebraucht sind, daß die Quelle versiegt?

Als Mensch sind wir eine Trinität von Körper, Seele und Geist. Von unserem Geist wissen wir, daß er Teil des Göttlichen ist und somit auch unbegrenzt Teil hat an den „göttlichen Eigenschaften". Alliebe, Allmacht, Allwissenheit und Unbegrenztheit drücken aus, daß Gott kein endliches Wesen ist, daß die Fülle seiner Gaben deshalb auch von daher nie ein Ende haben kann.

Bezüglich unserer Seele und unseres Körpers sieht die Sache schon etwas anders aus. Diese beiden Aspekte unserer Gesamtpersönlichkeit gehören nicht der göttlichen Sphäre, sondern den Ebenen der Schöpfung und damit der Dualität an. Und die Dualität kennt als Gegenpol zur Fülle den Mangel. Solange wir also bewußtseinsmäßig im körperlich-seelischen Bereich verhaftet bleiben, werden wir immer wieder Mangel erfahren. Erst die Zentrierung unseres Bewußtseins im Geistigen läßt uns die unbegrenzte Fülle in uns entdecken, der Hunger nach der Welt der Schöpfungen erlischt. „Werde wunschfrei und du wirst leidfrei", ist eine alte Aufforderung, diesen Zustand anzustreben.

Betrachten wir also die Energien, die unseren Körper und unsere Seele speisen. Unsere Seele, sich offenbarend im Zusammenspiel von Ideen, Gedanken und Gefühlen, gehört Ebenen der Existenz an, die über der physischen stehen. Sie nährt sich von Energiefrequenzen, die ihrem Reifegrad entsprechen. Den einen „sättigt" das Hören klassischer Musik, den anderen „befriedigt" ein sportlicher Wettkampf, den Dritten „treibt" es in die Lasterhöhlen dieser Welt. Da wir diese seelischen Energien weder sehen noch messen können, leiten wir ihr Vorhandensein von der Einstellung und dem Verhalten des einzelnen ab. Der Hellsichtige sieht die Aura, die Abstrahlung der Seele, und kann daher Aussagen über Qualität und Wesen der betreffenden Person machen. Er lernt schnell, daß es im System der Seele einen Zusammenhang gibt zwischen einerseits Bewußtseinsstand und Willensstärke und andererseits Energiefülle.

„Die Lauen sind mir ein Greuel", geißelte Jesus die Vertreter der Gattung Mensch, die sich häufig an niederen Energiefrequenzen laben und deren Seelenkörper entsprechend schwach ausgeprägt ist, da sie ständig zwischen dem Licht- und dem dunklen Pol in sich hin und her pendeln und sich nicht zu einer eindeutigen Entwicklung durchringen können. Sie sind weder gut noch böse, aber wegen ihrer Kraft- und Willenlosigkeit oft Spielball niederer astraler Einflüsse.

Die gesamte Schöpfung ist holographisch, d.h. in jedem „Punkt" ist die Information und die Fülle des Ganzen vorhanden. Kausale, mentale, astrale und ätherische Schwingungen durchdringen sich, nehmen den gleichen Raum ein. Jedes physische Objekt hat also seine Entsprechung auf allen Ebenen. Essen wir einen Apfel, so nehmen wir damit auch seine nicht-physischen Schwingungen in uns auf. Auf der Körperebene sind seine biologischen bzw. chemischen Bestandteile für uns wichtig. Befänden wir uns in der Astralwelt, bedeutete das zum Beispiel, daß uns beim Verzehr dieses Apfels gleichzeitig seine Entstehungsgeschichte bewußt würde. Wir erlebten alle Informationen, die im Physischen wie im Emotional/Astralen an dieses Objekt „Apfel" gekoppelt sind: Der Baum, an dem er wuchs und dessen Lebensgeschichte, die Sonne, die ihn reifen ließ, Regen und Wind, die Naturgeister, die ihn im Ätherischen pflegten und hegten, der Bauer, in dessen Obstwiese er wuchs und vieles mehr.

In dem zitierten Fernseh-Film über die Aura wurde experimentell belegt, daß die Eier von Freilandhühnern im Vergleich zu Eiern von Hühnern aus Legebatterien eine wesentlich höhere Photonenemission aufweisen. Wenn sich also ein „glücklicheres" Hühnerleben schon auf der physischen Ebene durch höhere Lichtabstrahlung der betreffenden Eier nachweisen läßt, dann leuchtet ein, daß die Qualität von Lebensmitteln auch von emotionalen, also seelisch-astralen Faktoren bestimmt wird. Tatsächlich haben wissenschaftliche Versuche bewiesen, daß Pflanzen wie Tiere auf beispielsweise klassische und damit sehr harmonische Musik mit deutlich verbessertem Wachstum, bzw. im Fall von Kühen mit höherer und qualitativ besserer Milchleistung reagierten. Menschen, die liebevoll mit ihren Pflanzen sprechen, erleben, daß sich dies sehr positiv auf Wachstum, Gesundheit, Blüten- und Fruchtreichtum auswirkt. Auf der physischen Ebene sind es dabei die Schallwellen, auf den anderen Ebenen die emotionale Zuwendung und die liebevollen Gedanken, die diese Ergebnisse erzielen.

Essen und Trinken bedeutet also nicht nur die Aufnahme physischer, sondern auch höherer Energieformen, die uns seelisch beeinflussen. Und somit bekommt die Aufforderung, bewußt und qualitativ Wertvolles zu essen, eine ganz andere Dimension. Weitere wichtige Energielieferanten sind der Atem und das Sonnenlicht. Das Problem der Luftverschmutzung hat also eine viel größere, ins Seelische hineinragende Tragweite. Das Ozonloch läßt Lichtfrequenzen der Sonne ungefiltert auf die Erde fallen, auf die die biologische Schöpfung nicht eingestellt ist und die deshalb aus der gesetzmäßigen Ordnung gerät und erkrankt. Wir leben also in einem System von Wechselwirkungen und Rückkopplungen. Unsere Erkenntnisfähigkeit und unsere seelischen Motive bestimmen die Qualität unserer Handlungen, und das Ergebnis dieser Handlungen fällt wieder auf uns zurück, im Guten wie im Schlechten.

Ein System, über das wir Energien in ungebundener Form aufnehmen und abgeben, sind unsere Chakras. In der Reihenfolge ihrer Bedeutung als Energiebeschaffungswege des Menschen steht für den physischen Bereich an erster Stelle der Atem, an zweiter das Trinken, an dritter das direkt aufgenommene Sonnenlicht (im Gegensatz zum indirekt aufgenommenen in unseren Lebensmitteln), an vierter das Essen und an letzter Stelle das Chakra-System.

Die Bedeutung der Chakras für unseren Energiehaushalt mag man daran erkennen, daß die Energiezufuhr durch Essen ersetzbar ist mittels eines voll entwickelten Chakra-Systems. So wissen wir, daß indische Yogis durch entsprechende meditative Techniken wochen- und monatelang fasten können. Von religiös und spirituell herausragenden Menschen, wie z.B. von der deutschen Stigmatisierten Therese von Konnersreuth, wird berichtet, daß sie jahrelang keine feste Nahrung zu sich genommen haben.

Unser Basis-Chakra beispielsweise verbindet uns mit dem zur physischen Ebene zählenden Ätherbereich, dem Bereich, dem wir auch die Biophotonen zuordnen, was nach unserem Verständnis nur ein moderner wissenschaftlicher Begriff für eine uralte esoterische Entdeckung ist. In einer 1992 veröffentlichten Schrift unserer Gemeinschaft mit dem Titel „...sehet, Ich mache alles neu" stellte ich im Verlauf des Kapitels „Aufbau und Wesen des Äther- oder Vitalkörpers" eine kühne, für manche phantastische Behauptung bezüglich des von einem Heiler initiierten Nachwachsens verlorener menschlicher Gliedmaßen auf. Es heißt dort: „Was geschieht nun beim Heilen und bei der Chakra-Therapie? Hier müssen wir nun zuerst von einem weiteren „Körper" sprechen, dem Äther- oder Vital-Körper. Wie ihr euch erinnern werdet, gehören zu der siebenstufigen materiellen Ebene drei Ätherstufen unterschiedlicher Dichte. Die Funktion dieses Körpers läßt sich am besten durch eine weitere Analogie erklären.

Betrachten wir einmal den Geist in seinen Energiekörpern als einen Architekten, der aus vernünftigen (= mentalen) und emotionalen (= astralen) Gründen ein Haus (= physischer Körper) zum Darinleben plant. Zuerst ist dieses Haus nur eine Vorstellung in seinem Kopf. Was tut nun unser Architekt, bevor das Haus gebaut werden kann? Er macht einen Plan, überträgt seine Idee auf Papier, eine materielle Vorstufe des Hauses.

Diesem Plan entspricht unser Äther- oder Vitalkörper. Er trägt alle Ideen und Absichten unserer Geist/Seele-Persönlichkeit in sich. Nach diesem Plan baut sich unser physischer Körper auf und nicht in erster Linie nach Vererbungsgesetzen, wie die Wissenschaft glaubt. Dieser Ätherkörper spiegelt nun unsere seelischen Probleme sowie die daraus resultierenden Krankheiten, seien sie latent oder bereits ausgebrochen. Die Kirlian-Diagnostik macht diesen Körper optisch sichtbar, und anhand der energetischen Phänomene in Form von Strahlungsabnormitäten kann auch der normale Mediziner Aussagen über seelisch-körperliche Wechselwirkungen machen.

Verluste von Gliedmaßen, z.B. Beine oder Arme, führen nun nicht automatisch zu entsprechendem Wegfallen des ätherischen Gegenstücks. Der Plan des Architekten bleibt unverändert, auch wenn ein Gebäudeteil wegfällt. Deshalb hat ein Beinamputierter oft noch Schmerzen in dem verlorenen Fuß. Die Medizin spricht von „Phantomschmerzen". Der Äther- oder Vitalkörper existiert ja noch unversehrt und empfindet Energieimpulse und (Energie-)Prozesse in seinem energetischen Fuß, die das materielle Gehirn physisch interpretiert. Wenn also zukünftigen Kriegsopfern durch „Lichtträger" (= Heiler) verlorene Gliedmaßen wieder geschenkt werden, so kann das auf diese Weise geschehen. Sie werden in der Lage sein, aufgrund des noch vorhandenen Vitalkörpers des Patienten, verlorene Körperteile durch Verdichtung von Äther zu rematerialisieren."

Als ich das Buch „Biophotonen. Das Licht in unseren Zellen" las, stieß ich zu meiner großen Verblüffung im Kapitel „Der elektromagnetische Mensch" auf die Beschreibung von Experimenten an Tier und Mensch, die meine aus innerer Schau resultierenden Behauptungen weitgehend bestätigten. Dort wird im Kapitel 7 unter der Überschrift „Der elektromagnetische Mensch" von einem „Verletzungsstrom" gesprochen, der nach einer Amputation über dem Stumpf des amputierten Gliedes in Form eines elektrischen Potentials vorhanden war und der z.B. bei Salamandern zum Nachwachsen verlorener Gliedmaßen führte. Sensationell für mich war, daß diese dem Menschen doch scheinbar verlorengegangene Fähigkeit der Regeneration experimentell wiedergefunden wurde: „So haben englische Ärzte entdeckt, daß bei Kindern abgetrennte Fingerspitzen mit Hilfe von Elektrostimulation wieder nachwachsen können...Zunächst Becker (Robert O. Becker, bedeutender amerikanischer Pionier der Elektrobiologie und der Regenerationsforschung) und später andere Forscher zeigten aber, daß die Neubildung von Gewebe, Nerven und Knochen durch elektrische Stimulierung auch bei Erwachsenen wieder aktiviert werden kann."

Geben und Nehmen lautet die Überschrift dieses Kapitels. Der Austausch von Energien, letztlich also die Kommunikation zwischen Gott und der Welt, dem Ganzen und seinen Teilen, hält die Schöpfung am Leben, im Mikro- wie im Makrokosmos.

18. KAPITEL

ELEKTROMAGNETISCHE FELDER UND IHRE AUSWIRKUNGEN AUF DEN MENSCHEN

Aus der Physik wissen wir, daß dort, wo ein Strom fließt, sich auch ein elektromagnetisches Feld aufbaut. Diese Felder strahlen Energie ab, die - je nach Wellenlänge - positiv oder negativ auf unseren Körper wirken. Man weiß, daß beispielsweise Elektroleitungen in den Hauswänden, alle elektrischen Haushaltsgeräte, Funktelefone, PC's usw. solche Strahlungen abgeben und spricht inzwischen von einem Elektrosmog, dem wir alle ausgesetzt sind. Aus wissenschaftlichen Studien erfährt man auch, daß bei Menschen, die unter oder in der Nähe von Hochspannungsleitungen leben, sich ganz bestimmte Krankheitsbilder, wie z.B. Leukämie bei Kindern, signifikant häufen.

Ein Beispiel für die positive Wirkung bewußt eingesetzter elektromagnetischer Ströme ist ihr klinischer Einsatz beim Heilen von Brüchen, was die Heilungsdauer deutlich verkürzt. Röntgenstrahlen helfen uns, in den menschlichen Körper zu schauen, um Krankheiten zu erkennen, können aber bei Überdosierung selbst schwere Schäden bis hin zum Krebs auslösen.

Die genannten Strahlen - und die Liste ließe sich beliebig verlängern - sind alle menschlichen Ursprungs. Wir sollten aber nicht vergessen, daß alle Materie mehr oder minder Energie abstrahlt, daß wir alle in einem Meer von elektromagnetischen Wellen schwimmen. Der Mensch selbst ist ein komplexes magnetisches System und strahlt Energie ab, die wir in ihrer Gesamtheit unsere Aura nennen. Bereits im Physikunterricht lernen wir, daß die Flußrichtung des Stroms einer Spule die Drehrichtung des Energiefelds bestimmt, und so sprechen wir von links- und rechtsdrehenden Magnetfeldern.

Auch beim Chakra-System beobachten wir eine abwechselnd rechts- und linksdrehende Flußrichtung der sieben Hauptchakras entlang des Rückgrats. Dem ganzen „Energiesystem" Mensch liegt also eine Ordnung zugrunde, die z.B. die Drehrichtung des jeweiligen Chakras zwingend vorschreibt.

Fremde elektromagnetische Einflüsse können nun die Ordnung in unserem System negativ beeinflussen, was sich schädlich auf den Ordnungs- und damit den Gesundheitszustand unseres Körpers auswirkt. Seit langem bekannt, aber noch wenig erforscht, sind beispielsweise die Auswirkungen von natürlichen erdmagnetischen Feldern, hervorgerufen durch Wasseradern oder Verwerfungen im Gestein. Schlafstörungen, Kopfschmerzen, Bewußtseinstrübungen, chronisch kalte Füße und andere Beschwerden und Krankheitsformen werden häufig von Patienten beklagt, die über solchen Feldern schlafen, also regelmäßig über Stunden ihrem „negativen" Einfluß ausgesetzt sind. Wünschelrutengänger sind für das Aufspüren solcher Magnetfelder besonders sensibilisiert und können bei ihrer Lokalisation helfen. Den Betroffenen bleibt im Normalfall nichts anderes übrig, als ihren Schlafplatz zu wechseln.

In unserer Praxis erlebten wir häufig Fälle, die in ihrem Kirlian-Photo Signale für negative Veränderungen durch geomagnetische Strahlung aufwiesen. Als Heiler arbeite ich mit Energien und verändere u.a. elektromagnetische Felder in lebenden biologischen Systemen. Es interessierte mich nun, wie solche irdischen Felder auf meine menschlich-energetischen Bemühungen und Beeinflussungsversuche reagieren würden. Dazu benutzte ich zur äußerlichen Sichtbarmachung einen Pendel. Ich entdeckte sehr schnell, daß überall dort, wo Patienten über negative Beeinträchtigungen sprachen, linksdrehende Magnetfelder dafür verantwortlich waren. Links- und rechtsdrehende Magnetfelder in der Natur sind in einer dualen Welt aber gesetzmäßig und daher weder „gut" noch „böse". Wieso also wirkten linksdrehende bei Dauerbeeinflussung offensichtlich schädlich auf die menschliche Gesundheit?

Um das zu verstehen, ist das Wissen um das menschliche Chakra-System und seine Gesetzmäßigkeiten vonnöten. Jeder Mensch hat auf der Ätherebene drei linksdrehende (Sexual- oder Sakral-, Herz- und Stirn-Chakra) und vier rechtsdrehende Haupt-Chakras (Steiß-, Solarplexus-, Kehl- und Scheitel-Chakra). Die Neben-Chakras in Organen und Gelenken drehen sich entsprechend ihrer Plazierung im Körper in der rechten Körperhälfte nach rechts, in der linken nach links. Die vertikalen sieben Haupt-Chakras spiegeln nach esoterischem Verständnis den Bewußtseinszustand eines Menschen und sind deshalb für die folgenden Betrachtungen von primärer Bedeutung.

Nach dem alchemistischen Involutionsmodell stehen die drei Kopf-Chakras (Scheitel, Stirn und Kehle) für den „Weltenäther", aus dem sich die materielle Schöpfung bildet. Dabei steht das Herz-Chakra für das Luft, das Solarplexus-Chakra für das Feuer, das Sexual-Chakra für das Wasser- und das Steiß-Chakra für das Erdelement. Der irdische Schöpfungsbereich wird also durch zwei rechts- und zwei linksdrehende Chakras, der unmanifeste Bereich durch zwei rechts- und ein linksdrehendes Chakra repräsentiert. Im Bereich des Physischen sind also die Chakras bezüglich ihrer Drehrichtung im Ausgleich. Im Unmanifesten und damit auch im gesamten System dominieren die rechtsdrehenden Chakras bzw. bioelektromagnetischen Wirbel.

Ein längeres Verweilen, wie z.B. beim Schlafen, im Einflußbereich eines linksdrehenden erdmagnetischen Feldes beeinträchtigt nun das gesetzmäßige Gleichgewicht bzw. das Kräfteverhältnis und damit den Energiefluß im gesamten Chakra-System, das diese Impulse über die ihm nachgeordneten Drüsen an den Körper weitergibt. Eine linksdrehende Wasserader, die auf ein linksdrehendes Haupt- oder Neben-Chakra einwirkt, verstärkt dessen Kräfte unverhältnismäßig. Rechtsdrehende Chakras werden - je nach Feld-stärke des Magnetfelds - entweder neutralisiert und damit blockiert oder im ungünstigsten Fall gar umgedreht. In beiden Fällen kommt es zu einer ordnungswidrigen Veränderung im Energiesystem und nachfolgend zu entsprechend krankhaften Körpererfahrungen.

Als ich dies erkannte, begann ich, in den Häusern bzw. Woh-nungen von Patienten, die unter geomagnetischen Einflüssen litten, diese linksdrehenden Magnetfelder in ihrer Drehrichtung, also von links nach rechts, umzudrehen. Die Vorgehensweise ist dabei die gleiche wie bei der heilerischen Behandlung menschlicher Chakras, die aus internen oder externen Gründen blockiert oder falschdrehend sein können. Das Ergebnis war verblüffend. In vielen Fällen ver-schwanden oder besserten sich kurzfristig die zuvor beklagten nega-tiven Körperphänomene. Kopfschmerzen und Schlafstörungen blie-ben aus, und es kam zu einer deutlichen Verbesserung des Allge-meinbefindens.

So erlebte ich auch, daß es bezüglich der Dauerhaftigkeit der von mir umgedrehten Felder hinsichtlich ihres Entstehungsgrundes Unterschiede gab. Durch Wasseradern verursachte Magnetfelder, die ich rechts gedreht hatte, kippten nach starken Regengüssen, bedingt durch die verstärkte Reibungselektrizität, wieder in ihre ursprüngli-che Linksdrehung um. Verwerfungsbedingte Magnetfelder, deren Rahmenbedingungen sich ja nicht änderten, blieben in der geän-derten Drehrichtung. Was also kann man im Falle einer Beeinträch-tigung durch Wasseradern dauerhaft tun? Ich erlebte eine lustige Geschichte, die diese Frage anschaulich beantwortete.

Eines Tages besuchte ich das Haus einer Patientenfamilie, das, wie der pendelnde Hausherr selbst schon festgestellt hatte, auf meh-reren Wasseradern lag. Beeindruckt von der Möglichkeit, solche Felder ändern zu können, was er durch eigenes Nachpendeln kon-trollierte, führte er mich anschließend in das im Obergeschoß di-rekt über den gedrehten Wasseradern liegende Schlafzimmer und forderte mich auf, die doch bereits nach rechts gedrehten Felder noch einmal auszupendeln. Zu meiner Überraschung waren sie wieder alle linksdrehend. Verblüfft schaute ich ihn an und sah ihn schelmisch lächeln. Zur Erklärung hob er dann die Matratzen hoch und zeigte mir, daß er im Boden des Doppelbetts massive, fingerdicke Kupferringe im Durchmesser von etwa dreißig Zentimetern und einige faustgroße Bergkristalle liegen hatte. Von beiden Materialien ist bekannt, daß sie Energieströme beeinflussen bzw. umdrehen können. Im vorliegenden Fall drehten sie die Magnetfelder nun nach links, nachdem ich sie im darunterliegenden Keller zuvor bereits nach rechts gedreht hatte. Der Hausherr wollte die Dauer und Qualität des von mir veränderten Feldes erproben und nahm deshalb die Objekte heraus, die er ja beim Umkippen des Feldes sofort wieder plazieren konnte.

Im Nachbarhaus erlebte ich ein anderes Phänomen, das ich mangels anderer bereits existierender Erklärungen als „negatives Raumfeld" bezeichnen möchte. Nachdem ich im Keller dieser Familie die aufgespürten Felder ebenfalls gedreht hatte, bat mich die Hausfrau in das Zimmer ihrer kleinen Tochter im Obergeschoß. Dort erzählte sie mir, daß sie und ihr Mann seit einigen Wochen an ihrer Tochter ein beunruhigendes Verhalten beobachteten. Immer wenn sie vor dem Zubettgehen noch einmal nach ihrer Tochter schauten, lag diese zitternd und schweißnaß unter der Bettdecke und behauptete, in einer Ecke des Zimmers eine dunkle Gestalt zu sehen. Durch Auspendeln des betreffenden Raumbereichs entdeckte ich ein stark linksdrehendes Feld, das offensichtlich nicht im Zusammenhang mit der Abstrahlung der bereits gedrehten Wasserader stand. Nachdem ich auch dieses Feld umgedreht hatte, berichtete mir die Mutter einige Wochen danach, daß sie diese Angstreaktion ihrer Tochter seitdem nicht mehr beobachtet habe. Ich bin der Überzeugung, daß durch das Überlappen elektromagnetischer Felder Raumphänomene entstehen können, die wie ein Fenster eine gewisse Transparenz und

Durchlässigkeit zu anderen Seinsebenen, insbesondere der Astralebene, schaffen.

Es stellt sich nun die Frage: Warum neutralisiere ich linksdrehende Felder nicht einfach, sondern drehe sie um, und wieso wirkt
sich das offensichtlich nicht schädigend, sondern positiv aus? In einer dualen Welt drängt alles zur Polarität. Nur neutralisierte Felder
schlagen sehr viel schneller in die ursprüngliche Linksdrehung um
als rechtsgedrehte. Im Chakra-System des Menschen existiert ja gesetzmäßig bereits eine Dominanz der rechtsdrehenden Chakras, so
daß der Einfluß eines rechtsdrehenden Feldes wohl eher stärkend,
aber nicht ordnungswidrig wirkt. Letztlich war es eine Erfahrungs-
sache, da die Rückmeldung unserer Patienten auf die Magnetfeld-
drehung immer positiv war. In einigen Fällen jahrelanger negativer
Beeinflussung wirkte die Felddrehung so vitalisierend, daß die betreffenden Personen in den ersten Tagen der Umstellung kaum schlafen konnten, weil sie nicht müde wurden.

Es wird wohl noch eine Weile dauern, bis auch der wissenschaftliche Nachweis negativer elektromagnetischer Beeinflussung des
Menschen durch Wasseradern und Gesteinsverwerfungen erbracht
ist. Der Betroffene kann sich zwischenzeitlich durch die Nutzung
der genannten Materialien helfen, ohne seinen Schlafplatz wechseln
zu müssen.

19. KAPITEL

BESUCHER AUS DEM ALL

Am Ende des 11. Kapitels des ersten Teiles schilderte ich, wie uns eine mediale Botschaft mit einem Peruaner aus Cuzco namens Antón Ponce de León Paiva in Kontakt brachte. 1991, anläßlich unserer ersten Südamerikareise, besuchten wir auch das von Antón und seiner Frau Regia gegründete Kinderdorf SAMANA WASI in Urubamba, einem kleinen Ort im heiligen Tal der indianischen Urbevölkerung. Die Straße von Cuzco, dem Zentrum der alten Inka-Kultur, in das etwa 80 km entfernte Urubamba verläuft bis auf 4.000 Meter Höhe durch die zentralperuanische Hochebene, die von über 7.000 Meter hohen schneebedeckten Bergmassiven begrenzt wird. Wir alle waren von der kargen Schönheit und Majestät dieser Bergwelt sehr beeindruckt und fühlten wie so viele vor uns, daß dieses Land, ähnlich wie Tibet, eine ganz besondere spirituelle Atmosphäre besitzt.

Auf dem Weg machte uns Antón auf Straßenschilder aufmerksam, die vom Spanischen ins Deutsche übersetzt in etwa lauteten: „Willkommen, Brüder aus dem All". Auf unsere erstaunte Nachfrage hin erklärte er uns, daß seit Menschengedenken in diesem Gebiet immer wieder UFO-Landungen und -Starts beobachtet wurden, und er zeigte uns einen See am Rand der Hochebene, aus dem schon häufiger Raumschiffe aufgestiegen sein sollen. Einige Jahre zuvor hatte er als ortskundiger und in der spirituellen Tradition der Inkas stehender Führer mit der amerikanischen Schauspielerin Shirley MacLaine diesen und andere Plätze aufgesucht, was sie in ihren Büchern und Fernsehfilmen über Kontakte mit Außerirdischen verarbeitet hat.

Beobachtungen und Erfahrungen mit außerirdischen Flugobjekten und ihren Besatzungen sind in den letzten Jahrzehnten häufig Gegenstand von Veröffentlichungen in Buch- oder Filmform gewesen. Der Gemeinde der UFO-Gläubigen steht eine mindestens genauso fanatische Front von ungläubigen Kritikern gegenüber, wobei auch die Welt der Wissenschaft in dieser Frage nach anderem Leben im All gespalten ist zwischen denen, die außerirdisches Leben prinzipiell für möglich halten und jenen, die das irdische Leben mehr als das einmalige Produkt eines zufällig entstandenen, hochkomplexen biochemischen Prozesses ansehen.

Um es vorweg zu sagen: Für mich ist Leben - in welcher Form auch immer - keineswegs an diesen kleinen Planeten gebunden. Und auch ohne daß ich bisher einem Außerirdischen leibhaftig begegnet wäre, weiß ich aus eigener und der medialen Erfahrung anderer, daß viele Sternensysteme ebenfalls Träger von Leben sind. Es stellt sich die Frage: Welche Formen und Bewußtheit hat dieses Leben und auf welcher Ebene des Seins existiert es? Vieles deutet daraufhin, daß die menschliche Form eine von möglicherweise mehreren kosmischen Grundformen intelligenten Lebens ist. Wenn von Begegnungen mit Außerirdischen berichtet wird, so wird meistens von Wesen mit Kopf, Körper, Armen und Beinen gesprochen, deren Konstruktion und körperliche Proportionen gleich oder ähnlich den unseren sind. Unterschiede, wie z.B. in der Kopfform oder Körpergröße, in der Größe, der Farbe und dem Schnitt der Augen sowie eine fremdartige Hautfarbe, mögen Beispiele für die Anpassung des Lebens an die jeweiligen Rahmenbedingungen des Heimatsystems der Besucher sein, belegen aber damit nur die kreative Vielfalt und die allem Sein innewohnende göttliche Intelligenz.

Die Technologie unserer Gäste - mag es auch qualitative Unterschiede zwischen ihnen geben - ist der unseren offensichtlich weit voraus. Daraus auch zwingend auf eine ethische, moralische und damit geistige Überlegenheit zu schließen, scheint mir verfehlt.

Tatsächlich erinnern mich viele Erfahrungsberichte über solche Begegnungen „der dritten Art" an Tierhaltungen in Freigehegen, wo Vertreter jeder Gattung in größeren Abständen von ihren Wärtern eingefangen und zu Forschungszwecken auf ihre körperliche Beschaffenheit und kreatürliche Intelligenz hin untersucht und getestet werden, ohne daß Rücksicht auf ihre Gefühle, Ängste oder Persönlichkeitsrechte genommen wird. Aber ähnelt das nicht fatal unserem eigenen lieblosen Verhalten gegenüber unserer Tierwelt, der wir uns auch haushoch überlegen fühlen und der wir jegliches Recht auf Wahrung ihrer Lebensrechte, ihrer Würde und ihres gottgewollten „Soseins" abgesprochen haben?

Jedoch gibt es auch Berichte von partnerschaftlichen Begegnungen, die vom gegenseitigen Respekt getragen waren, wo sich wirklich Kinder des gleichen Vaters in Liebe begegneten. Das heißt also, auch unsere Geschwister aus dem All sind nicht alle von gleicher Bewußtheit, wenn wir Bewußtheit als Grad der Liebesfähigkeit interpretieren, die alle Grenzen von Form und Ausdruck überwunden hat.

Es bleibt die Frage: Woher kommen unsere Besucher? Aus welchem Sternensystem oder welcher Dimension? Andere Worte für „Dimension" wären in diesem Zusammenhang „Ebene" oder „Sphäre" und bedeuten im Vergleich eine andere, höher schwingende Existenzebene. Wenn wir uns diese Frage mit Hilfe eines Koordinatenkreuzes verdeutlichen, so haben wir eine horizontale und eine vertikale Achse. Besucher unserer Erde, die sich letztlich materieller Hilfsmittel wie Raumschiffen bedienen müssen, kommen aus der gleichen Dimension, der gleichen horizontalen Ebene wie wir. Eine Dimension oder Ebene der Existenz umfaßt also esoterisch betrachtet einen kosmosweiten Frequenzbereich, gleichgültig wie „weit" nach menschlichem Verständnis die den sichtbaren Kosmos ausmachenden Galaxien bzw. Sternsysteme auseinander liegen. Vergleichen wir die Schöpfung mit einem großen Haus, so entspricht unsere Dimension dem Erdgeschoß, das so viele Zimmer hat, wie es materielle Sonnen und Planeten gibt.

Sprechen wir von anderen Gattungen außerirdischer Besucher, den Geistführern und Engeln, so kommen diese, vertikal betrachtet, von einer anderen, nämlich einer höheren Dimension, einer „über" uns liegenden horizontalen Seinsebene, aus einem der „über" uns liegenden Geschosse des göttlichen Schöpfungsgebäudes mit anderem Frequenzbereich. Sie benötigen in aller Regel keine materiellen Hilfsmittel mehr, um uns besuchen oder mit uns kommunizieren zu können. Da dies den meisten Menschen zu allen Zeiten zu wenig bewußt war, sprachen sie fälschlicherweise bezüglich solcher Besucher von „Engeln" und „Göttern", und die mit diesen Gästen gemachten Erfahrungen fanden dann Eingang in Mythen und Legenden. Der bekannte Autor Erich von Däniken versucht diese Einflüsse in seinen vielen Büchern und Filmen nachzuweisen.

Aus meiner Sicht wäre ein intensiver Kontakt und Austausch mit Bewohnern anderer kosmischer Bereiche für die menschliche Entwicklung eher schädlich als nützlich. In unserer noch technologiesüchtigen Welt würden wir alles dafür geben, mehr vordergründiges Wissen zu erhalten, ohne die dafür notwendige sittliche und spirituelle Reife zu besitzen. Wir werden doch nicht einmal mit den Versuchungen und Gefahren unserer eigenen Wissenschaft und Technologie fertig, die uns - wie im Falle der Waffentechnologie - fast an die Grenze zur Selbstvernichtung gebracht hat. Wissen sollte zu Einsicht und Weisheit führen. Und wie wenig davon bei den Menschen die Rede sein kann, zeigt uns ganz deutlich der Zustand unseres Heimatplaneten. Wen wundert es da, daß die sogenannten Außerirdischen keine Anstalten machen, näher und auf breiterer Basis mit uns Umgang zu pflegen?

Ich hatte dieses Kapitel kaum beendet, da erhielt ich unerwartet die Bestätigung des Gesagten. Am 26.6.95 saß ich abends vor dem

Fernseher. Bei RTL lief das Magazin EXTRA und brachte im Rahmen seiner Sendung einen Bericht über die Londoner Vorführung eines über 50 Jahre alten Dokomentarfilms von 91 Minuten Länge. Er zeigte die Absturzstelle eines UFOs bei Roswell in den USA, das Auffinden seiner vierköpfigen Besatzung und deren filmisch in allen Phasen dokumentierte Obduktion. Der deutsche Astrophysiker Johannes von Butlar war, neben mehreren anderen Personen, als Experte zur Begutachtung der Echtheit dieses Films geladen und wurde nun im Rahmen der Magazinsendung zu seiner Meinung befragt. Vorsichtig und auf seine wissenschaftliche Reputation bedacht, wurde doch deutlich, daß von Butlar eher an die Echtheit als an eine Fälschung glaubte.

Im TV-Bericht wurde die Fotoaufnahme einer am linken Oberschenkel massiv verletzten nackten weiblichen Leiche gezeigt, die eine Vielzahl anatomischer Unterschiede zu einer irdischen Frau aufwies. So hatte der Körper weder Brüste noch einen Nabel, aber deutlich erkennbare weibliche primäre Geschlechtsorgane. Die Ohren waren tieferliegend als beim Menschen und hatten jeweils zwei statt einen Ohreingang. Die Augen waren mit einer dunklen Haut bedeckt, die darunterliegenden Augäpfel ganz weiß. Darüber hinaus hatte das Wesen sechs Finger an jeder Hand. Die Aufnahmen waren seinerzeit vom Militär gemacht worden, das, zusammen mit dem FBI, jegliche journalistische Berichterstattung und alle Augenzeugenberichte unterdrückte. Nun war das Material in die Öffentlichkeit gelangt und sollte für viel Geld zur „Erbauung einer sensationsgierigen TV-Gemeinde" vermarktet werden.

Wie es nun auch immer um die Echtheit dieses Filmes bestellt sein mag, der Absturz eines mysteriösen Flugobjekts an betreffender Stelle zum damaligen Zeitpunkt ist zweifelsfrei belegt. Wenn es „aus Gründen der Staatsraison" nichts zu verbergen gilt, warum haben die amerikanischen Behörden dann so lange geschwiegen bzw. gegen besseres Wissen alles zu leugnen versucht?

20. KAPITEL

DAS ORAKEL

Jede Zeit und jede Kultur hatte ihre speziellen Formen der Befragung jenseitiger Mächte bezüglich diesseitiger Probleme. Das Wort „Orakel" kommt aus dem Lateinischen und bedeutet „reden" und war somit eine Form der Kommunikation zwischen einem Ratsuchenden und einem auf diesem Gebiet Kundigen, der als Mittler fungierte.

Die nordischen Völker und ihre Priester benutzten das Runenorakel, die alten Chinesen das I Ging, Naturvölker befragen bis heute ihre Schamanen bezüglich der Zukunftsdeutung, der Beantwortung von Schicksalsfragen oder um Weissagungen zu erhalten. Nahezu alle Religionen kennen Orakel als Aussage über räumlich Entferntes oder Rat zu rechtem Handeln in zweifelhafter Situation. Aus der griechischen wie römischen Religions- und Kulturgeschichte, von den Druiden der Kelten, aber auch von den Indianern Nord- und Südamerikas hören wir von Zeichenorakeln. Priester und Schamanen deuteten nach altüberlieferten Regeln beispielsweise den Flug von Vögeln, die Eingeweide von Opfertieren oder auffällige Naturerscheinungen. Sehr oft benutzte man Drogen oder das konzentrierte Betrachten von glänzenden oder transparenten Gegenständen, um in einem halluzinatorischen Zustand Visionen zu erhalten und zu deuten. Deshalb schauten tibetische Mönche in polierte Kupferwände, benutzten „die Hexen" im Mittelalter und die Zigeunerinnen von heute Glas- bzw. Kristallkugeln, um Verborgenes sichtbar, Unbewußtes bewußt zu machen.

1993, bei unserem letzten Besuch in Peru, waren meine Frau und ich eingeladen, auf einem esoterischen Kongreß zu sprechen, der anläßlich der Propagierung Cuzcos als spirituelles Zentrum der Anden abgehalten wurde. Wir waren nicht wenig erstaunt, bei dieser Gelegenheit den Rektor der örtlichen Universität, den Bürgermeister, den Ministerpräsidenten dieses peruanischen Bundesstaates und seinen Stellvertreter kennenzulernen. Alle hatten einen ganz natürlichen Bezug und ein unverkrampftes Verhältnis zu den spirituellen Lehren und Überlieferungen ihrer Inka-Vorfahren und zur Esoterik im allgemeinen. Das führte dazu, daß meine Frau dem Ministerpräsidenten auf seinen Wunsch hin eine halbstündige Chakra-Therapie geben durfte und sich sein Stellvertreter am Ende unserer Reise von einem unserer engsten Schüler zum Heiler initiieren ließ. Alles Dinge, die in Europa undenkbar wären.

Ein wesentlicher Programmpunkt dieses Kongresses war eine mystische Licht- und Feuerzeremonie in zwei alten Kultstätten der Inkas, die angeblich zum erstenmal seit dem Untergang des Inka-Reiches im 16. Jahrhundert in dieser Form wieder durchgeführt wurde. Verantwortlich für dieses religiös-magische Ritual war ein indianischer Schamane namens Kenko, der sich selbst als „Paquo Andino" (Andenpriester) bezeichnete. Ohne uns je gesehen oder nur ein Wort mit uns gesprochen zu haben, erkannte er uns hellseherisch als Heiler und damit als „von seiner Art". Zum Abschluß der offiziellen Zeremonien schenkte er mir, als dem Repräsentanten unserer Gruppe, seine Zeremonialflöte, eine Geste, die nur der Eingeweihte in ihrer Bedeutung richtig und hoch genug einzuschätzen weiß. Zum Abschied stellte er uns die Mitglieder seiner Schamanengruppe vor, deren Oberhaupt er ist. Und so lernten wir u.a. seinen Spezialisten für das indianische Orakel kennen, der beispielsweise auch die Kokapflanze auf vielfältige Weise für seine Weissagungen benutzt.

Die alten Griechen und Römer verstanden unter einem Orakel eine „heilige Sprechstätte", an der eine Gottheit durch den Priester auf Fragen antwortete und Weissagungen erteilte. Das Orakel von

Delphi ist auch heute noch den meisten Menschen ein Begriff. Ich selbst erinnerte mich in meiner Reinkarnationstherapie an ein solches Priesterleben, dessen Niederschrift ich an dieser Stelle wiedergeben will:

6. Sitzung   23.7.84   13-15 Uhr
Ich werde verwöhnt. Wieder eine sehr angenehme Sitzung und Erfahrung.

Nach den einleitenden Atemübungen gehen wir zurück zu einem Zeitpunkt, wo ich mich zusammen mit einer jungen Frau im Innern eines Tempels wiederfinde. Wir sind damit beschäftigt, ein Drogenkraut in spezielle Spalten des Altars zu stecken. Es wird während des kultischen Vorgangs angezündet und versetzt den Orakelpriester in Trance.

Wir beide sind Priesterschüler und ganz in kurze weiße Tuniken gekleidet. Um die Stirn tragen wir ein silbernes Band, um die Hüften eine Gold- oder Silberkordel. Wir sind beide jung, Anfang 20, ich relativ groß, blond, blauäugig und sehr von mir eingenommen. Thula, so heißt meine Mitschülerin und Geliebte, ist mittelgroß, auch blond, vollbrüstig, aber mit dunklen Augen. Sie ist weit weniger selbstbewußt, abhängig von mir, und dessen bin ich mir bewußt.

Der Altar steht an der Stirnseite eines rechteckigen Innenhofs. Das vorgezogene Dach läuft 4-5 Meter nach innen und läßt dort Licht und Sonne herein. Unterhalb der Dachöffnung befindet sich ein grüner Rasen, auf dem sitzen dann die Tempelbesucher, die das Orakel befragen wollen. Man könnte auch sagen, der Altar steht in einem rundum laufenden, mit Platten belegten, überdachten breiten Gang.

Nach der Präparierung des Altars gehen wir in den Priesterraum und melden den Vollzug. Der Orakelpriester ist ein alter Mann mit rotem Überwurf über der weißen Tunika, der auf den Schultern mit goldenen Spangen gehalten wird. Er hat ein müdes, aber wissendes Gesicht und vertieft sich wieder in seine Schriftrolle, als wir gehen. Wir beide respektieren ihn, ja haben (Thula mehr) Angst vor ihm.

Wir gehen hinunter zum Fluß, durch einen breiten Schilfgürtel zu einem stegähnlichen Gebilde aus Holz, das den Priestern als Badeplatz dient. Ich nehme Thula in die Arme, streichele sie zärtlich, zeige ihr, daß ich mit ihr schlafen will. Sie zögert und ist ängstlich, weiß, daß das streng verboten ist vor der Einweihung. Es kommt zu einem Machtkampf zwischen meinem Willen und ihrer Angst und ihrem schlechten Gewissen. Sie gibt nach, und wir gehen zu einem kleinen freien Flecken im Schilfgürtel. Wir lieben uns zärtlich und leidenschaftlich. Es kommt, wie es kommen muß. Unser lustvolles Stöhnen macht einen Priester auf uns aufmerksam. Er erwischt uns in flagranti. Einen Augenblick überlege ich, ob ich meine körperliche Überlegenheit nutzen und ihn ertränken soll. Aber dann nehmen wir die Folgen unseres Tuns auf uns und begleiten ihn zum Orakelpriester.

Er stellt uns vor die Wahl, ausgestoßen zu werden oder ein Jahr der Prüfungen zu akzeptieren, in dem wir uns nicht sehen dürfen. Wir entscheiden uns - obwohl es uns schwerfällt, aufeinander zu verzichten - für das zusätzliche Prüfungsjahr. In dieser Zeit muß ich die niedrigsten Arbeiten des Tempels verrichten, z.B. den Abwässer- und Fäkalientransport organisieren und selbst die Fäkalien in große Transportkrüge umfüllen, damit sie von Sklaven auf die Felder gebracht werden können. Das ekelt mich anfänglich sehr.

Aber das Jahr geht vorbei und unsere Einweihung steht bevor. Acht Tage zuvor werden wir beide in den unterirdischen Teil des Tempels gebracht. Dort werden wir bei spezieller Kost, absoluter Stille und Dunkelheit bis zum Tag der Einweihung bleiben. Die anfängliche Platzangst und alle anderen aufsteigenden Ängste sind groß. Der Zeitbegriff geht verloren. Halluzinationen lösen sich mit echten Tiefenerfahrungen ab. Es ist eine Reise zum Selbst. Ich sehe z.B. Farbringe, die sich zu Bällen verdichten, um dann zu explodieren. Es ist wie das Entstehen eines Kosmos. Mein Schädel dehnt sich auch bis ins Uferlose. Wie heute höre ich das auf- und abschwellende Singen meiner Lebensenergie.

Als wir uns in den tiefsten Zonen unseres Selbst zu verlieren drohen - ein Zustand, den ich sehr angenehm empfand - ist der Einweihungstag da. Man verbindet uns die Augen, um sie vor dem Licht zu schützen. Ich fühle, wie ich gewaschen werde, und rieche, daß man in meiner Nähe das Orakelkraut verbrennt. Ich atme es ein, und bei meinem Zustand falle ich sofort in tiefe Trance. Zwei Priester packen mich unter den Armen und schleifen mich links neben den Altar. Rechts liegt Thula. Der Orakelpriester beginnt mit der Zeremonie, nur daß diesmal die anwesenden Leute uns befragen und wir abwechselnd antworten. Unsere Stimmen sind ganz verändert. Mir ist ein wenig übel und mein Kopf hundertfach ausgedehnt, und immer ist das Singen meiner Lebensenergie zu hören. Unsere Antworten scheinen die Leute zu begeistern. Mein Kopf wird wieder klarer, die Übelkeit größer. Auch die Stimme Thulas wird immer normaler. Unsere Trance verfliegt. Der Orakelpriester merkt dies und bricht die Sitzung - sehr zum Leidwesen des Publikums - ab. Wir sind nun vollgültige Orakelpriester.

Dann treffe ich wieder mit Thula zusammen. Das Jahr der Prüfungen und die Abschlußprüfungen haben sie reifen lassen. Sie ist erwachsener und selbstsicherer geworden. Mir nicht mehr unterlegen. Aber in ihren Augen ist noch die alte Liebe, und es ist klar, daß wir als Paar zusammenbleiben werden. Mir ist Thula so lieber als vorher.

Auf Wunsch des Therapeuten gehe ich weiter in der Zeit, sehe Thula und mich als Enddreißiger. Sie ist inzwischen die Hohepriesterin des Tempels, ich nur an dritter oder vierter Stelle in der Rangfolge. Dieser „Vorsprung" ist für mich schwer zu verkraften.

Damit ich es verkraften kann, nehme ich mir die Erklärung zu Hilfe, daß Frauen sowieso immer feinfühliger und intuitiver sind. Sonst hätte ich es damals nicht akzeptieren können.

Dr. Hößl führte mich zurück in das Hier und Heute, und wir diskutieren die zutage getretenen Machtproblematiken. Im Hier und Heute bin ich nun wieder aufs engste mit einer Frau verbunden, die mir noch viel weiter voraus ist. Doch ich habe meine Lektion gelernt. Heute empfinde ich es als Geschenk.

Wenn wir also über Orakel sprechen, müssen wir zwischen zwei Formen unterscheiden. Einmal - wie eben beschrieben - ist es letztlich ein medialer Vorgang. Der Priester dient in der Trance als Kanal für Botschaften des eigenen Höheren Selbst oder die anderer unverkörperter Persönlichkeiten. Im zweiten Fall - dem anfänglich beschriebenen „Zeichenorakel" - werden Umstände, Geschehnisse oder Zustände der Außenwelt interpretiert und gedeutet.

Vor welchem Hintergrund deuten Priester beziehungsweise in diesen Techniken Kundige den Fall von Knochen oder Runen, den Zustand von Organen von Opfertieren oder das „zufällige" Ziehen einer bestimmten Tarot-Karte? Dahinter steht das geistige Gesetz der Entsprechung. Nichts steht allein, alles ist mit allem verbunden, ist vernetzt mit allen Teilen der Schöpfung. Das Prinzip des Zufalls gibt es nicht! Das ist eine Erfindung der Menschen, die die verborgenen Ursachen und Zusammenhänge von beobachteten oder erlebten Ereignissen nicht erkennen und deshalb auch nicht in Rechnung stellen können. Das Geistige Gesetz der Entsprechung besagt also, daß alles, was mir begegnet, was ich tue und lasse zutiefst etwas mit mir zu tun hat. Das führt zu der Schlußfolgerung: Wenn ich das, was mir begegnet, deuten, also in Bezug zu mir setzen kann, kann ich über diese äußere Spiegelung viel über das mir scheinbar Verborgene erfahren und für mich nutzbar machen. Und so werfe ich die mir in diesem Moment genau entsprechende Konstellation von Münzen im I Ging, ziehe die „richtige" Tarotkarte oder erfahre durch das aufgelegte Bild des Runenorakels exakt das für mich Zutreffende.

21. KAPITEL

BRAUCHEN WIR EINEN GURU?

In den Nachkriegsjahren machte sich in Deutschland und anderen westlichen Ländern infolge des gerade erlebten kriegs- und nachkriegsbedingten Mangels ein maßloser Hunger nach materiellen Gütern und weltlichen Genüssen breit. Die Menschen suchten verstärkt ihr Heil in Luxus und Wohlleben und vernachlässigten dabei immer mehr ihre seelischen Bedürfnisse.

Die Heranwachsenden dieser Zeit erlebten diesen „Tanz um das goldene Kalb" immer zwanghafter und inhaltsleerer und formierten sich zunehmend in einer Gegenbewegung, die als „Flower-Power" Eingang in unsere Zeitgeschichte fand. An Stelle von Leistungs- und Sicherheitsdenken setzten sie auf Freiheit, Ungezwungenheit und zwischenmenschliche Beziehungen. Musikgruppen wie die Beatles wurden zu Bannerträgern dieses neuen Lebensverständnisses. Statt Marschmusik und Schlachtenlärm begeisterten und betäubten nun heiße und moderne Beatrhythmen die jugendlichen Massen. Open-Air-Konzerte kamen in Mode, und Haschisch- und Marihuanakonsum wurden zum Vorläufer der heutigen Drogenszene.

In dieser Zeit des Umbruchs machten sich von Osten her in Amerika und Europa zunehmend die esoterischen Philosophien Indiens breit. Wieder waren es die Beatles, die den Vorreiter spielten und Kontakt zu einem Guru suchten, um für ihr Leben einen tieferen Sinn zu finden. Orientiert an diesen Vorbildern empfanden es viele bald schick und modern, einen persönlichen Guru zu haben.

Yogananda und sein Kriya-Yoga, Maharishi Mahesh Yogi und seine Transzendentale Meditation, Bhagwan und sein exotischer Weg zur Selbstfindung und die Hare Krishna Bewegung kamen aus Indien, die Gemeinschaft des Reverend Moon aus Südkorea, buddhistische Lehren aus Tibet. Diese und viele andere fernöstliche Lehren und ihre Verkünder hatten bald ihren festen Platz im esoterischen Leben des Westens. Begünstigt wurde diese Entwicklung durch das Versagen der großen christlichen Kirchen, die im Laufe der Jahrhunderte das Mystische aus ihren Religionen verbannt hatten, keinen Glauben mehr erzeugten, sondern nur noch Glauben verwalteten. So war es leicht für andere religiöse und spirituelle Gruppierungen, in dieses Vakuum vorzustoßen und es weitgehend zu besetzen.

Das Wort „Guru" ist, besonders durch die aktuelle Sektendiskussion, in der Vorstellung und Bewertung der westlichen Menschen negativ besetzt. Die sinngemäße Übersetzung aus dem Sanskrit lautet „Lehrer" und ist somit die Bezeichnung für einen in allen Kulturen und zu allen Zeiten üblichen Wissens- und Einsichtsvermittler. Die Angst vor der Konkurrenz, dem Fremden und Unverstandenen, dem „Verführerischen", ließ die etablierten christlichen Konfessionen zu Mitteln der Diffamierung und Verfemung greifen. Polemik trat an die Stelle von inhaltlicher Auseinandersetzung. Die kritisch gewordenen spirituellen Sucher ließen sich aber von dieser falschen Taktik weder beeindrucken noch täuschen, und so nahm die Zahl der Anhänger solcher Gemeinschaften ständig zu, während die Mitgliederzahlen der etablierten Kirchen sanken. Der Streit um „die verlorenen Seelen" nahm zu und eskaliert bis auf den heutigen Tag.

Natürlich war nicht alles gut und brauchbar, was da auf dieser esoterischen Welle von Ost nach West schwappte. Und es hätte dringend der konstruktiven inhaltlichen Auseinandersetzung mit diesen „neuen Lehren" bedurft. Statt Rückbesinnung auf die eigenen christlichen Werte wurde ein Feindbild aufgebaut, was zur Folge hatte, daß sich die auf solche Art Ausgegrenzten noch enger zusammenschlossen und ein Ghettogefühl entwickelten. Die vergangene zweitausendjährige Erfahrung mit den jüdischen Mitbürgern hätte die christlichen Kirchen wahrlich Besseres lehren können. Aber Mehrheiten hatten schon immer Schwierigkeiten mit den berechtigten Rechten und Interessen von Minderheiten. Liebe und Toleranz, immer wieder von den Kanzeln gepredigte christliche Urtugenden, waren da schnell vergessen, wo es um Macht- und Einflußerhalt ging.

In der hinduistischen und buddhistischen Philosophie spielt der Guru traditionell eine zentrale Rolle. Die persönliche Unterweisung durch einen Lehrer über einen längeren Zeitraum hinweg hatte in diesen Kulturen und Gesellschaften schon immer eine allseits anerkannte und geachtete hohe Bedeutung für die spirituelle Entwicklung des Individuums. Die persönliche Unterwerfung unter die Einsicht und den Willen eines höher Entwickelten wurde und wird noch immer als etwas ganz Natürliches und Selbstverständliches angesehen. Entgegen der westlichen Entwicklungswege zu mehr Individualität und Selbstbestimmung suchen die dort Verkörperten die Führerschaft durch einen Selbstverwirklichten, um durch ihn und die teilweise strenge Befolgung seiner Regeln Erkenntnis und Erleuchtung zu erlangen. Der Weg dieser Menschen zu Gott ist - bedingt durch ihre Kultur, ihre Psychostruktur und letztendlich ihr Karma - ein ganz anderer als der im Westen und von daher keineswegs blind übertragbar.

Tatsächlich ist „der Weg des Schülers" beziehungsweise ein Leben in der Nachfolge einer überragenden Lehrerpersönlichkeit durchaus in der christlichen Tradition vorhanden. Ordensgründer wie Franz von Assisi für die Franziskaner oder Ignatius von Loyola für die Jesuiten repräsentieren beispielsweise vergleichbare spirituelle Entwicklungswege. Ja selbst das Papsttum trägt bis auf den heutigen Tag in seinem Lehr- und Dogmenanspruch „guruhafte" Züge. Nicht umsonst wird die „charismatische Bewegung" innerhalb der katholischen Kirche, die mehr an der persönlichen Erfahrung Gottes bzw. des Heiligen Geistes orientiert und interessiert ist als an dem Gehorsam gegenüber Kirchenlehrern, zunehmend auch aus den eigenen Reihen als Sekte diffamiert.

Brauchen wir also einen „Guru"? Ich denke, daß wir unter dem Blickwinkel unserer christlichen Traditionen und Mystik sowie unseres speziellen Karmas diesen Lernweg anders definieren und gestalten müssen als die Völker im Osten. Die im Westen inkarnierten Seelen haben sich bewußt den Weg der Individuation gewählt, um über ihn zur Einheit mit Gott und damit auch mit ihren anderen Brüdern und Schwestern zu gelangen. Das schließt einen zeitweisen Lehrer nicht aus, beläßt aber die Verantwortung für die eigene Entwicklung mehrheitlich beim Schüler. „Ist der Schüler bereit, erscheint der Lehrer", sagt ein altes esoterisches Sprichwort. Das muß aber nicht zwingend ein Mensch sein. Bekanntlich ist das Leben der beste Lehrer. Jeder sollte sich ihm in Freiheit und Eigenverantwortung stellen. Wer sich in diesem Geist zeitweise einem „Guru" anschließt, läuft dann auch nicht Gefahr, Opfer seiner Projektionen und Übertragungen zu werden und in Abhängigkeit zu geraten.

Für mich persönlich ist dieses Kapitel von besonderer Relevanz. Waren meine Frau und ich doch über zehn Jahre solche „Gurus" gewesen und hatten das Für und Wider dieser Rolle am eigenen Leib erfahren und seine Wirkung auf Dritte genau beobachten können.

Grundsätzlich - davon bin ich überzeugt - war es für alle Beteiligten eine für die Entwicklung der Persönlichkeit sehr wichtige Zeit, wenn sie auch schmerzlich endete. Bereits nach Rückkehr von Ursula und mir aus Cuzco, im Herbst des Jahres 1993, verspürte ich bei meinen Auftritten vor der Gruppe ein wachsendes Unbehagen und steigenden Widerwillen. Immer schmerzlicher wurde mir bezüglich der Mehrheit der Mitglieder unserer Gemeinschaft eine satte Zufriedenheit und eine bedenkliche spirituelle Konsumhaltung bewußt. Ich äußerte mehrfach diesen Eindruck und meine Unzufriedenheit darüber gegenüber meiner Partnerin, was aber letztendlich folgenlos blieb, da wir zunehmend unseren Auftrag und unsere Rolle unterschiedlich interpretierten.

Parallel zu dieser Entwicklung gestaltete sich unsere Ehe immer schwieriger. Ich bin zwar heute immer noch von der Richtigkeit der Inhalte und Ziele der „Freunde des Wassermannzeitalters" und unserer Ehe überzeugt, glaube aber inzwischen, daß wir beide bei unserer totalen Ausrichtung auf das Spirituelle eins übersehen hatten - die unerlösten Aspekte unserer eigenen Persönlichkeiten und die daraus resultierenden Probleme zwischen uns und gegenüber Dritten.

Ich suchte Lösungswege, sprach über Medien mit meinen jenseitigen Partnern und hörte in dieser Zeit auch die Botschaft, daß ich die Gruppe und meine Partnerin verlassen würde. Das war nun eine Aussage, die ich damals weder glauben noch akzeptieren konnte und deshalb verwarf. Der Konflikt in mir wuchs. Einerseits träumte ich vom Ausbruch aus meiner Rolle und der Beziehung und dem Abschütteln der erdrückenden Verantwortung, andererseits war ich fest davon überzeugt, gerade dazu aus spirituellen Gründen kein Recht zu haben. Ich erfuhr leidvoll am eigenen Leib, wie sich ein sogenannter „subjektiv unlösbarer Konflikt" anfühlte, und wie bei meinen vielen Patienten erlebte ich die immer aus einem solchen Seelenzustand erwachsende Konsequenz - ich erkrankte an Krebs!

Als ich die Diagnose hörte, war ich fast erleichtert. Der Tumor signalisierte mir, daß ich nun möglicherweise sterben werde, und daß es - so oder so - auch ohne mich weitergehen müßte. Mit dieser Krankheit im Rücken hatte ich nun die Rechtfertigung, das zu tun, wonach es mich so sehr drängte, was ich mir aber selbst verboten hatte. Ich trennte mich von Ursula und teilte allen Gruppenmitgliedern schriftlich meine Absicht mit, meine Führungsrolle abzugeben und ins zweite Glied zu treten. Als Berater wollte ich weiter zur Verfügung stehen. Ich bat um Abstimmung bei dem nächsten Treffen, kündigte aber gleichzeitig meinen Austritt für den Fall an, daß meine Absicht nicht akzeptiert würde. Es zeigte sich, daß die Situation für die Gruppenmitglieder zu schwierig und komplex war, zumal Ursulas und meine Probleme und Auseinandersetzungen diesen Klärungsprozeß massiv beeinflußten. So kam es gar nicht erst zu der von mir gewünschten Abstimmung, und ich verließ Ostern 1996 die von mir mitbegründete Gemeinschaft.

Heute, mit mehrjähriger Distanz, sehe ich die Notwendigkeit zu diesem Schritt darin, daß es für die in eine Sackgasse geratene Entwicklung von uns allen wichtig war, daß Guru und Schüler sich trennten. Jetzt, am Ende des zweiten Jahrtausends, bin ich immer noch am Leben, wieder glücklich verheiratet und mit noch zwei weiteren entzückenden Kindern beschenkt worden. Ich verfolge weiter meine alten spirituellen Ziele, lehre Suchende, initiiere und bilde Geistheiler aus und schreibe esoterische Bücher. Mein Leben hat keinen neuen Sinn erhalten, aber dafür neue, beglückende Inhalte und Aufgabenstellungen. Der Guru ist wieder zum Schüler geworden!

22. KAPITEL

WUNDER

„Die Apostel baten den Herrn: Stärke unseren Glauben! Der Herr erwiderte: Wenn euer Glaube auch nur so groß wäre wie ein Senfkorn, würdet ihr zu dem Maulbeerbaum hier sagen: Heb dich samt deinen Wurzeln aus dem Boden, und verpflanze dich ins Meer! und er würde euch gehorchen.“

(Lk 17,5-6)

Unter Wunder verstehen wir im allgemeinen jegliches Erleben, das den uns bekannten Naturgesetzen widerspricht. Die Menschen aller Religionen und Zeiten glaubten, daß sich durch Wunder die Größe und Allmacht Gottes offenbart und ein Mensch, der im Einklang mit Gott ist, auch Wunder vollbringen könne. Entsprechend finden wir im Neuen Testament viele Wunder geschildert, die von Jesus und später von seinen Aposteln vollbracht wurden. Dabei wird aber leicht übersehen, daß immer ein ursächlicher Zusammenhang zwischen Glaube und Wunder hergestellt wurde:

„Da ging Jesus mit ihm. Viele Menschen folgten ihm und drängten sich um ihn. Darunter war eine Frau, die schon zwölf Jahre an Blutungen litt. Sie war von vielen Ärzten behandelt worden und hatte dabei sehr zu leiden; ihr ganzes Vermögen hatte sie ausgegeben, aber es hatte ihr nichts genutzt, sondern ihr Zustand war immer schlimmer geworden.

Sie hatte von Jesus gehört. Nun drängte sie sich in der Menge von hinten an ihn heran und berührte sein Gewand. Denn sie sagte sich: Wenn ich auch nur sein Gewand berühre, werde ich geheilt. Sofort hörte die Blutung auf, und sie spürte deutlich, daß sie von ihrem Leiden geheilt war. Im selben Augenblick fühlte Jesus, daß eine Kraft von ihm ausströmte, und er wandte sich in dem Gedränge um und fragte: Wer hat mein Gewand berührt? Er blickte umher, um zu sehen, wer es getan hatte. Da kam die Frau, zitternd vor Furcht, weil sie wußte, was mit ihr geschehen war; sie fiel vor ihm nieder und sagte ihm die ganze Wahrheit. Er aber sagte zu ihr: Meine Tochter, dein Glaube hat dir geholfen. Geh in Frieden! Du sollst von deinem Leiden geheilt sein."

(Mk 5,24-34)

Jesus sah also in seinen wundersamen Heilungen „Zeichen" dafür, daß die Heilskräfte des Reiches Gottes in der Welt wirken, wenn Glaube vorhanden ist.

Was ist Glaube? Und vollbringt jeglicher Glaube Wunder? Glauben im allgemeinen ist das Fürwahrhalten eines Umstands, einer Behauptung oder eines Vorhandenseins jenseits aller äußerer Beweisbarkeit bzw. rationaler Begründbarkeit. Glaube ist inneres Wissen, ist Beleg für eine im Inneren erlebte Realität, die nicht übertragbar, bestenfalls vermittelbar ist. Eine auf das Äußere fixierte Welt hat es deshalb schwer mit dem Prinzip des Glaubens, da dessen Voraussetzung ja die Ausrichtung nach innen ist. Demzufolge sprechen wir bezüglich Glaubensfragen auch von einem Prozeß der „Verinnerlichung".

Wie wir wissen, ist der Mensch ein schöpferisches Wesen. Die Qualität dessen, was wir denken und fühlen, offenbart sich in unseren Handlungen und Werken. Glauben wir, daß wir gesund werden können, so werden wir auch genesen. Der Glaube an sich selbst macht aus einem Sportler einen Champion, aus einem Verlierer einen Gewinner. Glauben ist somit auch eine Geisteshaltung, die schöpferische Kräfte bündelt und freisetzt.

Glauben wirkt als Prinzip in zwei Richtungen: Er kann, wie eben beispielhaft geschildert, positiv und konstruktiv, er kann aber auch negativ und damit destruktiv sein. Die Vielzahl der an Depressionen Erkrankten in der heutigen Zeit sind ein trauriges Beispiel für den letzteren Fall. Die Glaubensinhalte bestimmen also das erlebte

Ergebnis. Wer sich für unbedeutend und schwach hält, wird nie große Leistungen vollbringen, selbst dann nicht, wenn er sie sich sehnlichst wünscht.

Die höchste und positivste Form des Glaubens ist der Glaube an Gott. Er verbindet uns mit dem Geist in uns und dessen Potenz, so daß wir seine unbegrenzten Möglichkeiten nutzen und wahrlich „Berge versetzen können". Wunder sind somit nichts anderes als die Offenbarung des göttlichen Geistes im und durch einen Menschen. Ein solcher Mensch hat also gelernt, sich dieses Feld zu erschließen und damit innere geistige Gesetze und Kräfte auf der materiellen Ebene zu entfalten. Da das Höhere immer das Niedere bestimmt, werden dadurch die sogenannten Naturgesetze außer Kraft gesetzt, da an ihrer Stelle nun die höheren geistigen Gesetze regieren, was der unwissende Beobachter als „Wunder" empfindet und bezeichnet. So gesehen gibt es keine Wunder. Es ändert sich nur die Gesetzesebene.

Der größte Gegner des Glaubens ist keineswegs der Unglaube, sondern der Zweifel. Und so ist es leichter, einen Ungläubigen zu bekehren, als einem Zweifler die ihm fehlende Sicherheit zu geben. Der Zweifler möchte ja gern, aber dieses oder jenes läßt ihn zweifeln. Im deutschen Wort „Zweifel" verbirgt sich die Zahl „zwei", Symbol der dualen Welt. Der Zweifler ist also ein Wanderer zwischen den Polen, der häufig in Trennung bzw. Unterscheidung lebt und nicht Einheit und damit eine gefestigte Position in sich herstellen kann. Wo Licht ist, denkt er gleich an Schatten. Widerfährt ihm heute Gutes, erwartet er sofort das kommende Böse. Es ist ihm nicht bewußt, daß die Erfahrung der dualen Pole keineswegs ein unabänderliches Schicksal, sondern ein freiwillig gewählter Erkenntnisweg ist, aus dem er mit einiger Übung bewußtseinsmäßig wieder aussteigen kann.

Betrachten wir die Kinder. Sie sind am Anfang ihres Lebens noch viel mehr als wir Erwachsene in diesem Einheitszustand, und deshalb bewundern und beneiden wir sie oft wegen ihrer Unbekümmertheit, Spontanität und Selbstsicherheit. Ihr Glaube an das Christuskind ist frei von rationalem Zweifel. Begegnen wir einem Erwachsenen, der sich diese kindliche Glaubensfähigkeit bewahrt hat, nennen wir ihn spöttisch naiv und beweisen damit, daß wir die wahre Natur des Glaubens weder verstehen noch akzeptieren können. Ein solcher Mensch ist uns zutiefst suspekt und kommt uns nicht selten lächerlich vor.

Das Erleben eines Wunders kann in den seltensten Fällen Glauben bewirken, sondern bestenfalls dessen Vorhandensein bestätigen bzw. auf die Glaubensnotwendigkeit hinweisen. Aber, so werden nun viele fragen, wie komme ich zum Glauben? Und viele fragten mich, wie ich, der ich ein überzeugter Atheist war, zu meinem Glauben fand, der sich ja auch in meinen Vorträgen und Büchern niederschlägt. Fast bin ich geneigt zu sagen: Es war ein Wunder! Tatsächlich war es ein viele Jahre dauerndes Suchen nach den letzten Wirklichkeiten, dem Sinn hinter allem. Es waren nicht das Auftreten der inneren Stimme oder die Befähigung des Heilens. Auch diese „persönlichen Wunder", die ich öfter erlebe, verbrauchen sich, werden zur Normalität, verlieren ihre Faszination und schaffen auf Dauer keinen Glauben.

Ich denke, daß ich offen und bereit war für das Wirken meines eigenen Geistes. Ohne je das Gefühl gehabt zu haben, den Boden unter den Füßen zu verlieren, war ich in der Lage, alte Glaubenssätze in Frage zu stellen und mich mit anderen Erklärungsmodellen der Existenz - als ich sie bis dato kannte - vorurteilsfrei auseinanderzusetzen. Und diese erschienen mir nach Überprüfung im wahrsten Wortsinn „glaub-würdiger" als die von mir zuvor favorisierten modernen naturphilosophischen und rein wissenschaftlichen Weltbilder. Auf diesem Weg tastete ich mich langsam vorwärts, erlebte Bestätigung auf Bestätigung und fand so immer mehr eine innere geistige Realität, so daß ich heute auch eher von „Wissen" als von „Glauben" sprechen würde.

Eine der vielleicht positivsten Wirkungen des Wunders ist das Sprengen zu enger Vorstellungen von dem, was letztlich möglich ist. So gesehen kann das Erleben eines Wunders zu mehr Offenheit führen und dient der Stärkung des Glaubens und damit unserer Entwicklung. Die Vielzahl der augenblicklichen „Madonnenwunder" in Osteuropa mag dafür ein Beleg und auch ein Versuch der geistigen Ebene sein, die vom Kommunismus weitgehend unterdrückte Glaubensausübung wieder neu zu beleben. Am Ende dieses Evolutionszyklus wird nichts unversucht gelassen, den in der Materie Gefangenen doch noch das Vorhandensein und Wirken des Geistes und damit ihre eigentliche Heimat wieder nahezubringen.

23. KAPITEL

DER GEIST IN DER MATERIE

Sonne, Wind und Regen, die Wärme des Sommers und die Kälte des Winters, Blitz und Donner während eines Gewitters sind uns so geläufige und vertraute Erlebnisse, daß wir selten oder nie über sie nachdenken. Sie sind sozusagen „natürlich", und wenn wir das sagen, so meinen wir damit, daß diese Phänomene uns so selbstverständlich geworden sind, daß wir nie auf die Idee kämen, dahinter mehr zu vermuten als eben rein gesetzmäßige Naturabläufe. Ab und zu wartet dann „Mutter Erde" mit stärkeren Geschehnissen wie Erdbeben, Sintfluten oder Vulkanausbrüchen auf. Dann bekommt das Ganze zwar einen bedrohlicheren Charakter, aber wir haben ja Meteorologen, Geo- und Seismologen, die uns alles rational erklären und uns wieder beruhigen.

Dummerweise bekommen wir die Dinge aber nicht in den Griff. Trotz unserer hochgelobten Wissenschaft und Technologie gelingt es uns nicht einmal, das Wetter exakt vorauszusagen, geschweige denn, daß wir Erdbeben und Vulkanausbrüche vorhersagen oder gar verhindern könnten. Nur die „dummen" Tiere scheinen - wie zwischenzeitlich wissenschaftlich belegt - auf eine uns immer noch unerklärliche Art und Weise diese Ereignisse vorauszuwissen und sich darauf einstellen zu können.

Als die „aufgeklärten" und „wissenden" Europäer ab der zweiten Hälfte dieses Jahrtausends in Asien und Nord- und Südamerika auf die „wilden" Eingeborenen stießen, entdeckten sie zu ihrer Verwunderung, daß diese hinter allen Naturphänomenen das Wirken von Göttern und Geistern vermuteten und davon ausgingen, daß selbst Flüsse, Steine und Berge beseelt seien. In China begegneten sie dem

Taoismus, in Amerika teilweise hochentwickelten Naturreligionen sowie dem Schamanismus, also Glaubensmodellen, die hinter allen Naturerscheinungen einen geistigen Hintergrund postulierten.

Das war einfach zuviel für die Eroberer und bestärkte sie in ihrer Überzeugung, es mit primitiven Wilden zu tun zu haben, deren Aberglaube und damit 'satanische' Kultur es mit Hilfe der Kirche und ihrer Inquisition mit Stumpf und Stil auszurotten galt. Vergessen waren das Wissen und die Lehren ihrer germanischen und keltischen Vorfahren, die genau der gleichen Überzeugung gewesen waren und ganz ähnliche Riten und Kulte pflegten wie die nun entdeckten Indianer.

Christus lehrte die Brüderschaft und den gleichen Ursprung allen Lebens. Das folgende Christentum - eine von Menschen verfaßte und zunehmend ausgrenzende Interpretation der ursprünglichen Botschaft - glaubte, nur überleben und sich durchsetzen zu können, wenn es alles, woran die Vorfahren geglaubt hatten, in Bausch und Bogen und völlig unkritisch verdammen würde.

Und so zerstörte Karl der Große die Wotanseiche, Symbol des alten germanischen Glaubens, die Spanier die Indianerkulturen Mittel- und Südamerikas und ihre grandiosen Bauwerke und die europäischen Einwanderer bis heute die schamanistische Gesellschaft und die Traditionen der Indianer Nordamerikas. So ging der Bezug des westlichen Menschen zur Natur bald gänzlich verloren. Reste des eigenen ursprünglichen spirituellen Wissens unserer keltischen und germanischen Ahnen verbrannte mit „Hexen" und „Zauberern" auf den mittelalterlichen Scheiterhaufen.

An ihre Stelle trat eine Religion, die den Menschen als Höhepunkt göttlicher Schöpfung absolut in den Mittelpunkt stellte, ohne seine Verbindung und Vernetzung mit den anderen Teilen der Schöpfung und ihren Geschöpfen überhaupt noch wahrzunehmen. Die Indianer Nord- und Südamerikas, wie die Germanen und Kelten vor ihnen, hatten bis zu ihrem Untergang eine brüderliche Beziehung zu ihrer Umwelt, sahen sich als integrierten Teil des Ganzen. Sie waren „Naturschützer" im besten Sinne des Wortes. Nun, wo wir die Erde zur Müllkippe unserer Wohlstandsgesellschaft haben verkommen lassen, wo ganze Tierpopulationen ausgerottet, die Biosphäre unseres Planeten unwiderruflich gestört ist, erwacht unser schlechtes Gewissen in Gestalt solcher Organisationen wie „Greenpeace" oder „World Wild Life Foundation". Aber sind nicht auch deren Motive vordergründig nur am menschlichen Wohl und an seinen drohenden Verlusten orientiert? Sind ihr Entstehen und die zunehmend breitere Resonanz in der Bevölkerung für ihr Anliegen nicht einfach nur Ausdruck der bewußt werdenden Ängste derer, die bislang gedankenlos an dem Ast sägten, auf dem sie saßen? Von einer sich durchsetzenden Erkenntnis, daß jegliche Schöpfung beseelt ist, kann wohl nicht die Rede sein.

Feuer, Wasser, Luft, Stein, Pflanze und Tier sind nach meiner Überzeugung Manifestationen des gefallenen Geistes und damit Formen des Lebens, Träger von Bewußtsein. Jegliche Form ist äußerer Ausdruck inneren Lebens, vom Atom über die Menschenform bis zu den Sternen des Firmaments. Es existiert nichts außer Leben in unterschiedlichen Graden des Bewußtseins. Nur eine Zivilisation - von einer Kultur kann ich in diesem Zusammenhang nicht sprechen - wie die unsere, deren Wissenschaft in der Erforschung der Formen erstarrt ist und dabei die Inhalte übersieht, kann solche selbstzerstörerischen Entwicklungen hervorbringen, wie wir sie in dieser Zeit erleben.

Der Esoterik und hier besonders der Theosophie, Anthroposophie und den Verkündern der sogenannten „Neuoffenbarung", wie Jakob Lorber und einer ganzen Reihe ungenannter anderer, verdanken wir es, daß dieses Wissen in der westlichen Welt nicht ganz verlorenging. Wer wissen will, was solche Naturphänomene wie Wind, Regen oder Blitz geistig bedeuten, der möge sich mit diesem Schatz an Weisheit anfreunden, und er wird ein Erklärungsmodell vorfinden, das in sich viel schlüssiger und überzeugender ist als alle wissenschaftlichen oder kirchlichen Theorien, die sich selbst in sich teilweise widersprechen.

Betrachten wir die Metamorphose eines kleinen, unscheinbaren Schmetterlings. Zuerst erleben wir die Raupe, die sich mühsam und an die Erde gefesselt von Blättern ernährt. Dann kommt der Zeitpunkt der Verpuppung. In einem ungeheuren Naturwunder löst sich der ganze Raupenkörper auf und gestaltet sich um zu einem Wesen, das nun von Nektar lebt und fliegen kann. Selbst wenn wir unsere ganze vergötterte Technologie zusammenfassen würden, wären wir nie in der Lage, auch nur so ein kleines Wunder zu vollbringen. Ist dies nicht ein unschlagbarer Beweis für eine allem Sein innewohnende Intelligenz? Wie groß muß dann die Intelligenz jenes Wesens sein, das über Äonen die Lebensabläufe dieses Planeten regulierte und steuerte und auch die Menschenform hervorgebracht hat. Aber die Wissenschaft glaubt mehrheitlich immer noch nur an eine menschliche und von Menschen geschaffene künstliche Intelligenz. Welche Blindheit und Vermessenheit!

24. KAPITEL
SPIRITISMUS

Wenn ich in den Medien über den sich ausbreitenden Satanismus und Spiritismus in unserem Land lese oder höre, dann muß ich unwillkürlich an die Sätze Goethes über den Zauberlehrling denken. Darin wird von dem jungen Lehrling eines Zauberers berichtet, der seine unvollkommenen Kenntnisse vorzeitig anwendet und dadurch in Not gerät. In Not waren auch einige, vor allem junge Menschen, die ich in den letzten Jahren kennenlernte, weil sie sich ohne Kenntnis und Anleitung in spiritistische Abenteuer stürzten, die ihnen schlecht bekommen waren.

Unter Spiritismus verstehen wir die Lehre, nach der die Geister Verstorbener in Verbindung mit Lebenden treten können, meist durch Vermittlung eines Mediums. Als „Medium" kann dabei ein Objekt dienen, das für die Übertragung von Botschaften benutzt wird, wie z.B. das Ouija-Brett oder seit neuestem Tonbänder, oder ein medial begabter Mensch, der als Schreib- oder Sprechmedium dient. Das Ouija-Brett beispielsweise ist ca. 65 x 45 cm groß und mit zwei Reihen des Alphabets in leicht lesbaren Buchstaben bedruckt. Die Wörter „ja" und „nein" stehen jeweils in der oberen linken bzw. rechten Ecke. Unter dem Alphabet befinden sich die Zahlen von 0 bis 9. Zu dem Brett gehört ein tischähnlicher, dreibeiniger und dreieckiger Zeiger. Die Teilnehmer an der Seance legen die Hände leicht auf den Zeiger, der auf dem Brett ruht. Wenn Kontakt hergestellt ist und das Brett korrekt arbeitet, bewegt sich der Zeiger ohne Anstrengung und wie von selbst von Buchstabe zu Buchstabe, formt Wörter und Sätze.

Bereits im Alten Testament wird die Geschichte vom Besuch

König Sauls bei der Totenbeschwörerin von En-Dor erzählt (1 Sam, 28,3-25), und tatsächlich kannten alle Religionen und Kulturen diese Formen der Kommunikation mit Verstorbenen. Heute wird die Zahl der Anhänger dieser Lehre weltweit auf über 100 Millionen geschätzt.

Spiritismus ist der Wunsch, mit jenseitigen Wesen in Kontakt zu kommen und von daher zuerst einmal weder gut noch schlecht. Bedenklich wird die Angelegenheit erst, wenn man sich die Motive betrachtet, die viele Menschen zu diesen Praktiken treiben. In letzter Zeit sind es vermehrt Jugendliche, die sich aus Neugierde, Faszination am Geheimnisvollen und Mysteriösen, aus Protest oder schlicht dem Wunsch nach Macht und Einfluß mit magischen Ritualen und Beschwörungen befassen. Und dabei geht es vielen, wie dem anfänglich geschilderten Zauberlehrling.

Vor einiger Zeit kam eine Mutter zu mir, deren 16-jährige Tochter seit längerem Interesse an okkulten Phänomenen zeigte. Auslöser war der Besuch des Filmes „Der Exorzist" gewesen, und in der Folgezeit hatte sie sich mit einigen anderen Mädchen aus ihrer Umgebung um Jenseitskontakte mit Hilfe eines Ouija-Brettes bemüht. Bald wurde ihnen die Sache unheimlich, zumal sie schnell spürten, daß da plötzlich etwas Fremdes, Kaltes, sie Ängstigendes im Raum war. Schließlich verließen sie fluchtartig das Zimmer und hörten, wie in dem nun leeren Raum Gegenstände gegen die geschlossene Tür flogen.

Diese Erfahrungen führten bei allen Beteiligten zu massiven Angstzuständen, die in einigen Fällen eine psychiatrische Behandlung notwendig machten. Die Mutter erzählte mir, daß ihre Tochter nicht mehr allein schlafen wollte, im Schlaf hyperventilierte und einmal in diesem Zustand einen lateinischen Satz sprach, den sie sich von ihrem katholischen Priester übersetzen ließ und der in etwa lautete, daß sie, die Tochter, „nun Eigentum Satans sei". Der Priester versuchte, die ängstliche Mutter mit der lapidaren Erklärung zu beruhigen, das habe ihre Tochter wohl irgendwo „aufgeschnappt".

Als ich die Tochter später kennenlernte, saß ein blondes Mädchen mit puppenhaft hübschem Gesicht vor mir, das die hellsten, aber auch kältesten blauen Augen besaß, die ich bis dahin gesehen hatte. Im Rahmen unseres Gespräches fragte ich sie, warum sie sich nicht lieber mit Gott und seinen Engeln beschäftigen wolle? Erschüttert mußte ich hören, daß sie wohl an die Existenz Satans, aber nicht an die Gottes glaube. Und daß sie mit dieser Überzeugung wohl nicht allein steht, belegen die vielen Berichte über satanische Riten und Messen Jugendlicher und die Satan verherrlichenden Songs einiger „moderner" Rock-Bands.

Wenn man die Spielregeln kennt, also weiß, wie man diese Kommunikationsform spirituell richtig nutzen kann, ohne mit unerwünschten Wesen der astralen Ebene in Verbindung zu kommen, dann kann ein solches Gespräch durchaus positive Ergebnisse haben, was ich an einem Beispiel erläutern will.

Im 18. Kapitel des ersten Teiles dieses Buches über geomagnetische Einflüsse auf Menschen habe ich von der Familie berichtet, deren kleine Tochter wegen des negativen Raumfeldes in ihrem Zimmer nachts nicht einschlafen konnte. Einige Zeit nach meinem Besuch traf diese Familie unerwartet ein schwerer Schicksalsschlag.

Der Bruder des Mädchens, damals etwa 11 Jahre alt, kam eines Tages aus der Schule, packte - für ihn absolut untypisch - seinen ganzen Schulranzen aus und ordnete seine Bücher und Hefte akkurat auf seinem Arbeitstisch. Dazu stellte er schließlich ein Bild von sich, so daß das Ganze, im Nachhinein betrachtet, etwas vom Charakter einer Erinnerungsstätte annahm. Dann machte er sich mit dem Fahrrad auf den Weg zu seinem Großvater, der später das Gespräch zwischen ihnen als ein Abschiednehmen beschrieb, über das er sich gewundert, es aber nicht verstanden habe. Auf dem Rückweg nach Hause wurde der Junge auf einem Feldweg von einem Auto erfaßt und so schwer verletzt, daß er im Rettungshubschrauber in den Armen seines Vaters starb. Im Rückblick war der ganzen Fami-

lie klar, daß der Sohn sein Weggehen unbewußt geahnt haben mußte und sich deshalb so verhielt, wie er es nie zuvor getan hatte.

Der überraschende Tod des Jungen war für alle ein großer Schock.
Besonders für die Großmutter, die schon immer eine Wesensver-
wandtschaft mit diesem Kind gefühlt hatte. Überzeugt davon, daß
ihr Sohn und Enkel „irgendwo" noch existierte und aufgrund der
Gespräche und Erklärungen, die ich ihnen anläßlich der Behandlung des Zimmers ihrer kleinen Tochter und dann nach dem Be-
gräbnis des Sohnes gegeben hatte, kam bald darauf außer dem Vater
die ganze Familie zu mir, um medialen Kontakt mit dem Verstorbenen aufzunehmen. Für dieses Gespräch hatte ich - da ich es aus
Gründen der Neutralität und der Kontrolle nicht selbst tun wollte -
ein Schreibmedium unserer Gemeinschaft ausgesucht, das versuchen
wollte, diesen Kontakt herzustellen.

Üblicherweise schrieb dieses Medium beim Trancekontakt mit
Geistführern flüssig und schnell. Diesmal hatte man den Eindruck,
ein im Schreiben Ungeübter versuche, mit ungelenker Hand sich
mitzuteilen. Schwer und langsam glitt der Stift über das Papier, und
das Geschriebene zeigte deutlich ein kindliches Schriftbild. In zwei
Sitzungen übermittelte der Verstorbene, daß er noch lebe, sein Leben auf Erden durchaus plangemäß zu Ende gegangen sei und seine
Weiterentwicklung nun im Sternensystem des Sirius seinen Fortgang nähme. Er identifizierte sich durch Informationen, die nur seine Familienangehörigen wissen konnten und bat sie liebevoll, nicht
so unmäßig zu trauern, da diese Gedanken und Gefühle ihn erreichten und ihn auf seinem weiteren Weg behindern würden. Inhalt und Form der Botschaft trösteten die Familie so sehr, daß sie
bald darauf wieder in ihr normales Leben zurückkehren konnte.
Einige Zeit später kam dann ein weiterer Sohn zur Welt und schloß
endgültig die schmerzende Lücke.

Aufklärung tut not. Ganz besonders, was den Umgang mit dem
Übersinnlichen angeht. Und deshalb finde ich es so bedauerlich und

halte es für gefährlich und leichtfertig, daß diese real existierenden Phänomene von unserer Gesellschaft so ins Irrationale verdrängt werden bzw. ihre Existenz schlicht geleugnet wird. Daß das Thema damit keineswegs vom Tisch ist, beweist seine ungebrochene Anziehungskraft auf insbesondere junge Menschen. Darüber hinaus muß sich ein vorgeblicher Christ fragen lassen, wie er es mit seinem Glauben hält, wenn er alle Berichte der Bibel über paranormales Handeln und Kommunizieren selektiv für unglaubwürdig hält, also nur das annimmt, was dem Zeitgeist entspricht.

Abschließend wollen wir dazu den Apostel Paulus zu Wort kommen lassen, der in 1 Korinther 12,4-11 sagt:

„Es gibt verschiedene Gnadengaben, aber nur den einen Geist. Es gibt verschiedene Dienste, aber nur den einen Herrn. Es gibt verschiedene Kräfte, die wirken, aber nur den einen Gott: Er bewirkt alles in allen. Jedem aber wird die Offenbarung des Geistes geschenkt, damit sie anderen nützt. Dem einen wird vom Geist die Gabe geschenkt, Weisheit mitzuteilen, dem andern durch den gleichen Geist die Gabe, Erkenntnis zu vermitteln, dem dritten im gleichen Geist Glaubenskraft, einem andern - immer in dem einen Geist - die Gabe, Krankheiten zu heilen, einem andern Wunderkräfte, einem andern prophetisches Reden, einem andern die Fähigkeit, die Geister zu unterscheiden, wieder einem andern verschiedene Arten von Zungenrede, einem andern schließlich die Gabe, sie zu deuten. Das alles bewirkt ein und derselbe Geist; einem jeden teilt er seine besondere Gabe zu, wie er will."

KAPITEL 25
WAS WÄRE, WENN JESUS HEUTE LEBTE?

„Johannes legte Zeugnis für ihn ab und rief: Dieser war es, über den ich gesagt habe: Er, der nach mir kommt, ist mir voraus, weil er vor mir war. Aus seiner Fülle haben wir alle empfangen, Gnade über Gnade. Denn das Gesetz wurde durch Mose gegeben, die Gnade und die Wahrheit kamen durch Jesus Christus. Niemand hat Gott je gesehen. Der Einzige, der Gott ist und am Herzen des Vaters ruht, er hat Kunde gebracht."

(Joh 1,15-18)

Oft habe ich mich gefragt, wie die Welt heute auf einen lebenden Jesus reagieren würde? Würden ihn die Menschen erkennen und die Kirchen ihn anerkennen? Oder würde sich die Geschichte wiederholen? Ist die Welt besser und einsichtiger geworden, oder gilt nach wie vor das von Paulus zitierte Wort des Propheten Jesaja: *„Geh zu diesem Volk und sag: Hören sollt ihr, hören, aber nicht verstehen; sehen sollt ihr, sehen, aber nicht erkennen. Denn das Herz dieses Volkes ist hart geworden, und mit ihren Ohren hören sie nur schwer, und ihre Augen halten sie geschlossen, damit sie mit ihren Augen nicht sehen und mit ihren Ohren nicht hören, damit sie mit ihrem Herzen nicht zur Einsicht kommen, damit sie sich nicht bekehren und ich sie nicht heile."*

(Apg 28,26-27)

Die Wahrscheinlichkeit ist groß, daß, lebte Jesus heute, ihn Gesellschaft wie Kirche als Sektierer brandmarken würden. Analysiert man die in der aktuellen Sektendiskussion vorgebrachten Argumente und Vorwürfe gegenüber neuen Glaubensgemeinschaften, so treffen sie in hohem Maße auch auf Jesus und seine Jünger zu. Wie würde wohl die Gesellschaft heute reagieren, falls sie davon hörte, wie radikal Jesus Nachfolge verstand: *„Als sie auf ihrem Weg weiterzogen, redete ein Mann Jesus an und sagte: Ich will dir folgen, wohin du auch gehst. Jesus antwortet ihm: Die Füchse haben ihre Höhlen und die Vögel ihre Nester; der Menschensohn aber hat keinen Ort, wo er sein Haupt hinlegen kann. Zu einem anderen sagte er: Folge mir nach! Der erwiderte: Laß mich zuerst heimgehen und meinen Vater begraben. Jesus sagte zu ihm: Laß die Toten ihre Toten begraben; du aber geh und verkünde das Reich Gottes! Wieder ein anderer sagte: Ich will dir nachfolgen, Herr. Zuvor aber laß mich von meiner Familie Abschied nehmen. Jesus erwiderte ihm: Keiner, der die Hand an den Pflug gelegt hat und nochmals zurückblickt, taugt für das Reich Gottes."*

(Lk 9,57-62)

Und was würden die Menschen erst denken, wenn sie Jesus sagen hörten: *„Denkt nicht, ich sei gekommen, um Frieden auf die Erde zu bringen. Ich bin nicht gekommen, um Frieden zu bringen, sondern das Schwert. Denn ich bin gekommen, um den Sohn mit seinem Vater zu entzweien und die Tochter mit ihrer Mutter und die Schwiegertochter mit ihrer Schwiegermutter; und die Hausgenossen eines Menschen werden seine Feinde sein."*

(Mt 10,34-39)

Nach fast 2.000 Jahren angeblich christlicher Kultur sind wir mehrheitlich ganz offensichtlich immer noch nicht in der Lage, Gott den Vorzug vor der Welt zu geben.

Nicht nur, daß sich die etablierten Kirchen das Recht anmaßen, alleinige Verkünder der Wahrheit und der Nachfolge Christi zu sein, verstoßen sie doch mit der Verfolgung anderer christlicher Gruppierungen gegen die ausdrückliche Anweisung ihres Lehrers: *„Da sagte Johannes zu ihm: Meister, wir haben gesehen, wie jemand in deinem Namen Dämonen austrieb; und wir versuchten, ihn daran zu hindern, weil er uns nicht nachfolgt. Jesus erwiderte: Hindert ihn nicht! Keiner, der in meinem Namen Wunder tut, kann so leicht schlecht von mir* *reden. Denn wer nicht gegen uns ist, der ist für uns. Wer euch auch nur einen Becher Wasser zu trinken gibt, weil ihr zu Christus gehört - amen, ich sage euch: er wird nicht um seinen Lohn kommen. "*

(Mk 9,38-41)

Jesus geißelte den Mißbrauch, die Verfälschung und die Verflachung der alten jüdischen Lehre in seinen Worten gegen die Schriftgelehrten und Pharisäer (Mt 23,1-39). Was würde er wohl sagen, wenn er das Auftreten des heutigen Klerus beobachten würde? Wie würde er kirchliche Prachtbauten und hohe Gehälter europäischer katholischer und protestantischer Priester beurteilen, während ihre Amtsbrüder in den Dritte-Welt-Ländern mit ihrem Einkommen an und manchmal unter der Armutsgrenze leben müssen? Hatte er doch seinen Aposteln geboten: *„Geht und verkündet: Das Himmelreich ist nahe. Heilt Kranke, weckt Tote auf, macht Aussätzige rein, treibt Dämonen aus! Umsonst habt ihr empfangen, umsonst sollt ihr geben.*

Steckt nicht Gold, Silber und Kupfermünzen in euren Gürtel. Nehmt keine Vorratstasche mit auf den Weg, kein zweites Hemd, keine Schuhe, keinen Wanderstab; denn wer arbeitet, hat ein Recht auf seinen Unterhalt. "

(Mt 10,7-10)

Wenn ich in diesem Kapitel so viel aus der Bibel zitiere, dann deshalb, um aufzudecken, wie groß die Lücke ist, zwischen einerseits Botschaft und Auftrag und andererseits der gelebten Glaubenswirklichkeit. Müssen wir uns nicht schämen, daß wir uns gegenüber der Christusbotschaft verhalten wie im Supermarkt? Wir nehmen das, was gerade im Angebot, dem Zeitgeist entsprechend und billig ist und übersehen und leugnen den großen Rest. Das aber hat mit der Nachfolge Christi nichts mehr zu tun. Gott läßt nicht mit sich handeln. Wahrheit ist immer die ganze Wahrheit, die ganze Botschaft. Eine Zivilisation, die aber schon den Begriff der „Halbwahrheit" eingeführt hat, dokumentiert damit ihre Neigung, sich aus der Verantwortung und Verpflichtung gegenüber dem Ganzen zu schleichen.

Christ zu sein bedeutet also für mich zuerst einmal, grundsätzlich die Verbindlichkeit der ganzen Christus-Botschaft zu akzeptieren und mich um ihre Erfüllung zu bemühen. Ich weiß, daß ich in vielem noch fehle und es einfach noch nicht schaffe, allem gerecht zu werden. Aber das darf mich nicht daran hindern, dies als Ansporn zu nehmen, es immer wieder zu versuchen. Die Angst vor der Konfrontation mit dem eigenen Schatten führt dann zur Verdrängung bzw. Relativierung unbequemer Glaubensinhalte. Unsere Glaubensfähigkeit hat abgenommen, und wie jemand, der schlank geworden ist, versuchen wir nun, das Glaubenskleid durch Verkürzen und Engermachen unserer neuen Größe - besser wäre „Kleinheit" - anzupassen. Das Ergebnis ist mangelnde „Attraktivität", was sich deutlich in den Besucherzahlen der Gottesdienste niederschlägt. Wie gewichtig diese Frage zu bewerten ist, entnehmen wir der biblischen Aufforderung zur Entscheidung zwischen Glauben und Unglauben, zu dem ich auch den selektierenden Glauben zähle (Joh 12,44-50): *Jesus aber rief aus: Wer an mich glaubt, glaubt nicht an mich, sondern an den, der mich gesandt hat, und wer mich sieht, sieht den, der mich gesandt hat. Ich bin das Licht, das in die Welt gekommen ist, damit jeder, der an mich glaubt, nicht in der Finsternis bleibt. Wer meine Worte nur hört und sie nicht befolgt, den richte nicht ich; denn ich bin nicht gekommen, um die Welt zu richten, sondern um sie zu retten.*

Wer mich verachtet und meine Worte nicht annimmt, der hat schon seinen Richter: Das Wort, das ich gesprochen habe, wird ihn richten am Letzten Tag. Denn was ich gesagt habe, habe ich nicht aus mir selbst, sondern der Vater, der mich gesandt hat, hat mir aufgetragen, was ich sagen und reden soll. Und ich weiß, daß sein Auftrag ewiges Leben ist. Was ich also sage, sage ich so, wie es mir der Vater gesagt hat."

SCHLUSSWORT

Der Kreis schließt sich, und so soll zum Schluß dieses Buches mein geistiger Begleiter der letzten Jahre, der bereits das Vorwort geschrieben hat, noch einmal zu Wort kommen:

„Dieses Buch ist eine Botschaft an Euch, die ihr nach Erkenntnis ringt in dieser Zeit des Umbruchs, die euch zwingt, die Sinnhaftigkeit eures Lebens auf den Prüfstand zu stellen, die euch zwingt, Grenzen eurer bisherigen Denkmuster zu überschreiten.

Das sage „Ich", der ich bin in der Einheit mit dem Willen des Vaters, des Schöpfers allen Seins. Seine Liebe ist es, die euch begegnet in den Abläufen dieser Zeit. Sein Plan der Erlösung liegt dem Zeitgeschehen, in dem ihr steht, zugrunde. Welch eine Aussage bei all den Greueln, der Gewalt, die geschieht! Wie soll der Mensch, dem die wahren Zusammenhänge dieses Geschehens nicht bewußt sind, sich darauf einlassen können, ohne in Angst und Schrecken versetzt zu werden? Wie soll er die Liebe darin erkennen? So sage ich noch einmal, Liebe ist es, die diesen Erlösungsplan geschaffen hat, der den Weg des verlorenen Sohnes zurück zum Vater aufzeigt, so wie es in diesem Buch geschrieben steht. Liebe ist es, was uns bewegt, Hilfestellung für euch zu geben, denn wir wissen, in welch schwerer Zeit ihr lebt, was euch in Verunsicherung sowie Zweifel stürzt, was euch orientierungslos macht. Darum ist es wichtig, euch grundlegendes Wissen der kosmischen Gesetze zu erschließen. Dies soll euch das Buch vermitteln. Es wurde so geschrieben, daß in euch selbst weitere Fragen entstehen sollen, auf daß ihr weiter sucht nach Erklärungen, auf daß ihr weiter forscht nach Antworten des Lebens, nach dem Weg, den ihr beschreiten könnt, zurück zum Vater.

Vieles an Wissen, das den Menschen im Laufe der Zeit von Propheten, geistigen Lehrern sowie von den Boten der geistigen Hierarchien gegeben wurde, ging durch Mißbrauch oder Mißachtung verloren, und so ist es notwendig, daß dieses Wissen immer wieder aufs Neue den Menschen der jeweiligen Epochen noch einmal vermittelt wird. Es ist also uraltes Wissen, das euch in der Sprache eurer Zeit in diesem Buch wieder begegnet. In jedem Kapitel findet ihr ein Korn Weisheit. Könnt ihr es im rechten Sinne in euer Sein einpflanzen, wird es zur starken Pflanze, und es wird in euch Frucht bringen, nämlich die Frucht der Erkenntnis, der Weisheit sowie der Liebe. Dies ist die Nahrung für euch auf dem Weg, der zu gehen vor euch liegt. Erkennt, daß die Zeit der Prüfungen naht, denn diese Erde ist schon seit Alters her als Schulungsstätte bezeichnet worden, was auch den Tatsachen entspricht. Denn hier, wo der gefallene Geist gefangen in Ketten liegt und trotzdem herrscht, gilt es, die Reifeprüfung abzulegen, die von jedem Menschen gefordert ist. Hier, in der Dualität dieser Ebene, gilt es, freiwillig und vollbewußt die Entscheidung zu fällen zur Rückkehr zum Vater oder den Versuchungen des eigenen Egos und seinen Wünschen zu erliegen und damit den Machtbestrebungen der Dunkelheit anheim zu fallen. Dazu sollt ihr gerüstet sein, das ist die Motivation für unser Handeln, dazu dient dieses Buch in seiner Vielfalt der Themen, die euch Aufschluß geben sollen auf Fragen dieser Zeit. Einige Themen fehlen noch, doch auch sie werden euch zur gegebenen Zeit beantwortet, denn diesem Buch werden noch einige folgen.

Nun will ich schließen mit dem Wunsch, daß ihr all die Weisheit, die Liebe sowie den Glauben, der euch in diesem Buch an Information, aber auch den Glauben, den Mut zum Dienen, den Gehorsam sowie die Liebe, die zu der Entstehung dieses Buches führten, in euch aufnehmen und es für eure eigene Weiterentwicklung umsetzen könnt, auf daß es weitere Frucht bringt zum Wohle aller."

EINLADUNG
ZUR AUSBILDUNG ALS GEISTHEILER

Seit 15 Jahren initiiere ich weltweit Menschen, die den Wunsch in sich verspüren, ihren Mitmenschen auf diese spirituelle Weise zu dienen.

Initiation ist das lateinische Wort für Einweihung und bedeutet den rituellen Eintritt in ein neues und entscheidendes Lebensstadium. In vergangenen Jahrtausenden verstand man darunter eine symbolische oder religiöse Handlung bei der Einführung eines neuen Mitglieds in eine geheime Gesellschaft oder einen Mysterienkult. Im Verborgenen - meistens in speziellen Räumen von Tempeln und Pyramiden - geschah das, was in der heutigen Zeit offen, ohne falschen Mystizismus und ohne zwingende Anbindung an eine Gemeinschaft vermittelt und übertragen werden kann. Ich selbst, als Initiator, sehe mich dabei nur als Türöffner, der dem Kandidaten das Tor zu seinem Höheren Selbst und seinen Möglichkeiten öffnet, und nicht als Magier, der dem Schüler seine Kräfte überträgt oder ihn lehrt, sich fremde Geister untertan zu machen.

Entsprechend der menschlichen Trinität von Körper, Seele und Geist erfahren wir Einweihung auch in allen drei Seinsbereichen. Die Naturwissenschaften führen uns in die Geheimnisse der Materie und damit unseres Körpers ein. Seit der Mensch beginnt, sich bewußt zu werden, nutzt er magisches Wissen und seine Techniken, um seine seelischen Räume und Fähigkeiten zu erforschen und zu erproben. Aber nur wenigen Eingeweihten war es vor Erscheinen des großen Weltenlehrers Jesus Christus vergönnt, in Kontakt mit dem Höheren Selbst, dem göttlichen Geist in jedem Menschen, zu treten. Eine spirituelle Initiation, die ihren Namen zu Recht trägt, lenkt das Bewußtsein des Kandidaten nur auf den All-Einen, öffnet das vorher verschlossene Tor und schafft eine Verbindung zwischen der Ebene der Materie und der Sphäre des Geistlichts, das nicht zu verwechseln ist mit dem Astrallicht, das heute viele Eingeweihte käuflicher magischer Systeme erleben und fälschlicherweise für das Geistlicht halten.

Initiiert bzw. eingeweiht werden soll der Kandidat in das viele Jahrhunderte lang geheim gehaltene Wissen über die Trinität des Menschen, das Wechselspiel von Geist, Seele und Körper und die einzelnen Schritte, die sein Bewußtsein machen muß, um den Weg zurück in die Einheit mit Gott gehen zu können. Meditation, Kontemplation und Gebet sind Hilfen auf diesem Weg. Esoterisches und insbesondere spirituelles Wissen sind Fackeln, die uns auf diesem manchmal dunklen und oft als steil und mühsam empfundenen Weg der Entwicklung leuchten. Unsere Aura und unser Chakra-System offenbaren dann unseren Entwicklungsstand; und so wird dem Schüler im Rahmen des Initiationskurses neben den zentralen Teilen der esoterischen Philosophie auch ein theoretisches Konzept mit der entsprechenden praktischen Anleitung zur Behandlung der Chakras und der Aura vermittelt.

Am Ende der Ausbildung setze ich bei dem Initianten vor der Behandlung seines ersten Patienten einen bestimmten rituellen Lichtimpuls, der das bisher verschlossene Tor zwischen seiner Seele und seinem Höheren Selbst öffnet und im gleichen Augenblick die geistigen Lichtfrequenzen bis hinunter in seinen physischen Körper strömen läßt. Ab diesem Moment fließt durch die Hände des neuen Heilers das Licht seines Höheren Selbsts und bringt wieder die göttliche Ordnung und damit Harmonie und Heilung in die Seele dessen, dem er seine Hände in Liebe und Demut auflegt. Der physische Körper des Hilfesuchenden, der ja durch seine Erkrankung nur den vorausgehenden krankhaften Zustand der Seele spiegelt, zieht dann nach und gesundet wieder. So betrachtet, heilt sich jeder selbst, wenn er - ob allein oder mit Hilfe eines Heilers, eines geistigen Lehrers oder eines medizinischen Behandlers - seine seelische Einstellung ändert und die Hilfen, die ihm gegeben werden, nutzt. Der Arzt, der Heiler, der geistige Lehrer - sie alle geben immer nur Hilfe zur Selbsthilfe. Die Heilung ist dabei normalerweise ein Indiz dafür, daß auf seelischer Ebene eine Wandlung oder zumindest eine Verhaltensänderung des Kranken eingetreten ist.

Im Rahmen des Initiationskurses wird das Wesen des Lichts aller drei Ebenen erläutert und Grundkenntnisse der Nutzung von Farbschwingungen bei der Heilung von Körper und Seele vermittelt. Darüber hinaus lehre ich meine Schüler, wie und wann Fernheilung durchgeführt und eingesetzt werden sollte und wie sie sich und Dritte mittels spiritueller Techniken gegen astrale bzw. magische Beeinflussungsversuche und Attacken wehren können. In Vertiefungskursen wird das Wissen erweitert, aber die grundsätzliche Ausübung ist mit dem Initiationskurs gewährleistet, so daß der Schüler auch alle weiteren Schritte alleine unternehmen kann.

Jeder Magier, jeder spirituelle Lehrer hat die Pflicht, die Reife und die Motivation des Schülers zu prüfen, bevor er ihm durch Initiation Möglichkeiten eröffnet, die diesen in einen höheren Grad der Verantwortung treten lassen. Tut der Lehrer dies nicht, wie bei den meisten heute gegen Geld angepriesenen Initiationen, so trägt er eine karmische Mitverantwortung an allem, was der Schüler auf Grund des bewußten wie unbewußten Mißbrauchs seiner Fähigkeiten nach dem Gesetz von Ursache und Wirkung zu erwarten hat. Daher führe ich mit jedem der Kandidaten ein dreistündiges und kostenpflichtiges Gespräch (mein Stundenhonorar beläuft sich auf DM 120,-), in dem ich vor der Zulassung die Eignung des Betreffenden, d.h. seine Einstellung sowie seine seelische und körperliche Gesundheit, überprüfe. Der Initiationskurs selbst, der von Freitagnachmittag bis Sonntagabend dauert, ist kostenfrei. Es wird lediglich ein kleiner Obulus von 30,- DM pro Person für die ausführlichen schriftlichen Unterlagen (niemand muß mitschreiben, und jeder kann sich deshalb ganz auf die Erklärungen und Demonstrationen konzentrieren) und für die Getränke erwartet. Das Prüfungsgespräch und die Initiationskurse finden in Siersburg/Saar statt. Normalerweise ist die Teilnehmerzahl bei den Initiationskursen, die bei Bedarf maximal einmal pro Monat stattfinden, auf 6 Personen begrenzt.

Wer also von dieser Ausbildungseinladung Gebrauch machen oder mich als Geistheiler konsultieren will, der kann dies schriftlich unter folgender Adresse tun:

Axel Philippi
St. Martin Str. 6
66780 Siersburg
Fax: 06835-14 24
(bitte nur in dringenden Fällen telefonisch!)
e-mail: axel.w.philippi@t-online.de

DER HEILER DES KAISERS
Die Antwort der Esoterik
auf den „Medicus" und die „Päpstin"!

Dieser überaus spannende Roman entführt den Leser in die farbenprächtige Welt des Mittelalters, in der Hakon von Donarsberg, ein begnadeter Heiler, gegen die Macht der Inquisition kämpft. Mit der Hilfe seiner geistigen Führer gelingt es ihm immer wieder, seinen Häschern zu entkommen und sein segensreiches Werk fortzusetzen. Über Palästina, Persien und Sizilien führt ihn sein abenteuerlicher Weg, bis er, als Medicus von Kaiser Friedrich II., wieder nach Deutschland auf die Burg seiner Vorväter zurückkehrt. Er gerät in die Mühlen der politischen Wirren des Hochmittelalters und muß zwischen Kreuzzügen und Ritterorden seinem Schicksal folgen und sein heilerisches Wirken fortsetzen.

In einer Zeit voller Aberglauben und geistiger Verwirrung wird er natürlich der schwarzen Magie und des Teufelsglaubens bezichtigt, wenn er mit den Verstorbenen Kontakt aufnimmt oder mit der Hilfe seines Engels wunderartige Heilungen vollbringt. Die Wissenden mußten zu allen Zeiten gegen die Gewalttätigkeit der Unwissenden kämpfen.

Ein Roman, in dem die Mächte des Lichtes gegen die Kräfte der Finsternis dramatische Kämpfe auszufechten haben.
Ein Roman, der tiefes geistiges Wissen enthält und zugleich von fesselnder Spannung bestimmt ist.

Gebunden, mit Schutzumschlag
ISBN 3-89427-129-9, Aquamarin Verlag

DER
SONNEN
PRIESTER

ROMAN

Auf einem Hügel hoch über dem Titicaca-See sitzt ein alter Inka und grübelt dem Los seines Volkes nach. Seit die goldgierigen Spanier eingefallen sind, grassieren Leid und Krankheiten, gerieten die Grundmauern des Inka-Staates ins Wanken. Viele Feinde trachten Jenem, der alles sieht, einst beauftragt, Diziplin und Machtmißbrauch der königlichen Beamten zu kontrollieren, nach dem Leben. So mußte sich der Alte in die Einsamkeit der Insel im heiligen See flüchten. Nun, da er den nahenden Tod spürt, überläßt sich der Greis ganz den aus der Seele aufsteigenden Bildern der Vergangenheit. Er überschreitet innere Grenzen und taucht in ein anderes Leben ein, beginnend mit seiner Initiation zum Sonnenpriester...

1853-4, 160 Seiten, Frieling-Verlag